货殖思想论略

吕庆华 著

经济日报 出版社

图书在版编目（CIP）数据

货殖思想论略 / 吕庆华著 . -- 北京 : 经济日报出版社 , 2017.4

ISBN 978-7-5196-0110-2

Ⅰ . ①货… Ⅱ . ①吕… Ⅲ . ①商业史—研究—中国—古代②经济思想史—研究—中国—古代 Ⅳ . ① F729.2 ② F092.2

中国版本图书馆 CIP 数据核字 (2017) 第 061807 号

货殖思想论略

作　者	吕庆华
责任编辑	温　海　林　珏
出版发行	经济日报出版社
地　址	北京市西城区白纸坊东街 2 号 710（邮政编码：100054）
电　话	010-63567691（编辑部）
	010-63588446　63516959（发行部）
网　址	www.edpbook.com.cn
E - mail	edpbook@126.com
经　销	全国新华书店
印　刷	北京市金星印务有限公司
开　本	710×1000 毫米　1/16
印　张	17
字　数	268 千字
版　次	2017 年 5 月第一版
印　次	2017 年 5 月第一次印刷
书　号	ISBN 978-7-5196-0110-2
定　价	50.00 元

序

据我所知，吕庆华教授研究中国古代货殖思想已有十几年了，发表了一系列的论文，其中一些文章还被中国人民大学《复印报刊资料》等转载，在学术界颇有影响。他在江西财经大学攻读博士学位期间，我就一直希望他坚持这方面的研究，并把这些研究全面化、系统化，形成一个体系，出一部专著。时隔几年，如今看到他的大作即将付梓，心里感到由衷的高兴。我作为第一位读者，在匆匆拜读了他的大作之后，觉得该书有以下三个方面的特点比较突出：

一、该书打破学科界线，以史鉴今，对当代有重要的启示意义。目前，我国学术界似乎仍有这样的倾向，有些学科界线比较分明。如研究历史的著作不愿涉及到现实问题，而研究经济理论的著作则很少谈到历史。该书十分注意打破学科之间的界线，并继承我国优良的经世致用的学术传统。在研究货殖思想中努力用当代的经济和管理理论对其进行分析阐发，并发掘其对当代的借鉴意义。

二、该书对货殖思想的研究比较全面系统。该书是吕君十几年来研究货殖思想的一个总结，对货殖家的治生之术思想、义利观思想、取予思想、商争思想的兵法渊源、商业经营思想、工农贷业致富思想、理财思想等都分专题进行了阐发论述，在时间跨度上纵横古代、近代和现代，谈古论今，材料丰富，使读者对货殖思想有一个比较全面系统的认识。

三、该书对货殖思想的分析阐发深入浅出，雅俗共赏。中国古代，尤其是先秦时期，对货殖思想的表述往往十分简练，而且文字艰深，不易理解，甚至众家释义不一。吕君能在深入研究领会的基础上，博取众家之长，为我所用，对各种货殖思想进行深入浅出的阐述，并通过一些生动的事例做进一步的说明，娓娓道来，具有较强的可读性，达到了雅俗共赏的效果。

研究历史上的经济思想，应该如何应用当代的一些理论进行阐发，似乎在实际操作中不大容易掌握。尤其是古代的大多数货殖思想，以今人的眼光来看，显得较为简单、粗糙，如用现代理论做太多的阐述引申，显得有悖于历史的客观情况；如不用现代理论阐述引申，又有就事论事之嫌，理论分析不够。该书总的说来，在这方面"度"的把握还比较适宜，但在有些地方似还可以进一步准确把握。

是为序。

方宝璋谨书
2016 年 12 月于江西财经大学万贤斋

目 录

1. 从司马迁《货殖列传》说起

司马迁（公元前 145 年—前 90 年），字子长，生于龙门（今陕西韩城），《史记》的作者。司马迁不但是伟大的史学家，而且是杰出的货殖思想家。他在《史记·货殖列传》、《史记·平准书》等篇中，提出许多独具特色的货殖思想，记录了西汉时期以前的货殖思想，并为春秋战国至西汉时期的货殖家立传。司马迁的货殖思想在当时异军突起，到近代仍受到很多主张发展资本主义的思想家的重视。在建立社会主义市场经济体制的今天，他的货殖思想又受到不少经济学家的关注和实践家的推崇。

1.1 货殖家的含义及《货殖列传》的时代背景

1.1.1 货殖家及货殖的含义

司马迁作《史记》，特写了一篇《货殖列传》，专述春秋战国至西汉前期一些著名工商业者的事迹与思想，没有专门使用"货殖家"一词。班固只在《前汉书·艺文志》杂占类中提到《子赣杂子候岁》二十六卷和《五法积贮宝藏》二十三卷两种，其中述及货殖术相关内容。此后，随着轻商、贱商风气日盛，经商、货殖之术为士人所不齿，列代封建王朝史书不再立货殖传，不再有人想到古代货殖家问题。直到近代，新式资本主义工商业的出现，思想界才又有人重视货殖家的思想。梁启超在《史记·货殖列传"今义"》中说：

"观计然、白圭所云，知吾中国先秦以前，实有此学……而惜乎其中绝也。"①

现代中国经济思想研究者都把先秦大商人如范蠡、白圭的思想作为研究对象的一部分，设章节研究。胡寄窗在介绍范蠡的注中说："只有将'计然'理解为范氏所著的书或其经济策划之名称……符合太史公把范蠡作为第一个货殖专家来表述之愿意。"②首次提出"货殖专家"一词。而真正用"货殖家"或"商家"这一概念来概括古代大商人的思想，并作为一个独立的学派来研究的，首推赵靖等人。他们从独特学术思想、学派宗师、思想传承、学术著作以及历史条件等方面论证了"商家或货殖家确实是先秦到西汉前期存在过的一个独立的学术思想流派"。③

货殖一词，在上古也叫"殖货"，最早见于《尚书·仲虺之诰》。仲虺谏汤王说："惟王不迩声色，不殖货利。"但"货殖"作为一个专门名词，还是始自《论语·先进》"赐不受命，而货殖焉"。朱熹注："货殖，货财生殖也。"即"货殖"是关于货财的取得和增殖。而货财的含义，既是各种自然状态和加工过的有用物品和交换得来的物品，如谷帛等物，又是可以换取各种物品的货币。因此，"货殖"可以理解为经营货物，用以滋生财富的经商活动，在《史记·货殖列传》中涉及一般商业、手工业、农副业、畜牧业、矿冶业、子钱家等。

货殖家或商家，不仅指从事"废居"、"积著"的贾人，而且包括从事煮盐、冶铁等兼营产销的企业主等。《货殖列传》所述货殖家或商家包括以下四类。其一，专门从事商品交换的人，即狭义商人。如范蠡、子贡、白圭、刀闲、师史、宣曲任氏等，他们在市场上，依积著之理，以物相贸，贱买贵卖。其二，既从事商品生产又从事商品交换的人。如曹邴氏"以铁冶起……贳贷行贾遍郡国"；程郑"冶铸，贾椎髻之民"；宛孔氏"大鼓铸……因通商贾之利"；其他冶铁、煮盐等的人，虽未明言从事商品交换，但都为市场而生产，

① 梁启超：《饮冰室文集点校》，云南教育出版社2002年版，第9页。
② 胡寄窗：《中国经济思想史简编》，中国社会科学出版社1981年版，第2页。钱宾四先生所著《先秦诸子系年》据晋人蔡谟之说，也认为"计然"是范蠡所著书名。然而，孙开泰等学者认为，"计然"是人名而非书名。
③ 赵靖：《中国经济思想通史》（第1卷），北京大学出版社1991年版，第300页。

其产品必须交换。其三，从事服务性行业致富的人。如贩脂的雍伯，卖浆的张氏，洒削的郅氏，胃脯的浊氏。其四，经营借贷的子钱家，如富埒关中的长安无盐氏。

货殖家的货殖实践和研究以"富家"和"治生"为宗旨。古代货殖家留下来的思想资料，较为完整、可资研究的集中在司马迁《史记·货殖列传》中。货殖家的主要代表人物是春秋战国之际的陶朱公和战国中期的白圭。

先秦很多文献都提到陶朱公，而且一致认为他是善于经商致富的大商人。汉代人传说陶朱公即范蠡，说他灭吴后离越到陶邑经商，化名陶朱公，"十九年之中三致千金"①，成为著名富商，当时"言富者皆称陶朱公"。陶朱公经商之术主要记载在其"计然之策"中。白圭，战国洛阳大商人，司马迁《史记·货殖列传》记载了白圭经商的理论和实践。白圭的经商理论在战国时期影响很大，当时"天下言治生祖白圭"，即公认白圭是经商致富的大宗师。

司马迁作《货殖列传》的意旨，不是在于为贵族和统治者增殖财富作解说，而是在于论述"布衣匹夫之人，不害于政，不妨百姓，取与以时而息财富，智者有采焉。"②司马迁认为即使是工商"末"业的货殖活动，也有可以供"智"者采择效法的地方，这显然提出了反对传统的和流行的"重农抑工商"的观点。

1.1.2《货殖列传》的覆盖年代

《货殖列传》是一篇列叙人物的传记。《史记·太史公自序》指出，《货殖列传》写的是"布衣匹夫之人"，因此，其所列叙人物从事货殖之年就是它覆盖的时代。司马迁列叙人物又是以那些人物的时间先后为序的，所以它的始末年就是最早和最后见于"传"中者。

最早见于《货殖列传》的虽然是齐国的太公望，但是《货殖列传》不是始于西周之初。《太史公自序》明言选取人物的标准和范围是"布衣匹夫之

① 司马迁：《史记·货殖列传》，中华书局1995年版，第931-940页。本书出自《货殖列传》的引文一般不另加注。
② 司马迁：《史记·太史公自序》，岳麓书社1988年版，第956页。

人"，太公望不属于此。依此标准，不惟太公望不是首选的，管仲也不是。他们是统治者，曾经制定有关货殖的政策和法规，但不从事货殖活动。"计然"到底是一个人，还是一部书，尚无定论，即使是一个人，那也只是个市场管理的理论家，而不是货殖的从业者，也不能算是货殖第一人。

司马迁正式选取而为之立传的第一人是陶朱公，即范蠡。他曾经是越王勾践的谋臣，但他从事货殖之始即已彻底抛弃官僚身份，"变名易姓"，转变为一"布衣匹夫之人"。范蠡应当是《货殖列传》正式立传的第一位货殖家。范蠡离开勾践开始从事货殖的时间，是公元前 473 年。

《货殖列传》中子贡的名次仅亚于范蠡，排在第二位。子贡为孔门高弟。据《史记·仲尼弟子列传》，他的年龄比孔子小 31 岁。如果依照《礼记》"二十而冠，始学礼"的说法，那么他师事孔子的时侯，孔子已年逾知命，进入暮年了。孔子殁于公元前 479 年，即勾践灭吴前 6 年，年 73 岁。这样，孔子说子贡"不受命而货殖"的时间当在公元前 5 世纪初年，可能略早于范蠡去吴适齐之年。子贡和范蠡实为并世的货殖者。《货殖列传》的时代应当是从范蠡、子贡从事货殖业的时候开始，大概是公元前 5 世纪初叶。

至于《货殖列传》的终止时间，很明确的是汉武帝朝。太史公大约卒于武帝征和三年（公元前 90 年）[1]，《史记》成书当然在此之前。至于《货殖列传》于何年搁笔，不可考。李埏认为《货殖列传》的内容可能止于元鼎三年（公元前 114 年），即杨可告缗结束了《货殖列传》的时代。因为杨可告缗堵塞了商贾致富之路，富商大贾大抵破产，要写已无可写的了。

杨可告缗是武帝朝的一件大事，其始末见《史记·平准书》[2]。武帝元狩四年（公元前 119 年）复行算缗令，对贾人末作等征收财产税，其内容是：

> 诸贾人末作贳贷买，居邑稽诸物，及商以取利者，虽无市籍，各以其物自占，率缗钱二千而一算。诸作有租及铸，率缗钱四千一算。非吏比者三老、北边骑士，轺车以一算，商贾人轺车二算；船五丈以上一算。匿不自占，占不悉，戍边一岁，没入缗钱。有能告者，以其半畀之。

① 肖黎：《司马迁评传》，吉林文史出版社 1986 年版，第 52 页。
② 司马迁：《史记·平准书》，岳麓书社 1988 年版，第 227–237 页。

5 年后，命杨可主持告缗事，结果是：

> 卜式相齐，而杨可告缗遍天下，中家以上大抵皆遇告。杜周治之，狱少反者。乃分遣御史廷尉正监分曹往，即治郡国缗钱，得民财物以亿计，奴婢以千万数，田大县数百顷，小县百余顷，宅亦如之。于是商贾中家以上大率破，民偷甘食好衣，不事畜藏之产业……

商人阶级经受不住打击，中家以上大抵破产，"与千户侯等"、"与王者同乐"的"素封"之家无处可寻。

还有，武帝朝收盐铁经营权、钱币铸造权归国有，也沉重地打击了商人阶级。《史记·平准书》写道：

> 大农上盐铁丞孔仅、咸阳言："山海，天地之藏也，皆宜属少府，陛下不私，以属大农佐赋。愿募民自给费，因官器作煮盐，官与牢盆。浮食奇民欲擅管山海之货，以致富羡，役利细民。其沮事之议，不可胜听。敢私铸铁器煮盐者，钛左趾，没入其器物。"

稍后，又收五铢钱的铸造发行归国有。《史记·平准书》说：

> 于是悉禁郡国无铸钱，专令上林三官铸。钱既多，而令天下非三官钱不得行，诸郡国所前铸钱皆废销之，输其铜三官。而民之铸钱益少，计其费不能相当，唯真工大奸乃盗为之。

煮盐、冶铁、铸钱，是富商大贾致富的三大源泉，收归国有，商人阶级深受打击。此外，还施行均输平准法，由官府直接经营贩运贸易并控制物价。这样一来，商贾致富之路都堵塞了，不可能再产生像《货殖列传》里所述的那些富商大贾了。太史公即使活着，也没有什么可写的了。

综上所述，《史记·货殖列传》列叙的人物始于范蠡、子贡，止于汉武帝元鼎年间（公元前 117 年 – 前 111 年）的富商巨贾，即大约始于公元前 5 世纪初迄于前 2 世纪末，为时近 400 载。[①]

---

① 李埏：《〈史记·货殖列传〉时代略论》，《思想战线》1999 年第 2 期。

1.1.3 货殖思想形成的时代背景

货殖思想的形成，离不开春秋战国至西汉前期（公元前5世纪初至前2世纪末）约400年工商业空前发展的时代背景。

首先，春秋战国至秦统一全国时期的工商业发展情形。

从春秋战国到秦统一全国为止，中国各区域的工商业发展程度很不平衡。到商鞅相秦孝公（公元前359年）为止，秦国的经济发展水平一直较低。但位于东方的齐国，工商业已经相当发达。据《货殖列传》记载，周朝初年，太公望受封于齐国，发现齐国的地理环境不适合发展农业，于是致力于发展工商业，结果获得极大成功。

> 故太公望封于营丘，地潟卤，人民寡，于是太公劝其女功，极技巧，通鱼盐，则人物归之，繦至而辐凑。故齐冠带衣履天下，海岱之间敛袂而往朝焉，其后齐中衰，管子修之，设轻重九府，则桓公以霸，九合诸侯。

引文说明，齐国富强，齐桓公时成为五霸之首，就是因为齐国致力于发展工商业。一直到战国末年，齐国工商业都十分繁盛。齐国的城市化发展程度可以证明工商业繁盛的程度。《史记·苏秦列传》有一段苏秦对齐宣王说的话。

> 临菑之中七万户，臣窃度之，不下户三男子，三七二十一万，不待发于远县，而临菑之卒固已二十一万矣。[①]

齐宣王在位时间为公元前342年至前324年，离秦始皇统一六国（公元前221年）大约100年。那时齐国首都临菑，就有7万户，如果照苏秦的说法，每一户有三个男子的话，临菑最少有70万人。

另根据《史记·乐毅列传》记载，乐毅于公元前284年，率领燕国军队攻齐，一口气攻下齐国70多个城市。齐国国君、宗室、臣民，在田单的率领下，固守即墨及莒两个城市。坚守5年，到公元前279年反攻，打败燕国军

---

① 司马迁：《史记·苏秦列传》，岳麓书社1988年版，第532页。

队，收复全国国土。临菑是齐国的首都，是齐国的政治、经济中心，城中人口 70 万，可能是当时人口最多的城市。但是，齐国可以以即墨和莒两个城市为据点，抵抗燕军 5 年并收复失地，说明即墨和莒两个城市的人口并不少。假定即墨和莒两个城市各有人口 5 万，齐国 70 个城市，人口共有 300 多万。加上临菑的 70 万，齐国城市居民超过 400 万。据多数学者估计，齐国当时的人口在 500 万 –700 万之间，则城市居民已超过一半。城市居民是工商业繁荣的基础，可见战国后期齐国工商业的发达程度很高。

到战国后期，其他各国包括工商业最不发达的秦国，城市化水平也提高了。《史记·秦本纪》说，秦始皇元年（公元前 221 年）"徙天下豪富于咸阳，十二万户"。12 万户既谓之"富豪"或"豪民"，12 万户应有人口 100 万以上。若徙民 100 万于咸阳，则咸阳城中原有居民亦应有 100 万以上。历史上，称秦始皇徙民于咸阳的政策用意在于"强干弱枝"，也就是想使中央政府的所在地（咸阳），变成全国人口最多，财力最雄厚的城市。

秦统一六国时（公元前 221 年），咸阳可能不是全国人口最多的城市，原来各国的首都，如齐国的临菑，赵国的邯郸，魏国的大梁，楚国的郢，人口都已经超过咸阳。总之，在战国后期，各国城市和工商业的发展程度都相当高。

《货殖列传》提及的西汉以前商贾活动的地区有齐、陶、曹、鲁、周、邯郸、乌氏、巴，后两地是秦始皇时才出现的。战国时期的首都，多数都在黄河下游两边，这些地点可以看作是当时商业贸易较发达，市场较繁荣的地方。至于商品生产，司马迁只大略指出山西、山东、江南、龙门碣石北各地特产。盐铁的产地很多，市场广泛存在，是产生富商巨贾的沃土。早在战国之时已出现"与王者埒富"的鲁的大盐商猗顿和邯郸大冶铁家郭纵。始皇时，市场更扩及西北边陲。乌氏和巴郡都出现了"礼抗万乘，名显天下"的巨富豪商。

其次，西汉全国统一至武帝朝时期的工商业发展情形。

西汉统一全国，出现了中国历史上第一次工商业的繁荣。按照司马迁《货殖列传》中的描述，"汉兴，海内为一，开关梁，弛山泽之禁，是以富商大贾周游天下，交易之物莫不通，得其所欲。"在汉惠帝尤其是汉文帝（公元前 179 年—前 157 年）统治时期，朝廷听取大臣曹参的主张，采纳黄老之术，实行"拱己无为"的不扰民政治方略。在具体的经济政策上，汉王朝采取"轻徭薄赋，与民休息"的措施。到了汉景帝（公元前 156 年—前 141 年）

时期，朝廷又接受大臣晁错的建议，继续采取"君臣俱欲无为"，"从民之欲而不扰乱"的经济政策，结果出现了历史上 40 年左右的"文景之治"盛世。

交通和市场网络的形成。"文景之治"时期，全国道路交通和市场交易网络逐渐形成，是商业发展的黄金时代。司马迁列举了 20 多个地区和城市，一一述其风土民情，特别指出人们对经商的态度。例如关中，雍"隙陇蜀之货物而多贾"，栎邑"多大贾"，咸阳长安"民益玩巧而事末"；又如邹鲁，"好贾趋利，甚于周人"，陈"其民多贾"，宛"业多贾"；……这说明，在一些地区，货殖已蔚然成风。

西汉时期商业都会兴盛。《货殖列传》指名的都会①，有邯郸、燕、临菑、陶、睢阳、吴、寿春、番禺、宛等。虽未指名而实为都会的还有如咸阳、长安、洛阳等。这些都会原本是政治中心，交通便利，消费巨大，商业贸易乃至于服务性行业，也十分兴盛，多数发展成为重要的经济中心。商人利用这些都会及其交通网络，乘坚策肥，周流天下。

西汉时期冶金业、制盐业和铸币业都相当发达。冶炼技术非常先进，高炉炼铁的方法非常普遍，汉代炼钢方法的发明和整个钢铁手工业的迅速发展，对经济各部门都产生过极为深远的影响。中国经济史学名家傅筑夫先生曾经指出，西汉时期，中国"在生产技术的造诣上，在钢产量的产量和质量上，比之 18 世纪英国工业革命时钢铁工业所达到的水平，并无逊色，但是中国却早了两千年"。另外，西汉时期中国陶瓷、纺织、印染、酿酒、铜器和其他金属铸造业以及车船制造业都相当发达。

西汉时期社会财富快速累积。《货殖列传》说：

> 故关中之地，于天下三分之一，而人众不过什三，然量其富，什居其六。

关中地区，是西汉首都所在地，经过高祖至武帝近 70 年经营，工商业相当发达，财富积累十分快速，其土地面积只占全国的 1/3，人口只占全国的 3/10，但其财富却占了全国财富的 60%。

---

① "都会"一词，指《货殖列传》所说的"都国诸侯所聚会"之意，原为政治中心。

西汉时期借贷业也相当发达，"子钱家"众多。"子钱家"即是专业经营借贷业务的人。"子钱家"众多表明，社会资本累积充足，以及社会资本需求量巨大。《货殖列传》说："无盐氏出捐千金贷，其息什之。三月……息什倍，用此富埒关中。"西汉时期贷款的利息率与风险挂钩，即风险越大利息率越高，无盐氏勇于冒险，必然发财。

1.2 司马迁货殖思想的哲学基础 [①]

1.2.1 天道自然观

司马迁货殖思想的哲学基础是"天道自然观"。

《货殖列传》开篇引用老子的至治理想，道家"顺应自然""无为而治"的自然主义色彩笼罩全文。

> 老子曰："至治之极，邻国相望，鸡狗之声相闻，民各甘其食，美其服，安其俗，乐其业，至老死不相往来。"必用此为务，挽近世涂民耳目，则几无行矣。

《货殖列传》的引文省去了《老子道德经》原文中"小国寡人，使有什佰之器而不用，使人重死而不远徙。虽有舟舆，无所乘之；虽有甲兵，无所陈之。使民复结绳而用之"这一部分，并补入了"至治之极"四个字。李埏认为，司马迁对引用的这段话十分看重，所以紧接着说"必用此为务"。[②] 在这里，司马迁表面上是引用老子的话，实际上是借老子之口说出了被他改造过和发展了的至治理想。他保留了道法自然的内核，有意识地剔除了反映原始社会"小国寡人"和奴隶社会"使民"如何的思想残余，实现了深得道家精髓的"与时迁移"思想（《史记·太史公自序》）。道家思想本身在变，已经由

---

① 吕庆华：《司马迁的货殖思想》，《光明日报》（理论版）2009 年 9 月 8 日，第 12 版。
② 李埏：《〈史记·货殖列传〉引老子疑义试析》，《历史研究》1999 年第 4 期。

先秦宣扬上下都无为的老子思想，发展到汉初只要求上无为，而不要求下无为的黄老之学，司马迁至治理想具有时代性和进步性。

新的至治理想包含四个方面内容：其一，"民各甘其食，美其服"是物质上的自感满足；其二，"安其俗"是精神上的自由；其三，"乐其业"是生产交换上的自主；其四，"邻国相望，鸡狗之声相闻"，"至老死不相往来"是社会交往上的自在，强调没有战乱之类的干扰，并不是"小国寡民观念"。总的来看，其核心是天道自然，要旨是人民的足欲。司马迁的至治理想堪与孔子"天下为公，选贤与能，讲信修睦"（《礼记·礼运》）的大同理想并论，区别在于后者重秩序安排，而前者重自然演进。司马迁不引用"使民"如何这一部分，正表明了他彻底的演进主义主张，不排除每一种具体发展模式的可能性，空想色彩淡得多。与"至治"两字相比，"至治之极"的表述强调了至治也有水平和阶段之分。

王充在《论衡·命禄》引用"太史公曰"，进一步概括了司马迁"天道自然观"思想。

太史公曰："富贵不违贫贱，贫贱不违富贵。"

夫富贵不欲为贫贱，贫贱自至；贫贱不求为富贵，富贵自得也。春夏囚死，秋冬王相，非能为之也；日朝出而暮入，非求之也，天道自然。

司马迁"天道自然观"思想，运用于考察社会经济生活，主张利用社会经济的市场调节方式，放任百姓求富。一是顺应消费上的物质利益需求，让"人各任其能，竭其力，以得所欲"。二是顺应交换上的价值规律及其表现形式"物贱之征贵，贵之征贱"，自然就会"不召而自来，不求而民出之"。三是顺应生产上自发形成的产业结构，"农而食之，虞而出之，工而成之，商而通之"，实现"上则富国，下则富家"。四是顺应分配上自发形成的"巧者有余，拙者不足"的差别，"贫富之道，莫之夺予"。

认为"富无经业，则货无常主，能者辐凑，不肖者瓦解"，贫富也主张自然演变，不必进行人为干预，充分体现了司马迁利用市场调节方式，强调商品经济自由发展，市场竞争自由发挥的精神。

司马迁讲到类似的经济现象时还说："事变多故而亦反是。是以物盛则衰，时极而转，一质一文，终始之变也。"又说："无异故云，事势之流，相激使然，曷足怪焉。"① 他认识到，各种事物相互影响、冲突，由盛而衰、由有利转向不利是一种客观自然规律。

1.2.2 人性论

司马迁认为，人性一是有求利的动机，二是有享乐的欲望。②

所谓求利的动机，就是为追求个人财富积累，或经济情况改善的一种本能。为了此种目的，人们可以劳筋骨、忍嗜欲、冒风险，为求财利而赴汤蹈火。而所谓享乐的欲望，就是人类追求肉体或精神欲望的满足，如权势的夸耀，口腹之欲及耳目之欲的满足，以及一切增加个人安逸快乐的需要。为达到此种目的，人们可以不惜个人财富的牺牲，贫者尽其所有，富者挥霍无度。第一本能是一切为了财富，第二本能是要牺牲财富换取一切。两者相反相成，构成人类社会经济生活的自然生态。③

首先，人有求利的动机。

司马迁肯定追求物质利益是人类的本性，把各种人的活动都归结为一个"利"字，归结为对财富的追求。④ 他在《货殖列传》中下一个著名论断，即：

> 天下熙熙，皆为利来；天下壤壤，皆为利往。

从王公贵族到普通百姓，他们从事各种各样的活动，其目的都是逐利求富。逐利求富是人的本能，即所谓："富者，人之情性，所不学而俱欲者也。"他又说，人之趋利，"若水之趋下，日夜无休时，不召而自来，不求而民出之。"逐利求富的本能，不必学习，人人都有，生而俱有。

司马迁列举了贤人、廉吏、廉贾、壮士、赵女郑姬、游闲公子、渔夫猎人、赌徒、医方诸食技术之人等，指出这些人的活动无不和自己的利益联系

---

① 司马迁：《史记·平准书》，岳麓书社 1988 年版，第 237 页。
② 米咏梅：《司马迁的人性论及其经济观点探析》，《莱阳农学院学报》（社会科学版）2005 年第 1 期。
③ 宋叙五：《从司马迁到班固——论中国经济思想的转折》，香港树仁学院经济学系（Working Paper Series）May 2003.
④ 黄仁宇：《赫逊河畔谈中国历史》，生活·读书·新知三联书店 1992 年版，第 18 页。

在一起，他们都是为了自己的利益而忙碌、奔波。

具体说就是，"贤人深谋于廊庙，论议朝廷，守信死节隐居岩穴之士设为高名者"，不过是为了"归于富厚也"；做官廉洁，那是因为"廉吏久，久更富，廉贾归富"；"壮士在军，攻城先登，陷阵却敌，斩将搴旗，前蒙矢石，不避汤火之难"的目的，是为了能够得到"重赏"；"在闾巷少年，攻剽椎埋，劫人作奸，掘冢铸币……不避法禁……"，其实都是为了钱财；赵国、郑国的女子，打扮得漂漂亮亮，弹着琴瑟，舞动长袖，踩着轻便舞鞋，用眼挑逗，用心勾引，"出不远千里，不择老少者"，也是为财利而奔忙；渔人"犯晨夜，冒霜雪"，猎人"不避猛兽之害"，为的是获得能够满意他人口腹之欲的商品。

至于农、工、商、贾储蓄增殖，原本就是为了谋求增添个人的财富。如此绞尽脑汁，用尽力量地索取，终究是为了不遗余力地争夺财物。

实际上，人们在追求自己利益的同时，也会促进社会利益，促进整个社会经济的繁荣，正是这种以"取利"为目的的人类活动推动着社会的发展。

其次，人有享乐的欲望。

司马迁又留意到，人类还有一种本能，就是享乐的欲望。他还追索历史，指出：

> 太史公曰：夫神农以前，吾不知已。至若《诗》《书》所述虞夏以来，耳目欲极声色之好，口欲穷刍豢之味，身安逸乐，而心夸矜势能之荣使。俗之渐民久矣，虽户说以眇论，终不能化。

神农以前，没有典籍可稽，所以当时的人民经济生活情况如何，不得而知。至于虞夏以后，有了《尚书》《诗经》等文献，其时人民夸耀权势，追求口腹之欲及耳目之欲的满足，以及一切增加个人安逸快乐的需要，经济生活之情况，都可以从这些文献的记载中知道。司马迁根据这些文献观察，发现了以下各点：一是人类有享乐的本能；二是这种本能，如果没有外部条件的限制，它将尽情发挥；三是这种本能，不能以人为的力量加以改变或阻止，也不能"涂民耳目"，使人绝欲窒性。

1.2.3 善因论

司马迁天道自然观体现在经济政策上，便是经济自由主义，不赞成国家对经济进行干预。

他对汉初实行"无为而治"的黄老之术，因此"海内为一，开关梁，驰山泽禁"的措施表示赞赏，认为这样能使"富商大贾周流天下，交易之物莫不通，得其所欲"。他指出，虞夏以来，统治阶级追求生活享受，"俗之渐民久矣"，不可改变。他说：

　　　善者因之，其次利道之，其次教诲之，其次整齐之，最下者与之争。

这就是著名的善因论。"因之"就是顺应自然，让民间自由进行自己的经济活动，这是上策；"利道之"是用利益来引导人们的经济活动，次一等；"教诲之"是对人民进行仁义道德的教育，使他们能自觉地约束自己的求利活动，再次一等；"整齐之"指调节贫富，实行抑兼并的政策，又次一等；"与之争"就是采取人为干涉的方式，实行与民争利的政策，这是最下策。司马迁积极倡导"因之"，而坚决反对"与之争"。

首先，从学理上看，司马迁的善因论，批判了涂民耳目诸说。

所谓涂民耳目诸说，就是限制和干预人民逐利求富欲望却又冠冕堂皇的诸多主张。下文选取他十分熟悉的孔子、董仲舒、管仲、桑弘羊，分别作为前期儒家、后期儒家、前期法家（东方）、后期法家的参考性代表人物，参见表1-1。[①]

表 1-1 司马迁对涂民耳目诸说的批判

思想	学派	参考者	基本的主张	司马迁相应的评语
利道之	儒家（前）	孔子	因民之所利而利之[②]	不召而自来，不求而民出之
教诲之	儒家（后）	董仲舒	以教化堤防之[③]	虽户说以眇论，终不能化
整齐之	法家（前）	管仲	通轻重之权	物贱之征贵，贵之征贱
与之争	法家（后）	桑弘羊	主盐铁，置均输平准	农工商虞，民所衣食之原也

---

① 杜长征：《司马迁的至治理想与广义善因论》，http://wenku.baidu.com/view/f680084af7ec4afe04a1df4e.html。

② 朱熹集注、陈戍国标点：《论语·尧曰》，《四书集注》，岳麓书社 1997 年版，第285页。

③ 班固：《汉书·董仲舒传》（下册），岳麓书社 1993 年版，第1099页。整句话为："夫万民之从利也，如水之走下，不以教化堤防之，不能止也。"

司马迁在《货殖列传》里讥讽桑弘羊的"与之争"政策。而对管仲"设轻重九府"以致齐国富强，给予了一定的认可。他也部分地肯定了"上不过八十，下不减三十"的计然之策。但是管仲思想和计然之策，显然又不如太公望在齐国"劝其女功，极技巧，通鱼盐，则人物归之"。霸道不如王道，前期法家的"整齐之"也就不如"因之"。对于前期儒家贵义不贱利的"利道之"，他以"不召而自来，不求而民出之"一语作了含蓄的批评。这里孔子"因民之所利而利之"一语含有"小人怀惠"（《论语·里仁》），"惠则足以使人"（《论语·阳货》）的意思，不是善因论意义上的自由放任。对于后期儒家的"教诲之"，他语多不屑："无岩处奇士之行，而长贫贱，好语仁义，亦足羞也。"他举子贡经商致巨富而使孔子名布扬于天下的例子，恐怕也是写给那些空谈仁义的后期儒家看的。

比较而言，对干预成分较少因而危害较小的儒家思想，司马迁的评价高于法家；对这两家前期思想的评价各自高于其后期，因为"挽近世"以来，儒家贵义贱利的保守性和法家急功近利的激进性都超过了前人。在他看来，儒法两家的经济思想都不如具有道家思想倾向的善因论，善因论其实是对道家思想的创新和发展。它的足欲观超越了老子的寡欲观，但保留了至治理想的内核。

其次，从实践上看，司马迁的善因论，褒贬了西汉朝的经济政策。

在西汉，最好的时期，根据司马迁的理论，是惠帝、高后时期，时间由公元前194年至前180年。《史记.吕太后本纪》：

> 太史公曰：孝惠皇帝，高后之时，黎民得离战国之苦，君民俱欲休息乎无为，故惠帝垂拱，高后女主称制，政不出房户，天下晏然。刑罚罕用，罪人是希。民务稼穑，衣食滋殖。[①]

这是"善者因之"的最高境界。《史记·律书》记载文帝时代出现的"和乐景象"：

> 文帝时，会天下新去汤火，人民乐业，因其欲然，能不扰乱，故百姓遂安。

---

① 司马迁：《史记·吕太后本纪》，岳麓书社1988年版，第118页。

百姓无内外之徭，得息肩于田亩，天下殷富，粟至十馀钱，鸣鸡吠狗，烟火万里，可谓和乐者乎！①

文帝历史上是个好皇帝，文帝时期社会呈现"和乐景象"，是国家"至治"的初级阶段。但文帝经常下诏，劝民归农，使用"教诲"的方法，一定程度上干预了民众的经济行为，在司马迁看来属于"教诲之"，也就是第三等做法。

武帝时期，实行盐铁专卖、酒榷、均输、平准政策，对司马迁来说，这是与民争利的下策。反对"与民争利"首先由董仲舒提出，他批评那些"身宠而载高位，家温而食厚禄"的权贵们"因乘富贵之资力，以与民争利于下。"②董仲舒说这话时是在汉武帝初年，当时武帝还没有实行盐铁官营等政策，他只是针对权贵的与民争利而言。而司马迁写《史记》时武帝已实行官营工商业政策，故他的批评对象已和董仲舒不同。他将"与之争"列为最下等的政策，他反对汉武帝时期官营工商业政策。

1.3 司马迁货殖思想的基本内容

1.3.1 各业并重论和致富本末论

首先，各业并重论。

战国中期以来，以农富国思想盛行。商鞅认为商人能够富家，但不能富国。《管子》（不包括《轻重》各篇）认为："时货不遂，金玉虽多，谓之贫国也。"（《管子·八观》）"时货"指农产品，农业搞不好，金玉很多也仍然是贫国。荀子提出"工商众则国贫"（《荀子·富国》）。韩非把商官技艺之士的不垦而食，比作产不出粮食的磐石。西汉的贾谊、晁错也极端重农。

---

① 司马迁：《史记·律书》，岳麓书社 1988 年版，第 169 页。
② 班固：《汉书·董仲舒传》（下册），岳麓书社 1993 年版，第 1106—1107 页。

司马迁和他们不同，一视同仁地把西汉社会的产业分为农、虞、工、商，认为无论哪一个部门都既能富国，也能富家。他说：

> 夫山西饶材、竹、穀、纑、旄、玉石；山东多鱼、盐、漆、丝、声色；江南出楠、梓、姜、桂、金、锡、连、丹沙、犀、玳瑁、珠玑、齿革；龙门、碣石北多马、牛、羊、旃裘、筋角；铜、铁则千里往往山出棋置：此其大较也。皆中国人民所喜好，谣俗被服饮食奉生送死之具也。故待农而食之，虞而出之，工而成之，商而通之。
>
> 此四者，民所衣食之原也。原大则饶，原小则鲜。上则富国，下则富家。

农、虞、工、商四个行业彼此依赖，多元发展，都是人们所必需的。单独来说，各行业分别发挥其"食之""出之""成之""通之"的不同功能；综合而言，各行业彼此依赖，不可偏废。并且强调：以上四者，为人民衣食（指整个生活面）的根源。"原大则饶，原小则鲜。"不论是国家，还是家庭，贫富的根本都在这里。

其次，致富本末论。

司马迁虽然无抑商思想但继承"农本工商末"的划分，[①] 称工商业为"末"，并且创造了"本富""末富""奸富"等新词。

"本富"指"不窥市井，不行异邑，坐而待收，身有处士之义而取给焉"的致富手段，即依靠农、牧、林、果、鱼等广义农业的收入而致富。"末富"指经营工商业和高利贷而致富。"奸富"指"弄法犯奸"而致富，如"劫人作奸，掘冢（盗坟）铸币"，"舞文弄法，刻章伪书"等。认为，末富的稳定性不如本富，奸富触犯刑律，其安全性最差。因此，司马迁以是否"危身"为衡量标准，指出：

> 今治生不待危身取给，则贤人勉焉。是故本富为上，末富次之，奸富最下。

---

① "末"在战国中期原是指奢侈品的生产、流通和游食，韩非开始以工商为末。汉武帝时开始流行以工商为末的提法，《史记》起了定式化的作用。

这里的"治生",是指从事农牧业,即所谓的"本"业。在汉代,"末富"在政治上,要受许多限制,如不准仕宦为官,不准骑马或携带自卫的武器,不准穿丝绸衣服等;在经济上,规定赋税加倍,不准用自己的名字占有土地等。而从事"本业",没有这些危害,"不待危身取给"①。而"奸富"还有杀身之祸。因此,司马迁认为,凭借农林渔牧业致富是最佳选择,凭借商业和手工业致富其次,用歪门邪道发财最差。

司马迁还分析农、工、商业的致富难易说:

> 夫用贫求富,农不如工,工不如商,刺绣文不如倚市门,此言末业,贫者之资也。②

"农不如工,工不如商"是一般的情况,"刺绣文不如倚市门"则就小手工业和小商人而言,是对"工不如商"的补充。"刺绣文"的是小手工业者,"倚市门"的是小商人。手工业不如商业的利润高,同样刺绣文一类的小手工业者也不如在市场开店或设摊的小商人的收入多。从事小手工业和小商业,虽然收入有多有少,但容易谋生,都是"贫者之资"。

司马迁把富商大贾③发家致富的方法,总结为:

> 与时俯仰,获其赢利,以末致财,用本守之,以武一切,用文持之。

"以末致财,用本守之"是说富商大贾以经营工商业致富,而以农业守富。他们用经营工商业赚来的钱购买土地,使自己转化为地主或成为兼营工商业的地主。这确是中国古代具有普遍性的情况,而由司马迁首先予以揭示。

---

① 可译为:当今经营农林渔牧业,不会给自己带来危害,却可供养身家,因而有才能的人都积极去从事。

② 司马迁"用贫求富,农不如工,工不如商"的结论,是当时封建社会现实生活的概括。商鞅在《商君书·内外》中说:农民"用力最苦,而赢利少,不如商贾、技巧之人。"17世纪古典经济学的奠基人威廉·配第在《政治算术》中也说:"……制造业的收益比农业多得多,而商业的收益又比制造业多得多。"真是英雄所见略同,只是司马迁比配第早认识了1700多年。

③ 司马迁所指的富商大贾,"皆非有爵邑奉(俸)禄弄法犯奸而富"的人,即不包括做官致富和奸富起家的人。

"以武一切，用文持之"中的"一切"，是指一时权宜。①"武"，不是指武力或暴力，是一种非常规的竞争手段。"以武一切，用文持之"，是指以"武"的办法作为权时的致富手段，而致富后则要用"文"的办法保持财富。

1.3.2 素封论和廉贾归富论

首先，素封论。

司马迁在讨论人们的经济收入时又创造了一个新词汇，叫做"素封"。"封"指封君。"素封"即指那些虽不是封君但其经济收入相当于封君的富人。封君是皇权的象征，而司马迁不考虑其特殊身份，仅仅以经济收入为标准，将封君和富人放在同一等级进行比较，反映了他注意从经济角度观察社会问题的特点。

司马迁说食禄千户的封君，每年向每户收租税 200 文，年收入是 20 万；"庶民农工商贾，率亦岁万息二千（户）"，即从事农、工、商等业年利润率为 20%，有 100 万资本的家庭年收入也是 20 万，两者的收入相等。后者没有俸禄和爵邑，收入却和封君相等，故称之为"素封"。他列举获得 20% 年利润率的经营对象包括本业和末业，本业有养马、养牛、养羊、养猪、养鱼、种树、种枣、种栗、种橘、种荻、种漆树、种桑麻、种竹、种田、种卮茜、种姜韭等；末业则为制造、贩运、买卖各种商品，以及放高利贷、做驵会（牙人）等。

各行各业都有 20% 的利润率似乎是一种平均利润率，但是在封建社会中资本转移并不容易，不可能形成平均利润率，也不可能出现利润率平均化现象，因此不宜以"平均利润率"称之。事实上司马迁把 20% 的利润率看作是各行各业应该达到的利润率，是一种最低要求的利润率。②至于超过 20% 的利润率，在《货殖列传》中也有反映。白圭"积著岁率倍"，是 100% 的年利润率。大盐商猗顿、大铁商郭纵"与王者埒富"，如果只有 20% 的年利润

---

① 《汉书·平帝纪》注引师古曰："一切者，权时之事，非经常也。犹如以刀切物，苟取整齐，不顾长短纵横，故言'一切'。"

② 叶世昌：《司马迁经济思想新论》，《上海立信会计学院学报》2004 年第 3 期。

率,不可能如此富有。吴楚七国起兵时,长安从军的列侯封君要借子钱(高利贷),无盐氏拿出千金贷放,利率10倍。

其次,廉贾归富论。

廉贾是指不贪眼前小利而谋长远厚利的商贾。《史记·货殖列传》和《汉书·货殖传》都说到:

> 贪贾三之,廉贾五之。

颜师古注引孟康曰:"贪贾,未当卖而卖,未当买而买,故得利少,而十得其三。廉贾,贵乃卖,贱乃买,故十得五也。"意为贪心的商人能获得30%的利润,而薄利多销的商人却能获得50%的利润。

司马迁还用廉吏作比较。《货殖列传》说:"是以廉吏久,久更富,廉贾归富。"就是说,清廉的官吏,可以做得长久;俸禄虽然有限,长期积累,也就富裕了。

廉贾只赚取正常的利润,所得宜少,反而多;而贪贾想赚到正常利润以上,所得宜多,反而少,其理何在?究其原因,廉贾"以予为取",赚取合理利润,长期守业,日久归富。

富商豪贾,如果害怕恶贩夫贩妇分其利,而靳靳自守,则亦无大利可获。宋代罗大经例证如下。一是吕不韦的"奇货可居"计划。巨贾吕不韦见秦子异人质于赵,便说"此奇货可居"。遂不吝千金,为之经营于秦,异人卒有秦国,而不韦为相。[1]此其事固不足道,而其以予为取,则亦商贾之雄也。二是汉高帝捐金。汉高帝捐四万斤金与陈平,不问其出入,裂数千里地封韩、彭,无爱惜心,遂能灭项氏获得天下。[2]三是刘晏激励吏胥工匠。刘晏造船,合费五百缗者,给千缗,使吏胥工匠,皆有赢余,由是舟船坚好,漕运无亏,足以佐唐之中兴。[3]这些都是深得"廉贾之术"、"以予为取"货殖哲理的人。

---

① 司马迁:《史记·吕不韦列传》,岳麓书社1988年版,第632-635页。
② 司马迁:《史记·陈丞相列传》,岳麓书社1988年版,第462-463页。
③ 司马光:《资治通鉴》(16),唐纪四十二,德宗建中之年,中华书局1956年版,第7286-7287页。

苏东坡说："天下之事，成于大度之士，而败于寒陋之小人。"[1]总之，廉贾"以予为取"，薄利多销，风险较少，可以长期守业；贪贾居奇、惜售，资金周转慢，反而容易失败。

1.3.3 规模经营观和资本投向论

首先，规模经营观。

汉王朝是继秦之后又一个统一的封建王朝，疆域辽阔。司马迁搜集了全国各地相关历史资料，分地区和类型撰述了137个地区工商经济发展的历史，其中67个重要都会的工商经济特点和发展的水平。[2]这些地区和都会成为重要的经济区域和工商业经济中心，各经济区域农工商产业呈相对专业化的趋势。他总结道：

> 是故江淮以南，无冻饿之人，亦无千金之家。沂、泗水以北，宜五谷桑麻六畜，地小人众，数被水旱之灾，民好畜藏，故秦、汉、梁、鲁好农而重民。三河、宛、陈亦然，加之商贾。齐、赵设智巧，仰机利。燕、代田畜而事蚕。

值得注意的是，各工商业经济中心云集着各类货殖家。《货殖列传》中出现52个历史人物，其中5个是历史上著名的工商经济理论家兼事业家，此外，还有天子陪臣、封国的贤人、边远的牧长、低层的贩夫、妇女等各阶层人物[3]。例如，陶地有朱公（范蠡），"治产积居"；南阳有孔氏，"大鼓铸"、"通商贾"。全国各经济区域的货殖家，其经营规模往往达到资本100万、食租税或岁取利息20万的"封君"的水平。

司马迁认为只有大规模经营才能获得厚利，主张各产业宜大规模经营，他在《货殖列传》中列举了大量事例说明：无论是农业、工业还是商业，要每年获利20万就必须大规模经营。可见，司马迁已经有了规模经营效益的观念。

---

① 罗大经：《鹤林玉露·甲编》，中华书局1983年版。
② 周怀宇：《〈史记·货殖列传〉的编撰特点》，《光明日报》1999年12月8日。
③ 周怀宇：《〈史记·货殖列传〉的编撰特点》，《光明日报》1999年12月8日。

其次，资本投向论。

司马迁在农工商并重、各业平衡发展思想和规模经营效益观念的基础上，进一步提出了合理利润率与资本投向理论。司马迁发现，利润是各行各业经营活动的内在动力，个人投资方向的选择首先考虑的是利润的高低。他广泛考察了农林牧副渔各业的获利水平，分析了拥资 100 万的富豪通过经营农业的"千亩亩钟之田"，或林业的"千章之材"，或畜牧业的"牧马二百蹄"，或副业的"千畦姜韭"，或渔业的"千石鱼陂"等等，都可获得与一个"千户之君"年收入相等的 20 万。因此，20% 的利润率是个人资本投资方向选择的前提条件，他说："佗杂业不中什二，则非吾财也"，意思是不能获得 20% 的利润的就不是理想的事业，投资决策时就不应该考虑它。

每一个投资者为了获得 20% 的利润，在作资本投向决策时，还必须考虑那个行业的盈利条件，比如生产资料、技术要求、资金的数量及周转速度、产品销路等。司马迁发现随着商品经济的发展，专门从事媒介商品流通的商业将不断繁荣，所拥资本不多的所谓"贫者"，最适合经营商业。从事商业，只要达到一定的经营规模，如"酤一岁千酿""贩谷粜千钟""轺车百乘""文采千匹"等，也可以与"千乘之家"或以百万之资经营农业的人一样，赚取 20 万的年利润。

司马迁所列举的商业内部各行各业经营规模所需预付资本的数量，是以该行业资本周转速度的快慢为依据的。胡寄窗认为："资本周转速度这个概念能被一位生活在二千年前的思想家意识到，这在全世界的经济思想史上也是极不寻常的事实。"[①]司马迁已注意到资本周转的作用，并已意识到商业资本的周转快于一般生产的资本周转。司马迁认为，投资 100 万于畜牧业生产，只能体现为 50 匹马、167 头牛或 250 只羊；而同样的 100 万资本投放在畜牧业的贸易上，却能体现为 200 匹马、250 头牛或 2000 只羊。可见，畜牧业生产周期长，固定资本占总资本的比例大，资本投下后周转慢，主要是"坐而待收"利润；而投放于畜牧业商业，资本周转快，一年中可以经营几倍于其本金总额的贸易。

---

① 胡寄窗：《中国经济思想史简编》，中国社会科学出版社 1981 年版，第 208 页。

1.3.4 农业生产丰欠循环说与商业待乏原则

首先，农业生产丰欠循环说。

司马迁所处的时代是农业社会，这种时代的经济循环，即年成的好坏，收成的多少，与气候的变化密切相关。司马迁提出农业生产丰欠循环说，为农产品上市量的预测提供了理论依据。他说：

> 太阴在卯，穰；明岁衰恶。至午，旱；明岁美。至酉，穰；明岁衰恶。至子，大旱；明岁美，有水。至卯，积蓄率岁倍。

就是说，农业生产从太阴在卯年开始，再回到卯年的十二年中，是从大丰收到欠收，到小丰收，再到大丰收的循环不已的过程。这同计然所说的："岁在金，穰；水，毁；木，饥；火，旱"，"六岁穰，六岁旱，十二岁一大饥"，都是利用阴阳五行学说，预测农业生产的丰欠，从而预测农产品市场供求的一种学说。司马迁的农业生产"丰欠循环"说，可以说是市场预测学说的雏型。

另外，司马迁世职天官，精通天文，是当时的天文学家。他在《史记·天官书》中说：

> 然必察太岁所在。在金，穰；水，毁；木，饥；火，旱。此其大经也。

他还写到："岁阴左行在寅……岁早，水；晚，旱。……岁阴在卯……其岁大水。岁阴在辰……岁早，旱；晚，水。……岁阴在午……岁早，旱；晚，水。……岁阴在酉……熟谷。……岁阴在戌……岁水"[①] 等字句。

万国鼎指出："木星一名岁星，亦曰太岁……约十二年而绕日一周。故太阳黑点之多，亦约经十一二年而再现。"[②] 这和杰芬斯的"太阳黑子说"十分相似。因此，还可以说，司马迁的农业生产"丰欠循环说"是中国的"太阳黑

---

① 司马迁：《史记·天官书》，岳麓书社 1988 年版，第 201、190-191 页。
② 万国鼎：《农史随笔八则》，《金陵学报》1932 年第 2 期。

子说"①，比西方公认的第一个经济循环学说——"太阳黑子说"早 1900 年。

司马迁认为，在农业社会中对付农业生产丰欠循环中出现的饥荒年代，最主要的是采取合理的价格政策，尤其是合理的粮食价格政策。粮食价格既不能过高，也不能过低，因为谷贵伤害商业，谷贱伤害农民。司马迁引计然的话说：

> 夫粜，二十病农，九十病末。末病则财不出，农病则草不辟矣。上不过八十，下不减三十，则农末俱利，平粜齐物，关市不乏，治国之道也。

这就是说，粮价为二十时，就伤害农民，影响农民生产的积极性，影响土地资源的利用了。但是，如果粮食高到九十时，就会伤害那些靠购买或买卖粮食为生的工商业者，从而会妨碍国家的财用。因此，最合理的粮食价格是：上限为八十，下限为三十，价格在三十和八十之间自由浮动。粮价高于上限者，政府平价出售粮食；粮价低于下限者，政府以较高价格收购。政府通过粮食价格政策，来平抑物价，稳定市场，做到农工商俱利。这种政府通过合理的"幅度价"价格政策来平抑物价的做法，正是司马迁为了避免自由放任经济在循环中遭到破坏，而设想出的一种稳定措施。这和现代市场经济体制下，政府所采取的粮食储备制度也是相似的。

其次，商业待乏原则。

根据农业生产丰欠循环说，自然气候的好坏一定会影响农业劳动生产率，谷物的收成就会有多有少，因此，谷物价格必然会随天时的变化而涨落。要想取得商业经营的成功，就必须顺应自然规律，根据自然规律掌握商情变动。因此，司马迁通过计然的话提出著名的"待乏"原则②，即所谓：

---

① "太阳黑子说"，由 19 世纪下半叶英人杰芬斯（W．S．Jevons）所创立。杰芬斯认为，太阳黑子数量的增减直接影响气候的变化，从而影响农业的收成。太阳中黑子的出现，大约每隔 11–13 年为一个周期，而经济循环的周期与此大致相符。"太阳黑子说"被公认为是西方世界的第一个经济循环学说。
② 《国语·越语上》："大夫种进对（勾践）曰：臣闻之，贾人夏则资皮，冬则资絺，旱则资舟，水则资车，以待乏也"。李维琦译：《白话国语》，岳麓书社 1994 年版，第 423 页。

旱则资舟，水则资车，物之理也。

这就是说商业经营的产品，不仅要考虑到目前的市场需求，而且要从未来市场需求趋势出发，制订商业营销计划，提前安排适应未来市场需求的商品供应上市。在大水年预作车子的生意，因为这时用船，车子没人要，价贱，水灾过后，车子将成为特别需要的商品，价涨；相反，在天旱时预作舟船的生意，道理一样。

从事商业贸易，能主动适应未来市场需求，最为有利可图，这正是"待乏"原则的应有之义。"待乏"原则的具体运用就是：丰年谷价下跌时商业储存，荒年谷价昂贵时抛售陈谷。这种原则做法在某种程度上既有利于农业生产者又有利于一般消费者。因为丰年谷贱购存可以缓解谷价过分下跌的趋势，有利于农民的再生产；而在荒年谷价昂贵时抛售陈谷，也可以缓解谷价的过分上涨，有利于满足消费者的生活需要。对其他非谷类商品的处置道理相同。

商业"待乏"原则的理论依据是市场商品供求理论，司马迁引述计然之策说：

论其有余不足，则知贵贱，贵上极则反贱，贱下极则反贵。

这是指在某一市场上，只要比较某种商品的供给与需求数量，就可以知道它的价格是上升还是下降。假如"有余"，就表示供给大于需求，因此价格就会下降；反之，如果"不足"，需求大于供给，则价格就会上升。如果价格上升到超过均衡价格，就会导致供给量增加，需求量减少，卖者之间竞相出售，从而会迫使价格下降；如果价格下降到低于均衡价格很多，就会导致供给量减少，需求量增多，买者之间竞购，从而会迫使价格上升。因此，"贵上极"不行，"贱下极"也不行，要能求得均衡价格，只能求得供给与需求的均衡。所以，为求得最佳商业利润，司马迁主张，从商业经营策略上看，所存商品价格已贵时，应把它当作粪土一样立即抛售，毫不吝惜；在物价便宜时，将便宜的商品当珠玉一样大胆收购。此即所谓"贵出如粪土，贱取如珠玉。"

以上所揭示的商业"待乏"原则、市场供求理论，从经商理论来看，已经接触到了商业经营上的一些根本性、规律性的问题，涉及经济学上价值规律调节商品生产的问题，并揭示了事物在一定条件下会向相反方向转化——贵极则贱的道理，这些在今天仍然具有理论价值和现实意义。

1.3.5 货殖大经与货币起源论

首先，货殖大经。

司马迁认为，贫穷或安于贫穷而好谈仁义，都是可耻的。他说，如果家境贫穷到双亲饿死，妻子儿女瘦弱，连岁终祭祖用的酒钱都无处筹集，吃饭穿衣全成问题，如此贫困，还不感到羞愧，这种人则没有什么可值得同情了。即所谓："无岩处奇士之行，而长贫贱，好语仁义，亦足羞也。"

那么一个人，想求财致富，应该怎样做呢？司马迁提出"货殖大经"认为：

> 是以无财作力，少有斗智，既饶争时，此其大经也。

就是说，一个没有资产的人，应该凭借力气去赚取财富；少有资产的人，应该凭借智慧去增加财富；已经富足的人，要把握时机，与时俯仰，继续扩大财富。这是改善生存条件必须遵守的常规。

司马迁进一步阐述到：

> 夫纤啬筋力，治生之正道也，而富者必用奇胜。

也就是说，精打细算、勤劳节俭，这是谋生的人都应该遵循的原则，但是若想发财则必须具备超群的本领，专一的心志，才能达到目的。

他例证道，种田务农是笨重的行业，而秦杨却靠它成为一州的首富；盗墓本来是犯法的勾当，而田叔却靠它起家；赌博本来是恶劣的行径，而桓发却靠它致富；外出跑买卖是男子汉看不起的行业，而雍地的乐成却靠它发财；贩卖油脂是耻辱的行当，而雍伯靠它挣到了千金；卖饮料是小本生意，而张氏却因此积累千万；磨刀本是小手艺，而郅氏靠它富到列鼎而食；卖羊肚儿本是微不足道的事，而浊氏靠它富至车马成行；给马治病是浅薄的小术，而张里靠它富到击钟佐食。这些人都是由于心志专一而致富的。

其次，货币起源论。

司马迁提出新的货币起源理论，即货币自发产生于商品交换。

关于货币的起源，司马迁以前已有单旗和《管子·轻重》的货币起源于救荒的理论。货币起源于救荒的理论实际上是一种"先王制币说",认为货币是圣王先贤为解决民间交换困难而创造出来的。周景王（公元前524年）年间，单穆公曾言："古者天灾降戾，于是乎量资币，权轻重，以振（赈）救民。"意思是说古时候天灾降临，先王为赈救百姓，便造出货币以解决百姓交换中的困难。

先王制币说在先秦时代十分盛行，以后的许多思想家大都继承这一观点。如唐朝的杨於陵（753-830）认为："王者制钱，以权百货，贸迁有无，通变不倦，使物无甚贵甚贱，其术其他，在上而已。"（《新唐书·食货志》）《管子·轻重》也有类似的观点。

司马迁提出新的货币起源论，见于《史记·平准书》。司马迁说：

> 农工商交易之路通，而龟贝金钱刀布之币兴焉，所从来久远。自高辛氏之前尚矣，靡得而记云。[1]

"龟贝金钱刀布之币"（货币）自发产生于商品交换，即随着农工商三业的交换和流通渠道的畅通，货币和货币流通应运而生，随之兴盛。

把一切新事物的产生都归功于圣王先贤的时代，司马迁的认识很不简单。司马迁认为货币产生的时间，定于久远的高辛氏（即帝喾，相传是尧的父亲）时代之前，大大提前了货币产生的时间。当时还没有考古学，司马迁只是根据传说认为，虞夏时期已经有了金、银、铜币："虞、夏之币，金为三品：或黄，或白，或赤。或钱、或布、或刀、或龟贝。"[2] 这是把后世的见闻附会到前代去了。称金（黄）、银（白）、铜（赤）为金三品，始于司马迁，这说法一直流传至近代。

---

① 司马迁：《史记·平准书》，岳麓书社1988年版，第237页。
② 司马迁：《史记·平准书》，岳麓书社1988年版，第237页。

1.4 司马迁《货殖列传》中的人物

1.4.1《货殖列传》列叙人物的目的和标准

《货殖列传》列叙的人物始于范蠡、子贡，止于汉武帝元鼎年间的富商巨贾，即大约始于公元前 5 世纪初迄于前 2 世纪末，为时近 400 载。对这 400 载的货殖家，《货殖列传》分作两个部分叙述。上部分述秦以前，下部分述汉兴以后。两部分都是先概述各地区的经济特产状况和风土人情，然后列叙人物。

《货殖列传》分为两个部分，反映了商人阶级发展的两个阶段，上部分历时 200 多年，写的是它的成长阶段，比较简略；下部分历时百年，写的是它的成熟阶段，比较详细。成长阶段，商贾人数不多，按标准入传的人物也较少，才 7 人，参见表 1-2。成熟阶段，商贾人数众多，按标准入传（有的只记名姓）的 20 余人，其中最重要的 9 人，参见表 1-3。还有一些概括的叙述，例如，"汉兴……富商大贾周流天下"；又如，"若至力农畜，工虞商贾，为权利以成富，大者倾郡，中者倾县，下者倾乡里者，不可胜数。"

司马迁撰著《史记》的目的之一就是"通古今之变"。

从《太史公自序》中可见，选取人物的标准为：

> 布衣匹夫之人，不害于政，不妨百姓，取与以时而息财富，智者有采焉。作《货殖列传》第六十九。[1]

明确指出立传的商人必须是一不害于政，二不妨百姓，三能取与以时，而息财富的布衣匹夫之人。贵族、官僚，以及武断乡曲、欺压百姓的人不能入选。

---

[1] 司马迁：《史记·太史公自序》，岳麓书社 1988 年版，第 956 页。

在《货殖列传》中列叙汉代货殖家之前又写道：

> 请略道当世千里之中，贤人所以富者，令后世得以观择焉。

这也说明，入传的人物须是既富且贤的人。

在列叙汉代货殖家之后司马迁还写道：

> 此其章章尤异者也，皆非有爵邑奉禄、弄法犯奸而富。

这又说明，入选者不仅要富而且贤，还须是"章章尤异"的。

总之，司马迁《货殖列传》立传人物的标准很高，只立传那些"不害于政，不妨百姓"，又能"取与以时而息财富"的良贾、贤人、章章尤异者，其宗旨在于激励商贾的智者，让后世观择效法。"为权利以成富"，或"弄法犯奸而富"的"奸富"，不足以供智者采的，一律不立传。

1.4.2《货殖列传》列叙的主要人物简介

《货殖列传》所列叙的货殖家，属于秦以前的有范蠡等 7 人，属于汉兴以后的主要有蜀卓氏等 9 人，涉及的行业包括商业、工业（矿冶业）、农业（畜牧业）、借贷业等，参见表 1-2，表 1-3。

表 1-2《史记·货殖列传》秦以前的人物

人名	行业	简介
范蠡	商业	十九年之中三致千金，人称陶朱公。
子贡	商业	所至与国君分庭抗礼，使孔子名布扬于天下。
白圭	商业	乐观时变，天下言治生皆祖白圭。
猗顿	工业	以盐业致富。
郭纵	工业	冶铁成业，与王者埒富。
乌氏倮	农业	畜至用谷量马牛，秦皇帝令倮比封君。
清	工业	巴蜀寡妇清传丹穴，秦皇帝以为贞妇而客之，为筑女怀清台。

表1-3《史记·货殖列传》汉兴以后的人物

人名	行业	简介
蜀卓氏	工业	其先赵人,冶铁致富。秦破赵,迁至临邛。即铁山鼓铸,富至僮千人。田池射猎之乐,拟于人君。
程郑	工业、商业	山东迁虏,冶铸,富埒卓氏。
宛孔氏	工业、商业	梁人,用铁冶为业。秦伐魏,迁孔氏南阳,大鼓铸。通商贾之利,家致富数千金。
曹邴氏	工业、商业	以冶铁起,富至巨万,贳贷行贾遍郡国。
刀闲	商业	启用桀黠奴,逐渔盐商贾之利,或连车骑,交守相。终得其力,起富数千万。
师史	商业	转毂以百数,贾郡国,无所不至。致七千万。
宣曲任氏	商业	独窖仓粟。豪杰金玉尽归任氏。
桥姚	农业	塞外致马千匹,牛倍之,羊万头,粟以万钟计。
无盐氏	借贷业	景帝时,吴楚七国反。出征将领贷子钱,诸子钱家莫敢贷,唯无盐氏贷出,三月吴楚平,无盐氏息什倍。富埒关中。

2. 货殖家治生之术思想

货殖家，是先秦到西汉前期存在过的一个独立的学术思想流派。司马迁本身是一位杰出的货殖思想家，在《史记·货殖列传》《史记·平准书》等篇中，提出独具特色的货殖思想，深入探讨了我国古代极少涉及的"治生之术"。司马迁重视工商业，主张民富，赞赏个人经商致富，充分肯定个人经商致富的社会价值，以个人为本位研究经济问题，首倡治生之术。本书认为，司马迁治生之术思想的内容，大体可以归结为"知时、知人、奇胜"三个方面。[①]这一切，对现代商业经济理论和实践，具有很高的借鉴意义。

2.1 司马迁治生之术思想的内涵

中国古代的管理主要分四个层次：治国（行政管理）、治生（农工商管理）、治家（家庭管理）和治身（个人管理）。曾子《大学》提出"三纲八目"理论，即"三纲"：明明德，新民，止于至善；"八目"：格物，致知，诚意，正心，修身，齐家，治国，平天下。

明明德，是指弘扬光明正大的品德；新民，是指让人们革旧图新；止于至善，是指要达到最好的境界。格物致知，是指穷究事物的原理来获得知识；诚意，就是"勿自欺"，不要"掩其不善而著其善"；正心，就是端正自

---

① 吕庆华：《知时·知人·奇胜——司马迁"治生之术"浅议》，光明日报（理论版）2003 年 6 月 3 日，第 B3 版。

己的心思；修身，就是加强自身修养，提高自身素质；齐家，就是管理好自己的家庭、家族；治国平天下，是谈治理国家的事。

其中，修身、齐家、治国平天下，分别指治身（个人管理）、治家（家庭管理）和治国（行政管理）。而治生（农工商管理）没有单列，主要包含在治家（家庭管理）中。

2.1.1 司马迁首倡治生之术

首先，司马迁以个人为本位研究经济问题，首倡治生之术。

司马迁货殖理论，打破中国经济思想史历来的传统，不是以国家为本位，而是以个人为本位研究经济问题，首倡治生之术。司马迁大力鼓励个人追求财富，通过正当途径发家致富。认为追求财利是人的共同本性，农工商贾畜长等社会上各色人的一切活动，都是为了求富益货。他赞赏从事工商业经营的富商大贾，称他们为"贤人"或"能者"。

司马迁称赞范蠡是一个"善治生者"。他说："故善治生者，能择人而任时。"范蠡不仅"善治生"，而且"富好行其德"。范蠡"十九年之中三致千金，再分散与贫交疏昆弟。此所谓富好行其德者也。"

司马迁赞赏白圭是治生"鼻祖"。他说"盖天下言治生祖白圭。白圭其有所试矣，能试有所长，非苟而已也。"这段话的意思是：在中国，白圭可以称得上是研究治生术的祖师；白圭的治生理论已经过实践检验，实践的结果很成功，并不是随便臆造出来的。

司马迁认为治生正当而且对社会有益，可为"贤人勉"。司马迁说："今治生不待危身取给，则贤人勉焉。"就是说，当今治生，经营农林渔牧业，不会给自己带来危害却可供养身家，因而有才能的人都积极去从事。

司马迁认为，勤俭是谋生的通则，而发财就必须具备超群的本领，即所谓"夫纤啬筋力，治生之正道也，而富者必用奇胜。"

其次，司马迁认为财富是成功的象征，富者能够"得执益彰"。

人民素质的高低受制于社会富裕与贫穷的程度：富裕的社会，人民讲求礼节，热心公益，社会安定；贫穷的社会，人民缺乏礼让，铤而走险，社会动乱。黄仁宇指出："司马迁借着《货殖列传》发挥他个人的私利观……而且在他看来，贫穷是做事失败的象征，除了特立独行的人可以例外，其他都应引以为耻。"①正如孟子所说："无恒产而有恒心者，唯士为能。若民则无恒产，因无恒心。苟无恒心，放辟邪侈，无不为已。"②

司马迁认识仁义道德是建立在经济基础之上的，同时看到物质财富的占有决定着人们的社会地位，看到经济地位对人们思想观念和政治态度的作用和影响。

司马迁意识到物质生活对社会活动的重要作用。他认为作为重要的道德规范的"礼"，是以人类的情与性作基础的，礼节道德离不开一定的物质基础，人们的社会地位与道德观念都是与财富占有状况相联系的。《货殖列传》以大量的史实证实：

> 礼生于有而废于无。故君子富，好行其德，小人富，以适其力。渊深而鱼生之，山深而兽往之，人富而仁义附焉。富者得势益彰，失势则客无所之，以而不乐。

司马迁首先引《周书》的话，并列举齐国姜太公和管仲的例子，说明经济财富对政治功业的重要，并引用管子名言"仓廪实而知礼节，衣食足而知荣辱"（《管子·牧民》），来讨论财富和道德的关系，提出"礼生于有而废于无"的主张，认为仁义、礼节等德性的基础是家庭富有和社会安定。一个君子富有了，就更乐于行善积德；而普通人有了财富，也就坚守本分，不会作奸犯科。

他又把财富比作高山大泽，把品德比作山泽间的生物。水深了，自然有鱼，山高了，各种兽类自然繁殖其中。小水沟养不了大鱼，小山包隐藏不了兽类。也就是说，贫穷就难有高尚的道德修养，也难以做出对他人有益的善行。所以，有了财富，才能发挥出仁心义行。一个人有了钱，如果再得权势，就更容易彰显善举。反之，一个既无势力，又无钱财的他乡游子，徒有乐善好施之心，也没有能力从事公益事业。

司马迁吸收并发展管仲"仓廪实而知礼节，衣食足而知荣辱"的观点，

---

① 黄仁宇：《赫逊河畔谈中国历史》，生活·读书·新知三联书店1992年版，第18页。
② 杨伯俊译：《孟子·梁惠王上》，《白话四书》，岳麓书社1989年版，第377页。

《货殖列传》多处列举证明其"富者得埶益彰"的观点。子贡是最受孔子喜欢的学生之一,孔子曾说:"赐不受命,而货殖焉,亿则屡中"①(《论语·先进》)。子贡商贸事业的巨大成功,受到列国达官贵人的礼遇,也令孔子的名声"布扬于天下"。因此,司马迁认为"夫使孔子名布扬于天下者,子贡先后之也。此所谓得埶而益彰者乎?"

另一个例子,是巴寡妇清。寡妇清"能守其业,用财自卫,不见侵犯。秦皇帝以为贞妇而客之,为筑女怀清台。"并说:"清穷乡寡妇,礼抗万乘,名显天下,岂非以富邪?"司马迁以为,一个寡妇本来很难抵抗社会和政治压力,而清能够自保名节,完全是因为她拥有巨额财富。

2.1.2 司马迁治生之术思想形成的客观性

首先,司马迁"治生之术"思想形成的客观性。

司马迁认为,利己之心人皆有之。追求物质利益,满足更好的物质需要,是人的本性。他说:"富者,人之情性,所不学而俱欲者也"。一切"农工商贾畜长,固求富益货也",各业生存和发展的动因都是为了满足自己的欲望而逐利求富。"欲利"是"治生之术"思想形成和发展的根本动因。

社会分工是"治生之术"思想形成和发展的社会经济基础。司马迁充分认识到地域分工、社会分工以及两种分工的关系。司马迁把西汉社会的产业分为农、虞、工、商行业。他说:

> 夫山西饶材、竹、榖、纑、旄、玉石;山东多鱼、盐、漆、丝、声色;江南出楠、梓、姜、桂、金、锡、连、丹沙、犀、玳瑁、珠玑、齿革;龙门、碣石北多马、牛、羊、旃裘、筋角;铜、铁则千里往往山出棋置:此其大较也。皆中国人民所喜好,谣俗被服饮食奉生送死之具也。故待农而食之,虞而出之,工而成之,商而通之。"

司马迁列举了山西、山东、江南、朔北等四个区域生产的各类物产,认

---

① 这句话的大意是:端木赐(子贡)不听从命运的安排,大胆从事商业经营,并能够准确预测市场行情。

为农、牧、工、虞等业生产的产品，都是满足消费者欲望的物质基础，都是人们所喜好的。人们一旦提高了消费水平、过惯了富裕生活，其欲望就难以抑制。因此，农、虞、工、商四个行业，一方面分别发挥其"食之""出之""成之""通之"的不同功能；另一方面彼此依赖，不可偏废。

他又说："此宁有政教发征期会哉？人各任其能，竭其力，以得所欲。……各劝其业，乐其事，若水之趋下，日夜无休时，不召而自来，不求而民出之。岂非道之所符，而自然之验邪！"意思是，社会经济生活需要农、虞、工、商各业，人们各显其能，各尽其力，各劝其业，以满足社会经济生活的各种需求并获得各自利益，这是社会经济的客观现象和规律。

总之，人类"欲利"和社会分工，是"治生之术"思想形成和发展的客观基础。

其次，司马迁充分肯定个人经商致富的价值。

在社会分工条件下，商业为卖而买、媒介成商品交换，满足需求促进生产，协调各产业部门发展，是合乎事物发展规律的自然表现。司马迁充分肯定个人经商致富的价值，认为经商致富正当而且利人利己，有利于社会经济的发展。

一是肯定经商求富的正当性。司马迁指出，"布衣匹夫之人，不害于政，不妨百姓，取与以时而息财富"[①]。商人的存在及其经营活动不妨碍国计民生，有益于社会经济的发展。

二是高度赞美富商大贾。司马迁在《货殖列传》中，给那些"无秩禄之俸、爵邑之人而乐与之比"的富商大贾起了"素封之家"的雅号，把社会地位低下、正统思想中属五蠹之一的商人与皇家的贵族"封君"相媲美，赞赏有加。在司马迁所处的历史时代，如此赞美商人的求利活动，实在是不同凡俗。

三是指出商业的重要地位。农、牧、工、虞等业生产的产品，都是满足消费者欲望的物质基础，"商而通之"的目的在于促使国家繁荣、人民富足。他认为农、工、商、虞四业皆为百姓"衣食之原"，"原大则饶、原小则鲜"，

---

① 司马迁：《史记·太史公自序》，岳麓书社 1988 年版，第 956 页。

四者按比例协调发展，"上则富国，下则富家"。要满足人们不断增长的物质需求，就不能停留在"原小则鲜"的简单再生产和小规模商品交换上，必须扩大再生产和发展商品流通，通过自由竞争决定贫富，让"巧者有余，拙者不足"，"能者辐凑，不肖者瓦解"。

四是自然地理条件、风土习俗对商业的影响不可忽视。在《史记·夏本纪》中，作为禹的事迹，司马迁记述了"开九州，通九道，陂九泽，度九山"，列举了《尚书·禹贡》中的记载。当时把全国分为九州，分别阐述了其地质特征，如土地肥沃程度、赋税等级、贡篚种类以及交通状况等。在《货殖列传》中，以实地见闻为依据，试图详尽分析汉代各地的经济地理，他对全国各地的人口、产业、风土习俗及其历史沿革，都做了细致贴切的描写。司马迁总结道：

> 楚越之地，地广人稀……不待贾而足……是故江淮以南，无冻饿之人，亦无千金之家。沂、泗水以北，宜五谷桑麻六畜，地小人众，数被水旱之害，民好畜藏，故秦、夏、梁、鲁好农而重民。三河、宛、陈亦然，加之商贾。齐、赵设智巧，仰机利。燕、代田畜而事蚕。

从中我们可以看到很多相当于当今市场营销学关于市场调查、营销环境分析的内容。可以说，自然地理和人文地理条件，是商业繁荣发展的重要因素。

五是反对官营商业。司马迁认为，商业以盈利为法则，顺其发展是上策，即所谓"善者因之"，国家权力统制商业是不可取的。然而，汉武帝实施一系列的商业政策，如盐铁专卖、重课商人轺车缗钱、禁止私铸货币、发布告缗令和均输平准法等，以致"商贾中家以上大率破产"。"素封家"经年积累起来的财产，大多被没收归国库，同时政府经营商业，夺取大量商业利润进国库。刀闲、师史等有名的素封家陷入了没落的厄运。司马迁难以接受商业崩溃的无情现实，明确否定经济统制，反对流通国营。在《平准书》中，司马迁列举了大量官商腐败的史实，揭示官场和市场的不同功能，揭露官商勾结的祸害。

司马迁肯定政府施行诸如度量衡制度统一、货币制度制定、货币价值稳定、交通路线规划、交通机构配备等必要的社会经济政策。汉武帝的商业经济政策的根本错误就在于无限制地扩大了政府的社会经济职能，即对商业的本质缺乏充分理解，仅仅着眼于商业的营利性表象，推行专制经济政策，强硬施行商业国营。

2.1.3 司马迁治生之术思想的内容

司马迁在肯定个人经商致富有利于社会经济发展，商业致富正当而且利人利己的同时，对从事大规模经营的商家提出了更高的要求，他十分重视货殖家精神和货殖家素质。认为，作为一个货殖家，必须具有像白圭描述的那种素质：

> 吾治生产，犹伊尹、吕尚之谋，孙吴用兵，商鞅行法是也。是故其智不足与权变，勇不足以决断，仁不能以取予，强不能有所守，虽欲学吾术，终不告之矣。

战国时期，政治、军事的地位远远高于经济，但白圭却将经济的重要性等同于政治和军事。他认为经商需要大智大勇，需要仁义之心，这和治国统兵要求同样高，如果素质不够，即使求教，也不愿把经营诀窍传授给他。

也就是说，无智、勇、仁、强四个方面条件的人，就没有资格学习他的经营之术，而成为合格的货殖家。这实际上提出了作为一个货殖家应具备的四个基本素质。其中，要求"智"，"足与权变"；"勇"，"足以决断"；"仁"，"能知取予之道"；"强"，能以坚韧的毅力有所等待，不浮躁。然而，不是所有具备以上经商基本素质的人都能致富，经商致富还必须有一套行之有效的生财之道。

根据历史上富商大贾的实践经验，司马迁在《货殖列传》中总结了一套系统的"治生之术"，即经商致富的诀窍。本书认为，司马迁"治生之术"思想的内容，大体可以归结为三个方面。

首先，知时。"时"对于货殖家来说，就意味着财富，意味着金钱。一旦看准了商机，就必须快速行动。不能"见机而作"，即不知时，就不适合经商。司马迁提出"与时俯仰"治生思想，并论述范蠡、白圭等的知时思想，如"乐观时变"、"随时而逐利"、"逐时而居货"等思想。范蠡的一生行事，全是随"时"而"变"，无论从政、治国还是经商，都是成功者。白圭治生也重视一个"时"字。

其次，知人。知人也是中国古今做生意的秘诀。司马迁称范蠡"能择人而任时"，他除了知时，还知人。他的知人，一是知越王勾践，二是知自己的儿子。白圭"与用事僮仆同苦乐"，以优秀品质去争取人心，获得下属的支持。大商人刀闲重用奴隶，爱护和信任员工，懂得利用员工的力量致富，"起富数千万"，成为闻名遐迩的巨富。此外，师史也是司马迁例举的爱护和信任僮仆，利用僮仆的力量致富的典型。

最后，奇胜。商家必须紧跟商业变化形势，预见未来，不断创新，出奇制胜。司马迁认为，"夫纤啬筋力，治生之正道也，而富者必用奇胜"。要从事货殖活动，获得厚利，就必须具备超群的才智，以"奇"制胜。西汉子钱家无盐氏，经营借贷信用业务，敢于担当风险，获得十倍的厚利。任氏敢冒险，独家存储粮食，既富有又受到皇帝的敬重。《货殖列传》还列举了卖油脂的雍伯、卖肉制品的浊氏等商人，他们都拥有一技之长，经营奇物而致富。

2.2 治生之术（一）——知时

2.2.1 知时的意义

"时"，指时间，时候；季节；时代，时世；时势，时机；时宜，合于时宜等。司马迁心目中的货殖家，都是知时的行家。因为，"时"对于货殖家来说，就意味着财富，意味着金钱。

司马迁在《货殖列传》中表彰范蠡注重"任时"，"候时转物"，"与时逐而不责于人"的治生策略。司马迁说：

> 朱公以为陶天下之中，诸侯四通，货物所交易也，乃治产积居，与时逐而不责于人。

陶朱公范蠡，楚国人。他曾经在越国担任主持军事的将军，在齐国被人们推举为主持政务的相国，后来隐居海滨，又成为家有万金的巨富。范蠡知时，所以既能治国，又能发家。

元人张雨词作《太常引·题李仁仲画舫》有"千古一陶朱"之句，以范蠡之特殊功业，而区别于一般的"烟波钓徒"（《词综》卷 30）。在流亡生活中，范蠡将兵战经验应用于商战，实现了非凡的财富增值。正如沈鍊所说："陶朱公以处国则伯天下，以处家则累千金。"[①]

范蠡的经济活动，经历了"耕于海畔，苦身戮力，父子治产"等艰苦创业的阶段，王世贞认为，"能自力致富者，陶朱公"[②]。范蠡注重"任时"，"候时转物"，"与时逐而不责于人"，他善于利用商机致富而"不责于人"等做法，具有启示意义。《盐铁论·贫富》说，"陶朱公之三至千金，岂必赖之民哉？运之方寸，转之息耗，取之贵贱之间耳"，也充分肯定了范蠡致富并非光靠劳力，而主要得益于其经营智慧和才能。[③]

司马迁将范蠡在越地、齐地、陶地生活空间的转换，称做"三徙"或"三迁"。范蠡在越地，救国抗吴，施展其军政谋略；在齐地，去越辞官，显示其人生智慧；在陶地，治产致富，体现其经营才华。司马迁高度评价他说："范蠡三徙，成名于天下，非苟去而已，所止必成名"，又说"范蠡三迁皆有荣名，名垂后世。"[④]

司马迁赞赏白圭"趋时若猛兽挚鸟之发"，白圭一旦看准了商机，就快速行动。白圭知时，因而成为研究治生之术的祖师。汉代关中的富商大贾因为"与时俯仰"，即根据市场形势而随机应变，也成为司马迁笔下的"贤人"。

---

① 沈鍊:《青霞集》卷1。

② 王世贞:《弇州四部稿》卷 166 之《说部·宛委余编》。

③ 古文献中著录有《陶朱公养鱼法》（《隋书·经籍志三》）、范蠡《养鱼经》（《旧唐书·经籍志下》、《新唐书·艺文志三》）、《陶朱公养鱼经》（《太平御览》卷 936）等，可知范蠡很可能曾经总结过具体的生产经验。《焦氏易林》称其经营优势为"善贾息资"、"巧贾货资"。《太平御览》卷 191 引王子年《拾遗记》说："縻竺用陶朱公计术，日益亿万之利，赀拟王家，有宝库千间。"所谓"陶朱公计术"，应是熟练巧妙的治生之术。王子今:《关于"范蠡之学"》，《光明日报》2007 年 12 月 15 日。

④ 司马迁:《史记·越王句践世家》，岳麓书社 1988 年版，第 351-352 页。

2.2.2 知时思想的基本内容

首先，与时俯仰。

司马迁与时俯仰经济观，"独树一帜自成一体"[①]，充分反映了时代特点。

在《史记》《汉书》中大量记载了西汉中期士农工商的经营活动，他们无不把追逐物质利益作为自己的目的，司马迁肯定了他们的"逐利"活动。他提出"与时俯仰，获其赢利"治生思想，要采取多种赢利方式，"以末致财，用本守之，以武一切，用文持之，变化有概，故足术也。"他在《货殖列传》中还描绘了社会各阶层追求财富的生动情景，表现出他对谋利活动的支持，这在西汉中期经济思想史上有进步意义。

西汉初年，由于封建统治者推行"黄老之学"，实行宽松的经济政策，社会经济很快得到恢复和发展。工商业经营者的队伍逐年扩大，商业资本呈增长之势。如：猗顿以卖盐起家、郭纵以冶铁成业，能"与王者埒富"。蜀卓氏、程郑、鲁人曹邴氏均因经营盐铁而富至巨万。"咸阳，齐之大煮盐；孔仅，南阳大冶，皆致生累千金。"[②] 由此形成一个经济实力雄厚的利益集团。司马迁赞扬他们"与时俯仰，获其赢利"，认为他们都是合法经营致富，只是赢利的方式不同而已。

其次，乐观时变。

司马迁在《货殖列传》中借引计然的经验："知斗则修备，时用则知物，两者形则万货之情可得而观已。"即平时要根据战争的需要，做好物资准备和备战工作，到战时才能"万货之情可得"。在商品交换中，就是要乐观时变，"论其有余不足，则知贵贱"，及时观察商业行情，掌握市场供求的规律，充分估计自然灾害对农业的影响，预测市场供求关系，并有计划地利用预测的行情，以获得利润。

古籍《国语·越语上》早就记载了当时商人的"逆迎商机"的思维，即：

① 谢天佑：《秦汉经济政策与经济思想史稿》，华东师大出版社1989年版，第122页。
② 司马迁：《史记·平准书》，岳麓书社1988年版，第231页。

臣闻之，贾人夏则资皮，冬则资𫄨，旱则资舟，水则资车，以待乏也。[①]

后人把"夏则资皮，冬则资𫄨，旱则资舟，水则资车"16个字浓缩为8个字"旱斯具舟，热斯具裘。"在长期干旱、土地龟裂时，可以兴工造船，迎接雨季带来的商机；盛夏高热时，可以收购裘皮开设皮革行，迎接严寒带来的商机。

《夷坚志》载，宋朝年间，有一次临安城失火，殃及鱼池，一位姓裴的商人的店铺也随之起火，但是他没有去救火，而是带上银两，网罗人力出城采购竹木砖瓦、芦苇椽桷等建筑材料。火灾过后，百废待兴，市场上建房材料热销缺货，此时，裴氏商人趁机大发其财，赚的钱数十倍于店铺所值之钱，同时也满足了市场和百姓的需要。

总之，乐观时变，管中窥豹，具备敏锐的观察力和准确的判断力，是经商的必备能力和创富的不竭源泉。

再次，随时而逐利。

司马迁认为，范蠡"治产积居，与时逐而不责于人"。就是说，范蠡根据时机买卖最能获利的商品，并且善于用人因而没有人给他造成亏损。在《货殖列传》中，有"逐时""随时""趋时"等词汇的记载，这些词表示的都是一个意思，即有效利用商机。在市场经营中，根据行情而采取的营销方法称之为"随时"，及时倾销称之为"逐时"，有时"居货"不出售也是一种"逐时"。关键是要掌握市场行情，利用价值规律的杠杆作用，"趋时"经营，把握"贵上极则反贱，贱下极则反贵"的原则。

最后，逐时而居货。

白圭掌握买卖时机，在谷贱时购进，不抑买，不压价；在谷贵时售卖，不惜售，不抬价。年景好时，收进谷物，出售丝漆等物，即所谓"岁熟取谷，予之丝漆"。白圭经商不仅及时掌握物价涨浮情况，而且根据行情选择经营地点、货物品种和出售时机。在商品交易中，体现与众不同，人无我有，"逐时而居货"。当商机出现的时候，"趋时若猛兽挚鸟之发"。司马迁列举的卓氏之

---

① 李维琦译：《白话国语·越语上》，岳麓书社1994年版，第423页。

迁临邛、孔氏之广交游闲公子、刀闲之大胆起用桀黠奴、无盐氏之出贷列侯封君等事例，都说明"逐时而居货"的重大意义。

2.2.3 知时思想的智慧启迪

从《周易》的"与时俱迁"、《老子》的"与时俱化"到《庄子》的"与时俱往"，都十分强调无论从政还是经商，都要顺应人的本性和时代潮流。

司马迁在《史记·太史公自序》引司马谈"论六家要旨"，说道家：

> 其为术也，因阴阳之大顺，采儒墨之善，撮名法之要，与时迁移，应物变化。[1]

司马迁吸收阴阳、儒、墨、道、法各家之长，与时迁移，融合运用。司马迁货殖"治生之术"思想的形成，具有深厚的哲学基础。

金克木指出，计然和白圭都重视一个"时"字。范蠡一生随"时"而"变"。他做生意是"积居与时逐"。计然的"积著之理"，白圭的"积著率"，也是指这一点。"积著"即"积居"。子贡"废著"，《史记集解》说即"废居"。计然说"无敢居贵"，大商人吕不韦说"奇货可居"。[2]这个"居"字是古代做生意的一个要诀，不能只解作囤积。"居"是待"时"，是为卖而买，着眼在卖。所以，经商不能不"投机"，即抓准时机，"守株待兔"不是经商。不能"见机而作"，即不知时，就不适合经商。[3]总之，金克木精辟地论述了司马迁货殖思想中"时变"与"积著之理"的辩证关系。

孔子在世时，说子贡不认受穷的命而去囤积牟利，预测准确，即"赐不

---

① 司马迁：《史记·太史公自序》，岳麓书社 1988 年版，第 941 页。

② 范蠡和吕不韦是先秦时期兼跨政坛与商界的两位名人。柳宗元《招海贾文》有"范子去相安陶朱，吕氏行贾南面孤"（《柳河东集》卷 18）一说，就将"范子"与"吕氏"事相提并论。吕不韦以财富作政治投资，以财富影响政治方向。范蠡则是先有"平吴霸越功"，然后归隐致富的。讨论"范子"和"吕氏"的人生轨迹以及他们的历史地位对于中国古代吏人、商人和文人所产生的不同的心理影响，也是一件很有意思的事情。王子今：《陶朱事业：兵战与商战的兼胜》，《光明日报》2007 年 9 月 14 日。

③ 金克木：《探古新痕》，上海古籍出版社 1998 版，第 255–256 页。

受命而货殖焉，亿则屡中"。(《论语·先进》)子贡善于经商，拥有杰出的经商才能，因而成为春秋时代最成功的商人，其财富达到可以与诸侯分庭抗礼的程度。

范蠡无论从政、治国还是经商都是成功者。范蠡就他个人而言，既拥有古代儒家治国平天下的远大抱负，也有道家顺应自然大道的豁达人生观，儒道互补，外道内儒，顺应自然。因此，无论是从政还是经商，他都能保持心态的平和、淡定。他追求和谐的天道、地道和人道。他说：

> 夫国家之事，有持盈，有定倾，有节事。

意思是，治理国家有三件事要注意，国家强盛时要设法保持下去，这叫持盈；国家将要倾覆时要设法转危为安，这叫定倾；平时治理国家政事要得当，这叫节事。范蠡并把这三点与天地人结合，说：

> 持盈者与天，定倾者与地，节事者与人。①

他还对勾践说："天道要求我们盈满而不过分，气盛而不骄傲，辛劳而不自夸有功。"范蠡顺应天道、地道和人道的思想，对今日仍然具有启发意义。

作为古代著名的货殖家，范蠡的治生思想具有以下现代借鉴意义。

首先，范蠡治生注重地点选择，充分发挥自然环境的优势。范蠡在陶地的经营，特别表现出对于经济地理的敏锐眼光。史念海先生曾经指出，范蠡认定陶为"天下之中"，"乃是诸侯四通的地方，也是货物交易的地方"，于是于此定居，经营商业。范蠡到陶的时候，陶已经发达成为天下之中的经济都会，其发达程度超过当时的任何城市。这种情形，自然是济、泗之间新河道开凿之后的必然结果。一句话，范蠡对交通地理有远见卓识。

其次，范蠡丰富的治生理念，对今天发展市场经济有一定的借鉴意义。比如，范蠡主张把握商机，候时转物。他遵循经济丰欠循环论经商，提出"待乏论"，不要人等货，应让货等人，所谓"夏则资皮，冬则资絺，旱则资舟，水则资车"。只有准备别人没有的或想不到的货物，才能在市场上占据优

---

① 李维琦译：《白话国语·越语下》，岳麓书社 1994 年版，第 428 页。

势。又如，范蠡主张"逐十一之利"，薄利多销，不求暴利，这是非常人性化的主张，符合中国传统经商讲求仁义与诚信的思想原则。

最后，范蠡治生"富好行其德"思想十分可贵。范蠡经商，"十九年之中三致千金。"但是他把钱分给贫穷人和远房兄弟，受到人们的高度赞扬。范蠡富有，凭借的是自己的勤奋和智慧，没有官商勾结，没有假冒伪劣，并能慷慨解囊，回报社会，难能可贵。

2.3 治生之术（二）——知人

2.3.1 知人也是古今做生意的秘诀

知时和知人是中国古今做生意的秘诀。[①] 司马迁称范蠡"善治生者，能择人而任时"。范蠡除了知时，还知人。他的知人，一是是知自己的儿子，二是知越王勾践。

《史记·越王勾践世家》记载了范蠡千金救子的故事。范蠡二子在楚国杀人被捕将斩，他欲派幼子进财抵罪，但长子以死相激坚持要去，范蠡之妻也从旁劝说。不得已，长子去见关键人物庄生。进千金，庄生受了，便在楚王面前称星相不利，需要大赦天下才能补救。于是大赦，但范蠡长子知道大赦天下，认为二弟本该被释放，舍不得千金，找庄生要了回来。庄生怒，在楚王面前进言说：百姓流言天下大赦是因为范蠡二子犯罪，楚王收了贿赂。楚王大怒，仍赦天下，独诛范蠡二子。

范蠡事后说出苦衷：

> 吾固知必杀其弟也！彼非不爱其弟，顾有所不能忍者也。是少与我俱，见苦，为生难，故重弃财。至如少弟者，生而见我富，乘坚驱良逐狡兔，岂知财所从来，故轻弃之，非所惜吝。前日吾所为欲遣少子，固

---

① 金克木：《探古新痕》，上海古籍出版社 1998 版，第 253 页。

为其能弃财故也。而长者不能，故卒以杀其弟，事之理也，无足悲者。吾日夜固以望其丧之来也。

范蠡素知"大名之下，难以久居"，且勾践为人"可与同患，难与处安"，于是"为书辞勾践"。勾践回答说："孤将与子分国而有之。不然，将加诛于子。"范蠡婉言拒绝，"装其轻宝珠玉，自与其私徒属乘舟浮海以行，终不反。"此后范蠡致书文种，劝他说："蜚鸟尽，良弓藏；狡兔死，走狗烹。越王长颈鸟啄，可与共患难，不可与共乐。子何不去？"文种虽然自此取消极态度，"称病不朝"，但却未效法范蠡，最终为勾践所逼自杀。[①]

范蠡抛弃显赫名位，弃官从商，实际上跳出了险恶的权力斗争的漩涡，人们以"超然避世""全功保身"来盛赞其明智之举。[②]《史记·田叔列传》评论说：

> 夫月满则亏，物盛则衰，天地之常也。知进而不知退，久乘富贵，祸积为祟。故范蠡之去越，辞不受官位，名传后世，万岁不忘，岂可及哉！后进者慎戒之。[③]

范蠡之退隐，成为后来厌倦权争走向山野的隐逸之士的榜样。[④]

经商致富方面，由于知人，范蠡"十九年之中三致千金""后年衰老而听子孙，子孙修业而息之，遂至巨万"，产业延续发展到子孙后代。

---

① 司马迁：《史记·越王勾践世家》，岳麓书社 1988 年版，第 348-351 页。
② 蒋衡与年羹尧，见年德行不及威，去而免祸；（明）万二商人见朱元璋诗："百官未起我先起，百官已睡我未睡。不如江南富足翁，日高五丈犹披被。"知欲夺富，托财产而泛游湖湘避流放。唐宝民：《见微知祸》，《特别文摘》2012 年 9 上半月。
③ 司马迁：《史记·田叔列传》，岳麓书社 1988 年版，第 747 页。
④ 所谓"悠悠千载五湖心"（吕本中：《谒陶朱公庙》，《东莱诗集》卷 1），"安用区区相印为"（王世贞：《鸱夷子行》，《弇州四部稿》续稿卷 2））等称誉，体现了其人格与智慧的积极文化影响。唐人汪遵《五湖》诗写道："已立平吴霸越功，片帆高扬五湖风。不知战国官荣者，谁似陶朱得始终。"（《全唐诗》卷 602）元人岑安卿"陶朱五湖客，相业霸于越"，"扁舟烟水间，千载仰遗烈！"（《述古四章送范瑞卿回越》，《栲栳山人诗集》卷上），明人汪广洋"高情独羡陶朱子，万顷沧波一叶舟"（《读〈吴越春秋〉》，《凤池吟稿》卷 7）等诗句，其实也都是借范蠡故事来抒发诸多士人的共同心声。

2.3.2 货殖致富的知人善用之道

首先，白圭用人有道。

司马迁认为"天下言治生者祖白圭"，白圭是古代善于经商的楷模。经商要致富就要像白圭那样：

> 能薄饮食，忍嗜欲，节衣服，与用事僮仆同苦乐。

就是说，经商致富，不仅自己要勤俭节约，而且要善于用人，要知人善任，要有与"僮仆同苦乐"的精神，要用自己的品质去争取人心，获得下属的信任和支持，事业才能成功。

白圭认为，一个人如果没有仁爱之心，只有算计和索取，那么他一定是一个不受欢迎的人。相反，如果对别人充满热爱和体贴，他就会受到别人的爱戴，这个人也会是一个值得尊敬的人。白圭深谙其中的道理，并把它运用到经商管理中。白圭认识到，劳动者的工作效率同他们的情绪、心理有着重要的关系。他在用人时不是靠强压和利诱，而是与自己的雇员同甘共苦，不仅调动了雇员的积极性，提高了劳动效率，而且清除了与雇员之间的隔阂，主仆感情融洽。

民谚有"单丝不成线，独木不成林"和"三人齐心，黄土成金"之说，这都是在赞颂团队的巨大力量。富商大贾除了靠个人努力外，一个良好的团队也至关重要。能体察下情，与雇员打成一片的人，才能得到员工的爱戴，雇员才有好心情为顾客服务。白圭在经营管理中，能放下巨商富贾的架子，常常"与用事僮仆同苦乐"，也是他获得成功的重要因素。

白圭从事商业活动勤劳节俭，即使成了巨富，他也是把钱投资于扩大再生产，而他自己的生活却是"薄饮食，忍嗜欲，节衣服"。白圭的成功是在不断实践、探索、创新中获取的，而不是从苟且偷安中求得，其优良品质难能可贵。

白圭重视商人品质，认为不仁不义、无勇无谋的人不宜学习他的治生之术，学了也不可能用好，还可能坏他名声。比如，有人学后用欺诈手段损人利己，这就违背他的利国利民然后再取财的道理。总之，白圭具有谋略家头脑，将经商的地位看得与政治军事同等重要。

军中微妙的用人术，也是经商取胜的秘道。黄石公《三略·中略》说：

《军势》曰：使智、使勇、使贪、使愚。智者乐立其功，勇者好行其志，贪者邀趋其利，愚者不顾其死。因其至情而用之。此军之微权也。①

《军势》上说，要善于利用有智谋的人，利用勇敢的人，利用贪婪的人，利用愚笨的人。有智谋的人追求建功立业，勇敢的人喜欢仗义逞能，贪婪的人醉心于利益，愚笨的人铤而走险，因此，要根据各自的特点加以利用，这是治军用人的妙术。

其次，刀闲用人有术。

刀闲，西汉齐国富商。齐国人有个风俗，就是鄙视奴仆。齐国富人都认为奴仆凶恶狡猾，因而对其担忧和戒备，一般都不敢雇用奴仆，特别是做商业经营。唯有刀闲例外，他不仅不鄙视和戒备奴仆，而且专门收留和雇佣大量奴仆，并加以重用。司马迁认为刀闲就是这种靠用人致富的大富商，并且总结出刀闲用人的四大特点。

一是爱护人才。司马迁说："齐欲贱奴虏，而刀闲独爱贵之。"在齐国富人都怕雇佣凶恶狡猾的奴仆情况下，只有刀闲破除世俗偏见，敢于收留和重用奴仆从事商业经营，鼓励他们去追逐利润。

二是用人唯贤。司马迁说："桀黠奴，人之所患也，唯刀闲所取。"齐国的富人只看到奴仆凶恶狡猾的一面，而没有看到奴仆优良的一面。他们贫穷并不等于他们无能，他们具有吃苦耐劳、勤俭节约、忠诚朴素的品质，只要看到他们的优点，发挥他们的特长，运用他们的才能，就会大有作为，他们甚至比那些富家子弟更有上进心和奋斗精神。刀闲正是看到他们的本质，使用他们的才能来为自己服务的。

三是知人善任。司马迁说："桀黠奴……愈益任之。"用人不疑，疑人不用，是古今中外的重要用人原则。刀闲正是遵循这一用人原则，才取得事业成功的。他对来自奴仆的下属，不仅不疑，而且重用，把他们放在重要位置上，放手让他们去施展才能，例如，他让奴仆们乘坐车马，去结交地方官员，与诸侯、贵人们打交道。

四是培养人才。刀闲不仅爱护和重用人才，而且还培养人才。他不仅通

---

① 《中国军事史》编写组：《武经七书注译》，解放军出版社 1986 年版，第 496 页。

过大胆使用来增长奴仆的才干，而且维护奴仆的切身利益，自己致富的同时也让奴仆富足起来，甚至培养他们成为富商。例如，刀闲派遣并鼓励下属奴仆"追逐鱼盐商贾之利"，也就是让他们也能赚钱发财。因为刀闲深知，只有让奴仆发财，自己才能致富。他们誓死效力于刀闲，"宁爵毋刀"，即宁肯放弃个人较为光明的前途，也不愿离开刀闲，刀闲因此"起富数千万"，成为闻名遐迩的巨富。

此外，师史也是司马迁例举的爱护和信任僮仆，利用僮仆的力量致富的另一个典型。

2.3.3 胡雪岩知人善用

胡雪岩（1823-1885），是中国近代一位富有传奇色彩的"红顶商人"。其经商才能、处世韬略，一直为世人所称道。

他从钱庄一个小伙计开始做起，通过结交权贵显要，纳粟助赈，为朝廷效犬马之劳；洋务运动中，他聘洋匠、引设备，颇有劳绩；左宗棠出关西征，他筹粮械、借洋款，立下汗马功劳。几经折腾，他便由钱庄伙计一跃成为显赫一时的红顶商人。他构筑了以钱庄、当铺为依托的金融网，开了药店、丝栈，既与洋人做生意，又与洋人打商战。

胡雪岩一生，是非功过褒贬不一，这里仅分析他的用人之道。胡雪岩的成功，离不开他的知人善用。他曾说，一个人最大的本事，就是用人的本事。胡雪岩善于用人之所长，就如清人顾嗣协所言：

> 骏马能历险，犁田不如牛。
>
> 坚车能载重，渡河不如舟。
>
> 舍长以取短，智高难为谋。
>
> 生材贵适用，慎勿多苛求。

胡雪岩幼时家境贫寒，为了养家糊口，作为长子的他经亲戚推荐，进钱庄当学徒，从扫地、倒尿壶等杂役干起，三年学徒期满，就因他勤劳和踏实而被提升为钱庄正式伙计。正是在这一时期，胡雪岩靠患难知交王有龄的帮助，一跃而成为杭州一富。

王有龄，字雪轩，福建侯官人。在道光年间，王有龄就已捐了浙江盐运使，但无钱进京。后胡雪岩慧眼识珠，认定其前途不凡，便资助王有龄五百两银子，让他快速进京混个官职。后王有龄在天津遇到故交侍郎何桂清，经其推荐到浙江巡抚门下，当了粮台总办。王有龄发迹后并未忘记当年胡雪岩知遇之恩，于是资助胡雪岩自开钱庄，号为"阜康"。之后，随着王有龄的不断升迁，胡雪岩的生意也越做越大，除钱庄外，还开了许多店铺。

庚申之变成为胡雪岩大发展的起点。在庚申之变中，胡雪岩处变不惊，暗中与军界挂钩，大量募兵经费储存在他的钱庄，后又被王有龄委以"办粮械"、"综理槽运"等重任，几乎掌握了浙江一半以上的战时财政经济，为战后的发展奠定了良好的基础。

胡雪岩之所以可以迅速崛起，除了得益于王有龄，左宗棠也起到重要作用。

1862年，王有龄丧失城池而自缢身亡。经曾国藩保荐，左宗棠继任浙江巡抚。左宗棠率部安徽时，饷项已欠近五个月，饿死及战死者众多。此番进兵浙江，困扰左宗棠的依然是粮食短缺等问题。胡雪岩一展自己的才能，雪中送炭，在战争环境下，三天之内出色完成筹齐10万石粮食的艰巨任务。胡雪岩紧紧抓住这次商机，得到了左宗棠的赏识并被委以重任。在深得左宗棠信任后，胡雪岩常以亦官亦商的身份往来于宁波、上海等洋人聚集的通商口岸之间。他在经办粮台转运、接济军需物资之余，还紧紧抓住与外国人交往的机会，勾结外国军官，为左宗棠训练了一支洋枪洋炮装备的千人"常捷军"。这支军队曾经与清军联合进攻过宁波、奉代、绍兴等地。

胡雪岩是一位商人，商人自然把利益放在第一位。在左宗棠任职期间，胡雪岩管理赈抚局事务。他设立粥厂、善堂、义塾，修复名寺古刹，收敛了数十万具暴骸；恢复了因战乱而一度终止的牛车，方便了百姓；向官绅大户"劝捐"，以解决战后财政危机等事务。胡雪岩因此名声大振，信誉度也大大提高。自清军攻取浙江后，大小将官将所掠之物不论大小，全数储存在胡雪岩钱庄。胡雪岩以此为资本，从事贸易活动，在各市镇设立商号，利润丰厚，短短几年，家产就超过千万。

晚清时期著名的洋务运动由曾国藩、左宗棠、李鸿章三人发起。此三人在同太平天国战争中，认识到西方先进军事技术的重要性，迫切要求向西方学习以自强御侮，但他们身份特殊，不便与外国人打交道。因此，与左宗棠联系极为密切、精通华洋事务的胡雪岩，在洋务运动中又找到了用武之地。他协助左宗棠创办福州船政局和甘肃织尼总局，引进西洋新机器开凿径河。可以说，左宗棠晚年的成功有着胡雪岩极大的功劳。①

2.4 治生之术（三）——奇胜

"少有斗智"，商家必须紧跟商业变化形势，预见未来，不断创新，出奇制胜。司马迁在《货殖列传》中说："治生之正道也，而富者必用奇胜"。

2.4.1 无盐氏千金贷制胜

无盐氏，无盐是复姓，西汉子钱家。子钱家就是专门从事借贷业务的商人，相当于现代的银行家。司马迁在《货殖列传》中写道：

> 吴楚七国兵起时，长安中列侯封君行从军旅，赍贷子钱，子钱家以为侯邑国在关东，关东成败未决，莫肯与。唯无盐氏出捐千金贷，其息什之。三月，吴楚平。一岁之中，则无盐氏之息什倍，用此富埒关中。

司马迁说的是，在西汉景帝时期，吴楚七国叛乱朝廷，即汉景帝前三年（公元前154年），吴王刘濞和楚、赵、胶东、胶西、济南、淄州等七国，以诛晁错为名，发动叛乱。朝廷为平叛，派周亚夫为太尉，在3个月内就平定了吴楚及其他五国的叛乱，以七国叛乱的诸王或自杀或被杀而告终。

在这次叛乱中，朝廷要派兵平叛，于是在长安城中的高官和封地贵族们都必须行从军旅，应征作战。为此，他们需要借高利贷，以备行装。但当时

---

① 二月河、薛家柱：《胡雪岩》，长江文艺出版社2007年版。

的高利贷者认为，列侯封君们的食邑都国均在关东，而关东的战事胜负尚未决定，因此，没有人肯将大量金钱贷给他们，只有关中的子钱家无盐氏肯拿出千金贷给他们，利息为本钱的10倍。结果，这场叛乱只用了3个月的时间就平息了，故无盐氏在一年之中，就得到10倍于其本钱的利息，从而大富，成为关中大富豪。

据史料记载，西汉时期，汉朝一统天下，社会经济欣欣向荣，工商业相当发达，全国经商环境良好。关中地区，是西汉首都所在地，富豪很多，社会资源积累和需求两旺，故子钱家很多，而且利息率与风险挂钩，风险越大的贷款，利息率就越高，无盐氏就是他们的杰出代表。无盐氏能准确把握当时的政治、经济局势，在战乱时刻，敢冒风险，果断贷款给应征作战的列侯封君，成了以"千金贷"制胜的典型。

无盐氏的成功，还能给人们如下启示。

一是货殖发展离不开文明的国家政治经济环境。西汉时代之所以豪富频出，是因为当时政治上的有权者，不会借手中的权力来欺压平民百姓，因而使平民百姓中的有钱者可以根据自己的意愿决定自己的商业行为，特别是那些手中握有政权和兵权的长安列侯封君，不会依仗手中的权力强令子钱家借钱，他们能听任子钱家自愿借钱，而仗后也不赖债，高息贷款照样还本付息，这表明，官员权力与商人行为界限分明，政权、兵权不会干扰商业行为。这是社会文明和政治进步的标志。遗憾的是，这种良好的政治气候及商业社会，在西汉之后的中国社会却不多见了。

二是时势可以造英雄，英雄也可以造时势。一方面，无盐氏及其他一大批富商大贾，是在西汉这样稳定的政治经济时势下出现的英雄，这是时势造英雄的典型范例。另一方面，也正是由于无盐氏及其他大批富商大贾的出现，才使得西汉社会经济繁荣，并成为中国古代发展史上最强盛的朝代，这又是英雄造时势的典型范例。一个社会，只有英雄与时势的互造，才能不断发展和进步。

2.4.2 任氏以窖粟制胜

《货殖列传》记载，秦代灭亡时，

> 豪杰皆争取金玉，而任氏独窖仓粟。楚汉相距荥阳也，民不得耕种，米石至万，而豪杰金玉尽归任氏，任氏以此起富。

任氏是西汉前期宣曲（今西安市西南）地区的首富，依靠囤积粮食发家。老任氏在秦朝统治的时候是一个粮食保管员，在临近边境的督道县任职。秦王朝被推翻的消息传到督道县后，官吏和富贵人家都争着贮藏珍宝珠玉，因为它们体小值高，便于携带，急需时还可变卖成金钱去换取其他物品，所以珠宝等贵重物品的价格一涨再涨。只有老任氏对别人不感兴趣的粮食特别钟爱，他认为秦王朝被推翻后还会有大乱，而民以食为天，囤积粮食才是乱世发家最可靠的手段。于是便利用官府粮仓无人监管之机，一面偷偷挖地窖，一面偷偷把官仓粮食私运到自家地窖贮藏起来。

秦朝灭亡后不久，果然楚霸王项羽和汉王刘邦之间打起了大仗，而且一打就是四五年。因为长期战乱，农民无法耕种，土地大片荒芜，粮食价格愈来愈贵，最后，竟至平时只卖几百钱一石的粮食，价格猛涨到一万钱！贫民大量饿死，原来争着贮存珍宝的有钱人，这时也不得不拿出自己的珍宝向任氏换取粮食，任氏因而发了大财。

为了让任氏子孙长期保持住富贵，老任氏在发财之后为自己的子孙立下了两条家规。一条家规是生产投入上要舍得花钱。和一般人都喜欢购置价格便宜的土地相反，任氏在购置土地时首先考虑的是土质是否肥美，其次才是价格。一般人都喜欢购买价格便宜的牲畜，任氏在购买马、猪、牛、羊时，首先考虑的也不是价格，而是畜种是否纯良。由于任氏购置的都是上等土地，所以他家地里的粮食生产比别家多，牧场比别家水草茂盛；由于任氏添置的都是良种牲畜，所以他家的马、牛、猪、羊比别家繁殖得快。

任氏的另一条家规，是在消费支出上要力求节俭。任氏虽有大片良田和肥美的牧场，却要求子弟必须过简朴的生活。如他家规定，不是自家地里生产的粮食不许吃，不是自家制作的衣服不许穿，不是自家牧场上驯养出来的马不许骑，不办完应做的事情不许吃肉喝酒等。所以，任氏子弟不像一般富贵人家那样奢侈、放荡，而是克勤克俭，尽心尽力地经营自家的土地和牧场。

任氏独具慧眼，敢冒险，有气魄，独家存储粮食，此"富而主上重之"。皇帝知道任氏治家的方法后也很佩服，为了表示对任氏敬重，曾专门下诏书命令地方官吏把任氏树为表率，希望当地的人都向任氏学习。

任氏当战乱之际，不取金玉而窖仓粟，有远见。当此民不聊生之际，仓粟可活命，金玉难解饥。由此联想到一则小故事说，洪水泛滥之际，地主取大量金银珠宝以逃，农夫则携一袋玉米饼。洪水久之不去，地主饥饿而死，而农夫则赖粮而活命。

商战中的机遇稍纵即逝，失而不可复得，能否就势取利，关键在于能否把握机遇。20世纪80年代初，美国艾滋病蔓延，任何药物都阻止不了性接触可能带来的恐怖后果。性观念开放的美国人突然发现，避孕套能够有效抵挡死神的侵袭。于是，捷足先登经营避孕套的商家，迅速致富。

《货殖列传》还列举了卖油脂的雍伯、卖肉制品的浊氏等商人，他们都是掌握一技之长，经营奇物而致富的。

2.4.3 奇胜案例列举

第一，诚信制胜，廉贾归富。

司马迁认为："贪贾三之，廉贾五之"，薄利多销效果更佳。"廉贾归富"，揭示了诚信经商的善报。《郁离子》中记载，有3个商人在市场上一起经营同一种商品，其中一人降低价格销售，买者甚众，一年时间便发财，而另两人不肯降价销售，所获利润远不及前者。

汉高祖刘邦的谋士张良，早年从师黄石公时，白天给人卖剪刀，晚上回来读书，后来他觉得读书时间不够用，就把剪刀分成上、中、下三等，上等的价钱不变，中等的在原价的基础上少一文钱，下等的少两文钱。结果，只用了半天时间，卖出剪刀的数量比平日多了两倍，所获利润比往日多了一倍，读书的时间也比往日多了，所以民间有句谚语：张良卖剪刀——贵贱一样货。

第二，见微知著，预灾生财。

清代山西太谷县一个曹氏商人，有一年看到高粱长得茎高穗大，十分茂盛，但他觉得有些异样，随手折断几根一看，发现茎内皆生害虫。于是，他连夜安排大量收购高粱。当时一般人认为丰收在望，便大量出售库存的高粱。结果高粱成熟之际多被害虫咬死，高粱欠收。而曹氏商人预测旱情，奇谋生财。

第三，知地取胜，择地生财。

《孙子·地形》说："夫地形者，兵之助也。料敌制胜，计险厄远近，上将之道也。知此而用战者必胜，不知此而用战者必败。"可见，地形对作战具有重要意义，为将者不可不察。经商如作战，商场如战场。商家如有智谋的将帅，往往占据有利地形，最终取得商战的胜利。

《货殖列传》记载，秦国灭赵国以后，实行移民政策，当时许多人贿赂官吏，不愿前往蜀地，要求留在原地。唯独卓氏要求迁往较远的"汶山之下"，他看中那里土地肥沃，物产丰富，民风淳厚，居民热衷于买卖，商业易于发展。几年后，卓氏成了远近闻名的巨富。

第四，雕红刻翠，留连顾客。

《燕京杂记》记载，京师市店，素讲局面，雕红刻翠，锦窗绣户。有的店铺招牌高悬，入夜家家门口点起五光十色的锦纱灯笼，把街面照得如同白昼；有的店铺摆挂商品宣传字画，张挂名人书画，附庸风雅；有的茶肆、饭馆、酒店，特意安排乐器演奏和评书，为客人助兴。种种营销策略都是为了提升店铺品位及提高顾客满意度。

南宋京都杭州的面食店里，顾客一进店，伙计立刻上前招呼，尽由顾客呼索指挥，无微不至。商家深知，豪华的装饰是店铺实力的反映。店堂设计往往画柱雕梁，古色古香，金碧辉煌，极尽铺陈之能事，以迎合达官巨贾、贵妇名媛以求高雅的消费心理。在服务上进门笑脸相迎，出门点头送行。这些敬客如神的服务和高贵典雅的装饰，使顾客如坐春风，"一见钟情，二见倾心，三见倾城"。

第五，长袖善舞，多钱善贾。

《韩非子·五蠹》中说："鄙谚曰：'长袖善舞，多钱善贾'，此言多资之易为工也。"这里强调了一个"善"字。资金不足，必须善于使用，使用的目的也是获利，唯有资金与商品流通不息，利润才能滚滚而来。

对待商品要做到"务完物"，即贮藏的货物要完好，"腐败而食之货勿留"；处理资金要做到"无息币"，即货币不能滞压，"货币欲其行如流水"，货币和商品流通了，买卖就活了。

宋代的沈括举例说：资金如果不周转，"十室之邑有钱十万，而聚于一家之人，虽百岁，故十万也"；如果周转流通，"使人飨十万之利，遍于十室，则利百万矣。"① 总之，"多钱"还必须"善贾"——增加资金周转速度。

2.5 吕不韦奇货可居商业投资计划

吕不韦奇货可居商业投资计划事件，就发生在秦灭周的前一年，也是秦国刺杀名将白起的当年。②

这个时期，秦昭襄王为了战略需要，把太子嬴柱宠妃——夏姬所生儿子，名叫异人（后改名叫楚）的，交与赵国做人质。异人虽是秦国的皇孙，但他是太子次妃所生，并不十分得宠，秦国就把他当战略品使用。虽然有人质在赵国，照样无所顾忌地随时出兵打赵国。因此，异人在赵国，随时可能被赵国处死，受罪受苦自不必说。这时，恰巧吕不韦在邯郸做生意，碰到了异人。他以货殖家的战略眼光，认为此"奇货可居"也。就是说，异人及其人质身份是商业投资的奇货，"囤积居奇"之，必定发财。因此，吕不韦着手结交异人。

异人身处险境，大商人吕不韦愿意与他结交，愿意为他解困救难，自然十分乐意。交往几天后，吕不韦对异人说，你祖父秦王年事已高，随时可能离世。在20多个家族同辈兄弟中你并不得宠，祖父一去世，父亲继位，你几乎没有被确立为太子的机会，前途未卜呀！

异人一听，当然明白吕不韦说的都是事实，就向他请教应对之策。吕不韦指出，华阳夫人是贵父最宠爱的妃子，但她没有儿子。秦国宫廷中，只有

① 李焘：《续资治通鉴长编》卷283，熙宁十年（丁巳，1077），中华书局1980年版。
② 司马迁：《史记·吕不韦列传》，岳麓书社1988年版，第632-635页。

华阳夫人有资格提议立哪位做皇太孙。吕不韦当即表态，愿意出重资为异人到秦国打通关节，说服华阳夫人立他做皇太孙。异人听了许诺道：按你的计划行事，我如果成功获得权位，一定和你同享秦国的一切。

吕不韦首先给异人五百金，广交宾客朋友，结识人才；再给异人五百金，购买名贵首饰和珍稀古玩。吕不韦带着这些珍稀物品，便西去秦国。到秦国以后，先找到华阳夫人的姊姊，重礼逢迎，币重言甘，很快就打通关节见到华阳夫人。吕不韦以异人在赵国好友的身份，极力吹捧异人的学识、才能及国际名望，可算是众望所归的贤公子。还说，异人身在外国，昼夜都在思念父亲（秦国的太子）和华阳夫人，常常偷偷哭泣。异人特委托我到秦国拜访夫人，表示他的一片孝心。

吕不韦拜访华阳夫人后，进一步利用华阳夫人的姊姊开展后续工作。华阳夫人的姊姊进宫对妹妹说："你在太子身边，虽然是最得宠的妃子，但你并没有生儿子。为何不趁年轻得宠，在20多个家族后辈兄弟中，挑选一位有望继承王位的做养子，将来还有希望做太后。如果等到年纪大不得宠了，再想培养王位继承人就难了。照我看来，异人被派往赵国做人质，代表秦国去担风险，是个有功之臣。他人缘好，国际声望又高，而且他知道自己在众多兄弟中，并不太被重视。在这个关键时刻，你向太子提出收异人做儿子，那么你在秦国后宫的地位，一辈子都有依靠了。"华阳夫人一听，认为这是个极好的办法，于是找个有利时机，就向太子要求，太子因为宠爱她，就欣然答应，并刻了玉符（用玉片刻上字的契约），约定以异人做华阳夫人的儿子，等于是秦王太孙，交给吕不韦带去赵国交付异人。至此，吕不韦的奇货可居商业投资计划首战成功。

吕不韦回到邯郸以后，一方面加紧培养异人，亲如兄弟。另一方面，他自己在邯郸找到一个绝色美人，即所谓"燕赵多佳人"的顶尖美女，迎娶为姨太太，并很快怀孕。古语云："饱暖思淫欲，饥寒起盗心"，异人出入吕家，看到了吕不韦的新姨太，为其美貌所动，就要求吕不韦把这位美人让给他。吕不韦一听，气愤地说："朋友妻，不可嬉"，你怎么能打我老婆的主意，我要和你绝交了。异人当然知道，在赵国自己只是一个人质，如果失去吕不韦，那么生活艰难不用说，连生活都没有保障。因此，只能道歉赔罪，请求原谅。

真戏假做，吕不韦还是把这位姨太太让给异人，以安慰他孤身流落在异国的痛苦，至于一切生活家用，仍由吕不韦提供。几个月后，这位美人就生了儿子，取名嬴政，就是后来的秦始皇。不久，秦国又出兵打赵国，包围了邯郸。赵国人要杀掉秦国的人质异人，吕不韦就用重金买通看守监禁的人，放异人一家三口逃回秦国部队，再由秦军护送回国。异人穿着楚国衣服来叩见华阳夫人，因为她是楚国人。华阳夫人看到异人穿的是楚装，十分高兴，为了纪念故乡楚国，就替异人改名字为"楚"。

吕不韦的运气很好，更名楚的异人，回到秦国不到6年，灭周朝称西帝的昭襄王嬴稷死了，历史称他为秦孝王。顺理成章地由太子嬴柱即位，不幸的是，嬴柱只当了3天秦王也死了。因此，皇太孙嬴楚（异人）即位，尊华阳夫人为太后，称亲生母亲夏姬为夏太后，起用吕不韦为相国，封文信侯。至此，吕不韦封侯拜相，奇货可居商业投资计划最终告捷。

吕不韦做了秦国的相国，周朝后裔东周君与少数诸侯计划伐秦，秦王使相国率兵灭掉东周，周朝的天下正式转到"吕秦"的手里。异人做了秦王之后，史称为秦庄襄王，不到3年，也就死了。所生儿子嬴政13岁即位，国事都委交相国文信侯吕不韦，并称呼他为仲父。史称为秦始皇的嬴政，13岁即位为秦王，纵使聪明绝顶，到底未成年，国家政治大权都交给相国文信侯吕不韦。这时吕不韦在秦国，大权独揽，出入宫廷内外，俨然就是一个摄政王。

吕不韦独揽秦廷朝政12年，极力供养宾客，收罗人才，集中一批知识分子，合著一部网罗诸子百家杂说的著作《吕氏春秋》，又名《吕览》。这部书以上古儒道不分为主旨，尤其以传统文化中的宇宙物理的五行理论科学作纲要，串连政治哲学理论基础，在后世学术著作中，仍然有它的价值，一般把它归入杂家学说的范围。

吕不韦奇货可居商业投资计划，在历史上，取得绝无仅有的成功。但他只知道权位和财富的可贵，缺乏内明和外用的学养基础，最终彻底失败，以至于身败名裂被赐死，一生既可惜又可怜。[①]

---

① 南怀瑾：《孟子旁通》，国际文化出版公司1991年版，第185—192页。

3. 货殖家义利观思想

　　义利之辨发端于先秦时期，是中国思想史上的重要问题。一般认为，"义"① 是伦理规范，"利"② 即物质利益。义利关系就是维护社会共同利益与满足个体利益之间的关系，如果过分追求义或利，都会破坏社会群体和谐，导致社会危机。因此，协调义利矛盾就成为朱熹所说的"儒者第一义"，受到历代思想家的高度关注。

　　先秦以降的义利之辨，归纳起来，主要分为两类：其一，认为利从义出，主张"义以生利，以义制利"；其二，认为义从利出，主张"义在利中，以利养义"。先秦儒家的义利论属于前一类，司马迁的义利论属于后一类。

---

① "义"，繁体为"義"。《说文》说"已之感义也，从我从羊"，本义是仪表的仪，后被借用为合理，而仪表的仪就在左边加了个单人部，其理由，段玉裁《说文解字注》引《左传》中北宫文子的话说"有感而可畏谓之威，有仪而可象而谓之义"，并引董仲舒的话说"仁者，人也；义者，我也。谓仁必及人，义必由中断制也，从羊者，与善美同义"，仁一定涉及他人，而义由自己的内心来判断、决断。孔子说："义者，宜也"（《中庸》）便是适宜、合理的意思。孔子说"君子之于天下也，无适也，无莫也，义之与比。"这里的义，就是合理，君子对天下事，没规定该怎么做，也没规定不该怎么做，一切事情以合理为最高原则。韩愈也说"行而宜之之谓义"（《原道》）。义就是应当、正当、合乎正义，义也是社会群体的共同利益，是社会价值准则和伦理规范。
② "利"，与义相对，是满足衣食住行等生活欲望的物质需要，即利益、功利、功效，包括群体公利和个人私利。"利"字早在甲骨文、金文等中就有，是会意字，以刀割禾，意为收获；"利"也有"利器"之意，可以理解为用不同的手段去收获。

3.1 货殖家司马迁义利观思想

3.1.1 司马迁义利观思想的内涵

司马迁的义利观吸收了前贤思想的精华，主要集中在《货殖列传》中，钱钟书先生评论《货殖列传》是一篇奇文，他说：

> 斯《传》文笔腾骧，固勿待言，而卓识钜胆，洞达世情，敢质言而不为高论，尤非常殊众也。夫知之往往非难，行之亦或不大艰，而如实言之最不易；故每有举世成风、终身为经，而肯拈出道破者少矣。盖义之当然未渠即事之固然或势之必然，人之所作所行。常判别于人之应做应行。……马迁传货殖，论人事似格物理然，著其固然、必然而已。①

司马迁怀着深沉的忧患意识，秉承不拘于学派成见的唯物求实精神，聚焦社会的发展，关注人民生存境况，向往人的完善，认同社会整体利益，发前人所未发。从义利观思想来看，司马迁汲取了先秦儒家义利观思想，从而构建了其独具特色"义在利中"和"以利养义"的义利观思想理论。司马迁的义利观思想，许多方面与现代市场经济原理暗合，至今仍有现实指导意义。

首先，义在利中。

司马迁肯定人追求物质财富的本性与权利，认为仁义道德是财富的派生物，即义从利出，义要以利为基础。他把各种人的活动一律归结为利字，归结为对财富的追求。

司马迁认为人追求经济利益是与生俱来的。他说："富者，人之情性，所不学而俱欲者也。"又说："人之趋利，若水之就下，日夜无休时，不召而自来，不求而民出之。"一切"农工商贾畜长，固求富益货也。"即所谓：

---

① 钱仲书：《管锥编》（一）下，三联书店 2001 年版，第 701 页。

> 天下熙熙，皆为利来；天下壤壤，皆为利往。

他赞成"仓廪实而知礼节，衣食足而知荣辱"（《管子·牧民》）的论断。他说：

> 故君子富，好行其德，小人富，以适其力。渊深而鱼生之，山深而兽往之，人富而仁义附焉。

就是说，有地位有见识的人富有了，就喜好去做仁德之事；普通百姓富有了，就可以充分发挥财力。水深有利于鱼类生长，山林茂密有利于野兽隐藏；人类富有了，才会去讲求仁义。

他还用范蠡经商致富后散财给贫贱之交和远房兄弟为例，指出"此所谓富好行其德者也"。他反对空谈仁义，指出："无岩处奇士之行，而长贫贱，好语仁义，亦足羞也。"就是说，没有深居山野不肯做官的隐士之行，而长期处于贫贱地位，妄谈仁义，也足以值得羞愧了。

从人类社会的视角，司马迁在《史记·律书》中指出，"天下殷富"是和乐景象的前提条件。在《史记·平准书》中又指出：

> 汉兴七十余年之间，国家无事，非遇水旱之灾，民则人给家足……故人人自爱而重犯法，先行义而后绌耻辱焉。①

总之，司马迁认为，社会财富的积累有利于社会文明程度的提升，即利是义的物质基础。

恩格斯指出：

> 人们自觉或不自觉地，归根到底总是从他们阶级地位所依据的实际关系中——从他们进行生产和交换的经济关系中，获得自己的伦理观念。"②

恩格斯的话表达了社会物质存在（利）决定道德伦理观念（义）的历史

---

① 司马迁：《史记·平准书》，岳麓书社 1988 年版，第 228 页。
② 恩格斯：《马克思恩格斯选集（第 3 卷）》，人民出版社 1995 年版，第 434 页。

唯物主义观点,与司马迁义从利出,义要以利为基础,即仁义道德的建立要以一定的经济条件为基础的观点,不谋而合。

其次,以利养义。

司马迁主张以利养义,认为物质财富的占有状况决定着人的思想面貌。

他引证《管子·牧民》之言:"仓廪实而知礼节,衣食足而知荣辱。"而后作出自己的结论:"礼生于有而废于无",即礼仪诞生于富有之处,在贫穷场合就会被废弃。这个观点从根本上讲,符合经济基础决定上层建筑这一唯物主义思想。司马迁并不否定思想教育和道德约束的力量,但他更明白:是经济基础决定着人的思想观念和人的道德水平,即利是基础,利决定着义。

他在《史记·礼书》中引述与荀子相似的话:①

> 礼由人起。人生有欲,欲而不得则不能无忿,忿而无度量则争,争则乱。先王恶其乱,故制礼义以养人之欲,给人之求,使欲不穷于物,物不屈于欲,二者相持而长,是礼之所起也。

司马迁从欲望与物质财富的矛盾中,揭示了礼的基础是人们的物质利益关系,只有物质丰富了,礼义才能发扬光大。他鲜明地提出"人富而仁义附焉",从道德的根源和前提上强调义依赖于利,大胆地为富正名,一定程度上修正了孟子提出的"为富不仁"的偏见。

谋利致富,不但可以增长求义行义之心,而且有利于维护社会安定,在更大范围内实现国泰民安的大义。司马迁还指出:"贫富之道,莫之予夺",就是求利活动本身有规律可循,要顺其自然、自由发展,不能人为干预。因此,他主张不应限制正当的求富活动,政府应让人们"各任其能,竭其力,以得所欲。"并说:

> 故物贱之征贵,贵之征贱……岂非道之所符,而自然之验邪?

物品的价格浮动和数量变化自有市场规律控制,只有在市场这只无形的

---

① 荀子认为,"礼"是"断长续短,损有余,益不足"的,它的兴起就在于"养人之欲、给人之求",使大家都有可能获得温饱,不致有"不足"和"太饱"的现象,最终做到"使欲必不穷乎物,物必不屈于欲,两者相持而长。"(《荀子·礼论》)

手的调节下，才能让各人获得合理的财富，将社会经济导向最合适的状态，这本是极其自然的事，无须政府介入。尽管会出现"巧者有余，拙者不足"、"能者辐凑，不肖者瓦解"的情况，但是人的才智本来就不同，怎么能要求人人财富整齐划一呢？

基于这种义利观，司马迁不畏君威，秉笔直书，抨击汉武帝的盐铁官营、酒榷、均输、平准等经济政策。认为，这些政策违反了经济发展客观规律，违背了他所提倡的"不妨百姓，取与以时而息财富"的自由经济义利观思想。并认为"令吏坐市列肆，贩物求利"的官营商业，与民争利，应该摒弃。

3.1.2 求利的弊端及其防范

首先，认识人类求利活动的弊端。

司马迁知道对利的追求会产生弊病，但求利有助于社会经济的发展，故并不主张限制人类的求利活动。①

司马迁认为，凡是合乎义的求利活动，都能推动社会发展，都不应该受到任何限制。但世事纷繁，并非所有求利活动都合乎正义、大义，当义与利冲突时，先秦儒家视不义而富且贵如浮云，司马迁怀抱与之相同的宗旨，以一定的道德标准来衡量取利是否合乎义，提倡以义取利，先义后利，反对与民争利，厌恶兴利之臣。

司马迁批评桑弘羊、孔仅等是"兴利之臣"，在《史记·平准书》中说，汉武帝对外用兵，费用浩繁，为弥补财用之不足，"入物者补官，出货者除罪，选举陵迟，廉耻相冒，武力进用，法严令具。兴利之臣自此始也。"②

他在《史记·孟荀列传》中说：

> 余读《孟子》书，至梁惠王问"何以利吾国"，未尝不废书而叹也。

---

① 叶世昌：《司马迁经济思想新论》，《上海立信会计学院学报》2004年第3期。
② 《史记·平准书》"兴利之臣"桑弘羊等推行"兴利之事"的措施，主要包括13项：募田南夷入粟；募民入奴及羊；造皮币、白金三品；卖武功爵；盐铁官营；算缗；入谷补官；铸赤侧钱、输铜；杨可告缗；株送徒入财补官；出牝马；立平准均输法；入粟补官赎罪。

曰：嗟乎，利诚乱之始也！夫子罕言利者，常防其原也。故曰"放于利而行，多怨"。自天子至于庶人，好利之弊何以异哉！[1]

可见，司马迁依然信守儒家仁义之教，认为行仁义就是求大利，决不因为重视物质、肯定欲利，而否定仁义道德的必然性。

其次，针砭唯利是图，赞扬重义轻利。

司马迁在《史记·游侠列传》中借鄙人之口所说的"何知仁义，已飨其利者唯有德"，以及引用《庄子·胠箧》所说的"窃钩者诛，窃国者为诸侯，诸侯之门，而仁义存焉，则是非窃仁义圣智邪？"，虽是愤激之语，但他道出了财富对仁义道德起决定作用的历史事实。

一方面，司马迁无情揭露和鞭笞了统治者口倡重义轻利，实则窃国飨利的虚伪性，并针砭"天下吏士趋势利者"的唯利是图。他在《史记·汲郑列传》中写道："

夫以汲、郑之贤，有势则宾客十倍，无势则否，况众人乎！下邽翟公有言，始翟公为廷尉，宾客阗门；及废，门外可设雀罗。翟公复为廷尉，宾客欲往，翟公乃大署其门曰："一死一生，乃知交情。一贫一富，乃知交态。一贵一贱，交情乃见。"汲、郑亦云，悲夫！[2]

他在《史记·廉颇蔺相如列传》中又说：

廉颇之免长平也，失势之时，故客尽去。及复用为将，客又复至。廉颇曰："客退矣！"客曰："吁！君何见之晚也？夫天下以市道交，君有势，我则从君，君无势则去，此固其理也，有何怨乎？"[3]

他认为在这些无耻的宾客身上，根本谈不上羞耻之心和仁义道德。

又如，写窦婴得势、失势的不同世态人情。窦婴得宠时，"诸游士宾客争归魏其侯"，连贵为帝舅的田蚡也"往来侍酒魏其，跪起如子侄"；及至窦

---

① 司马迁：《史记·孟荀列传》，岳麓书社 1988 年版，第 567 页。
② 司马迁：《史记·汲郑列传》，岳麓书社 1988 年版，第 869 页。
③ 司马迁：《史记·廉颇蔺相如列传》，岳麓书社 1988 年版，第 615 页。

婴失宠，田蚡得幸，"天下吏士趋利者皆去魏其归武安"。《史记·魏其武安侯列传》

另一方面，他又充分肯定和赞扬重义轻利、重义轻生的游侠、忠臣、良将和义士。他不为桑弘羊立传，却为"义不苟合当世"的游侠立传。李广仁爱士卒、不贪钱财。他死之后，"天下知与不知，皆为尽哀"（《史记·李将军列传》）。

此外，他还在《史记·伯夷列传》中歌颂积仁洁行，宁肯饿死不食周粟的伯夷、叔齐；在《史记·晋世家》中歌颂忠诚主事，重义守信，不负所托，从容赴死的公孙杵臼和程婴；在《史记·田单列传》中，他歌颂齐画邑贤人王蠋"与其生而无义，固不如烹"的守义不屈。

总之，司马迁亦如孟子，当"义"与"生"不可得兼时，会决然地把道德仁义置于生命的价值之上。

最后，用礼仪等办法，防范求利活动的弊端。

司马迁认识到，可以用教育、礼仪等办法来防范求利所产生的弊端。他在《史记·平准书》中指出：

> 故《书》道唐虞之季，《诗》述殷周之世，安宁则长庠序，先本绌末，以礼仪防于利。事变多故而亦反是。是以物盛则衰，时极而转，一质一文，终始之变也。①

意思是说，《尚书》最早讲到唐虞时期的事，《诗经》最早讲到殷周时期的事，一般是世道安宁则按庠序中的长幼序尊卑，先农本而后商末，以礼仪为限制物利的堤防；世道变乱就会与此相反。所以物太盛就会转为衰落，时事达到极点就会转变，一质之后有一文，与终后有始，始后有终的终始之变是一样的。

总之，司马迁的义利思想，继承了先秦儒家"义以生利"思想的合理内容，认为求利求富的人性是推动社会发展的动力，反对官营工商与民争利等，同时又清醒地认识到，求利活动也会产生弊端，提倡"以礼仪防于利"，注意

---

① 司马迁：《史记·平准书》，岳麓书社 1988 年版，第 237 页。

用兴教育、倡礼仪的办法，防范求利的弊端，从而构建起独具远见卓识的义利观理论。

3.1.3 货殖求利的途径和原则

关于求利的具体途径，先秦儒家孟子谈到井田制和薄赋敛，荀子涉及工商贸易发展和市场秩序治理。司马迁纵览古今史实人情，归纳了求利的途径和原则。

司马迁认为，世人求利的途径，无非三类，即"本富为上，末富次之，奸富为下"。他根据当时传统的划分，以农业畜牧业为治生养义的正道本业，以工商业为正当末业，本末二业都是社会所需要的。奸富则是指劫夺、贪污、盗窃、掘冢、博戏等"弄法犯奸而富"的"奸事"、"恶业"，对此，他认为必须"严削以齐之"。

关于求利的原则，司马迁总结如下：

一是以德取财。"德者，人物之谓也。"所谓行德政，就离不开人才与物资。修德就是树立个人声望。德与利，在正常的经济活动中是相得益彰的。如范蠡"三致千金，再分散与贫交疏昆弟。此所谓富好行其德者也。"由于家族都形成以义取利的传统，所以在范蠡衰老而由子孙经营产业的时候，仍积累了巨万家资，以致"言富者皆称陶朱公"，得到天下人的推崇，验证了司马迁"廉吏久，久更富，廉贾归富"的原理。就是说，从长远利益来看，行仁义的官吏和商贾将会树立口碑信誉，拥有无形资本，减少风险，积少成多而"归于富厚"。

二是穷人致富的首选是商业。司马迁还分析农、工、商业的致富难易说："夫用贫求富，农不如工，工不如商，刺绣文不如倚市门，此言末业，贫者之资也。"就是说，要从贫穷达到富有，务农不如做工，做工不如经商，刺绣织锦的小手工业者不如开店或设摊的小商人，这里所说的经商末业，是穷人致富凭借的手段。

三是遵循货殖常理。司马迁提出"货殖大经"："是以无财作力，少有斗智，既饶争时，此其大经也"。改善生存条件必须遵守的常规是：一个没有资产的人，应该凭借力气去赚取财富；少有资产的人，应该凭借智慧去增加财富；已经富足的人，要把握时机，与时俯仰，继续扩大财富。

四是财富在周转中增殖。"积著之理，务完物，无息币"，意思是，至于积贮货物，应当保证货物质量，防止以次充好，杜绝假冒伪劣产品；没有滞留的货币资金，"财币欲其行如流水"，即货物钱币的流通周转要如同流水那样，快速有效。加速商品和货币周转，避免商品积压和货币长期占用的主要措施，一是坚持"务完物"质量标准，二是坚持"无敢居贵"薄利多销原则。

五是诚壹。卖水浆、铸刀剑、当兽医等"小业""薄技""浅方"，最终也能致富，就在于"此诚壹之所致"，他们都是由于心志专一而致富的。勿以业小利薄而不为，只要敬业守业，积少成多，就能获得厚利。司马迁说："夫纤啬筋力，治生之正道也，而富者必用奇胜。"也就是说，精打细算、勤劳节俭，这是谋生的人都应该遵循的原则，但是若想发财则必须具备超群的本领才能达到目的。

六是任能竭力。只有尽力而为，才能"得所欲"，尽管会形成"巧者有余，拙者不足"局面，但恰恰是自由竞争的经济活动才能加速物质的生产和流通，最终增加社会财富总量。

3.2 先秦儒家义利观思想与现代商业伦理构建[①]

义利观是货殖致富的价值论，是货殖致富的指导思想和根本原则。司马迁"义在利中，以利养义"义利观思想，与先秦儒家"义以生利，以义制利"义利观思想，是古代义利观思想的两个典型。先秦儒家"义利观"，与货殖"等价有偿、互惠互利"等原则相符，逐步成为中国传统货殖致富的指导思想，对构建现代商业社会伦理体系，具有重要借鉴意义。

---

① 吕庆华：《先秦儒家"义利观"与现代商业伦理的构建》，《湖南商学院学报》2003年第2期。·全文转载于中国人民大学复印报刊资料《商贸经济》2003年第9期。

3.2.1 先秦儒家义利观的核心内容

先秦儒家"义以生利"和"以义制利"的思想，是儒家义利观的核心内容，由此所派生出来的"见利思义""取之有义""先义后利""重义轻利"等思想，构成儒家"义利观"的基本内容。

首先，先秦儒家重视"义利之辨"。

"义"是指道德追求或伦理规范，"利"是指物质利益。

商业活动的价值论是对人生理想和商业实践本身存在的意义的认识，先秦儒家对体现商业经营指导思想和根本原则的"义利之辨"十分重视。孔子在《论语·里仁》中说：

> 富与贵，是人之所欲也。不以其道得之，不处也。贫与贱，是人之所恶也。不以其道得之，不去也。[①]

就是说，富和贵，是人们所希望得的；若不是按正道所取得，这样的富贵是不应要的。贫和贱，是人们所厌恶的，但假如不是按正道来摆脱贫贱，那还不如贫贱好。

孔子一方面，承认对物质利益的追求是合乎人情的；另一方面，又认为这一追求必须符合社会道德准则，做到"取之有道"，既合情又合理。因此，在儒家看来，商人要实现组织商品流通、媒介商品交易的社会职责，就必须正确处理好"义"与"利"的关系。

其次，先秦儒家"义利观"的核心内容（一）："义以生利"。

这是孔子提出来的命题。

据《左传·成公二年》记载：卫国派孙良夫等人，攻打齐国，失败。孙良夫得到新筑大夫仲叔于奚的援救，才幸免于难。为此，卫侯打算赠给仲叔于奚一些城邑，仲叔于奚辞谢。仲叔于奚转而请求卫侯，赐予一种乐器，这种乐器三面悬挂，诸侯才有资格使用；并希望能够像诸侯那样，用繁缨装饰

[①] 朱熹集注、陈戍国标点：《四书集注》，岳麓书社1997年版，第98页。本节《论语》、《孟子》的引文皆出自此。

马匹以朝见，卫侯答应了。孔子听了这件事，发表议论说："这样做真可惜啊，还不如多给他一些城邑呢。"接着孔子在《左传·成公二年》进一步论述到：

> 唯器与名，不可以假人，君之所司也。名以出信，信以守器，器以藏礼，礼以行义，义以生利，利以平民，政之大节也。若以假人，与人政也。政亡，则国家从之，弗可止也已。①

就是说，国家重要器物与名号是一国象征，是人君统治指挥于民的信物，不可以任意出借。此论涉及儒家的"正名"，正名就是划定个人权分。一切秩序制度都有其权利与义务，团体中的人如果都能各安其分，不生非分之想，乱就无从而起。如果执政者不按教化法理而行，下位者也不尊重上位，生活秩序便会颠倒错乱。因此，由名能出威信，威信以持有国之器物，而器物则体现了礼制，礼制遵循道义而行，再由道义产生公利，而后能利于百姓。换言之，政治名、物皆包含礼制，而礼制源于道义；道义一旦与礼制通贯，政治达用，则能生利且利于百姓。

以上论述，集中体现了孔子的"义以生利"的义利观思想，即道义或道德追求可以产生物质利益。从渊源上看，"义以生利"思想在孔子之前，就已经流行。据《国语·周语中》记载，周襄王十三年（公元前 639 年），周大夫富辰曾经说：

> 夫义所以生利也，祥所以事神也，仁所以保民也。不义则利不阜，不祥则福不降，不仁则民不至。②

《国语·晋语一》记载，晋献公时，大夫丕郑也说过：

> 民之有君，以治义也。义以生利，利以丰民。③

再次，先秦儒家"义利观"的核心内容（二）："以义制利"。

---

① 杨伯俊前言、蒋冀聘标点：《左传·成公二年》，岳麓书社 1988 年版，第 143 页。
② 李维琦译：《白话国语·周语中》，岳麓书社 1994 年版，第 31 页。
③ 李维琦译：《白话国语·晋语一》，岳麓书社 1994 年版，第 164 页。

这是荀子明确提出来的命题。

荀子在《荀子·大略》一文提出：

> 义与利者，人之所两有也。虽尧、舜不能去民之欲利，然而能使其欲利不克其好义也。虽桀、纣亦不能去民之好义，然而能使其好义不胜其欲利也。[①]

利，是人们不可缺少的物质需要；义，也是人们不可缺少的精神追求。荀子明确指出，义和利两者都是人见人爱的两种追求，二者的存在具有客观必然性。即使是尧、舜这样的圣人，使尽教化等手段也不能排除人们的"好利"；即使是桀、纣这样的暴君，使尽暴力等手段也不能去掉人们的"好义"。[②]

在义利关系上，荀子承认人有"好利"之心的基本事实，但反对"惟利所在，无所不倾"（《荀子·儒效》）的片面性。只有"以义制事，则知所利矣"，[③] 即只有"以义制利"，人人向善，才能保证国家和社会稳定，各业兴旺，人人获益。

最后，先秦儒家"义利观"的基本内容。

先秦儒家"义以生利"、"以义制利"的"义利观"思想内核，贯彻到中国传统商业经营实践中，具体表现为以下四个方面内容。

其一，商业经营理念上，讲"见利思义"。

其二，商业行为准则上，讲"取之有义"。

其三，商业经营效果上，讲"先义后利"。

其四，商业价值判断上，讲"重义轻利"。

---

① 扬任之译：《白话荀子》，岳麓书社1991年版，第497页。以下荀子引言皆出自此书。

② 《列子·说符》指出："人而无义，唯食而已，是鸡狗也。强食靡角，胜者为制，是禽兽也。为鸡狗禽兽矣，而欲人之尊己，不可得也。人不尊己，则危辱及之矣。"靡：通"摩"。就是说，人而没有义，只顾及吃食罢了，这是鸡狗。抢着吃食，角力相斗，胜利的就是宰制者，这是禽兽。做着鸡狗禽兽了，却要别人尊敬自己，是不可能的。别人不尊敬自己，那危险侮辱就会来了。

③ 扬任之译：《白话荀子》，岳麓书社1991年版，第478页。

3.2.2 商业经营理念——见利思义

首先，"见利思义"是一个道德完善的人的起码要求。

孔子指出："见利思义，见危授命，久而不忘乎平生之言，亦可以为成人矣。"① 这里的"成人"是指道德完善的人。在孔子看来，一个道德完善的人，最起码的要求就是"见利思义"。"见利思义"又叫"见得思义"，是孔子要求统治者必须考虑的"九思"之一。他说：

> 君子有九思：视思明，听思聪，色思温，貌思恭，言思忠，事思敬，疑思问，忿思难，见得思义。②

所谓"得"，就是个人所得到的物质利益，在商业经营中可以理解为商业利润。朱熹注曰：思义，则得不苟。③ 儒家认为，品行高尚的人在个人利益面前，首先要考虑这种利益是否符合全社会公众的道德准则。"见利思义"是儒商必须遵循的商业经营理念。

其次，商业经营理念的首要任务是处理好义与利的关系。

成功经营商业，最重要的是要确立体现商业经营指导思想的商业经营理念，而商业经营理念中最主要的是如何处理好义与利的关系。经商赚钱，"见利思义"则成功，"见利忘义"则失败。

明清时期的徽州商业和商人赢得了"无徽不成镇"，中国商界"遍地徽"的美名，其重要特色是"贾而好儒"，他们不管是"先儒后贾"，还是"先贾后儒"，或是"亦贾亦儒"，都强调商贾的儒家道德观，主张"博施于民而能济众""见利思义""见得思义"，用义来指导商业经营活动，给百姓带来便利。

---

① 朱熹集注、陈戌国标点：《论语·选问》，《四书集注》，岳麓书社 1997 年版，第 221 页。
② 朱熹集注、陈戌国标点：《论语·季氏》，《四书集注》，岳麓书社 1997 年版，第 252 页。
③ 《礼记·曲礼上》页说："临财毋苟得，临难毋苟免。"毋：不；苟：随便；难：危难。就是说，面对钱财，不随便求取；面临危难，不苟且偷生。

著名徽商吴鹏翔，曾侨寓汉阳做粮食买卖，某年，汉阳发生饥饿灾害，为救饥民于水火，他非但不哄抬米价，反而"悉减值平粜，民赖以安"，为老百姓渡过这次灾害饥饿做出贡献。为此，"自大史至郡县咸与嘉奖"，①民间也广为称道。

被称为"日本近代企业之父"的涩泽荣一（1840—1931），他一生创立近代企业600家，其本人工作及所属企业的"精神支柱"就是儒家思想。涩泽从小受到包括儒学在内的日本传统文化的薰陶，又曾到欧洲各先进国家进行详细考察，深入了解西方近代资本主义文明，尤其是工商实业方面的情况。他对西方文明的吸收，是以对日本国情的深刻了解为基础的。他认为日本要实现近代化必须消除两种思想障碍：一是日本传统的空谈修心养性，不讲物质欲求和经济利益的求义观；二是西方近代商业和企业活动中出现的尔虞我诈，不讲道德的求利观。针对前者，他对《论语》的义利观做了新的诠释，确立见利思义，义利合一的办实业方针；为纠正后者，他发挥三岛中洲的"道德经济合一"说，即《论语》与算盘一致的思想。②

最后，"见利思义"商业经营理念的现实意义。

先秦儒家"见义思利"的思想，经过内涵转换仍然具有现代意义，它有利于促进和完善我国市场经济体制，帮助工商企业建立正确的商业伦理道德。比如，在市场交易中要处理好交易主体双方的产权关系，注重互利互惠，公平交易；发展商业贸易业务应注重拓展作为商业伦理基础的信任关系，讲求诚实信用，童叟无欺；尊重顾客的权益，推己及人、将心比心，设身处地为顾客着想，尊重顾客的意愿和自由买卖的权利；在"价实、货真、量足、守义"的前提下，即在有利于满足顾客需求和欲望的前提下，获得合理的商业利润；遵纪守法，不做违背社会公德、有损于公共利益的生意，讲求利国、利民；等等。

目前商业流通领域的大型连锁超市，越来越强大，店大欺客，零供矛盾十分激烈。掌握零售终端渠道的大型企业逼迫厂家降价，收取名目繁多的费

---

① 《休宁县志》卷15之《人物·乡善》。
② 涩泽荣一著、王中江译：《论语与算盘》，中国青年出版社1996年版，第3—7、87—89页。

用并长期拖欠货款，违背互惠互利原则，是典型的不公平交易，违背了"见利思义"商业经营理念，必须加以纠正。

3.2.3 商业行为准则——取之有义

首先，"取之有义"商业行为准则的提出。

孔子赞赏的行为准则是："义然后取，人不厌其取"（《论语·选问》）。他在《论语·述而》中说：

> 富而可求也，虽执鞭之士，吾亦为之。如不可求，从吾所好。

财富如果可以求得，纵是拿着鞭子做守门人，我也去干。如果不可以求得，那还是干我喜欢的事吧。又说："不义而富且贵，于我如浮云。"就是说，用不正当的手段得到财富和官位，对我来说，好比是过眼的浮云一般。

孔子在《论语·泰伯》进一步说：

> "邦有道，贫且贱焉，耻也。邦无道，富且贵焉，耻也。

就是说，国家兴盛而自己仍贫穷卑贱，这是辱耻；国家不太平，而自己却富有显贵，这也是耻辱。以上引言充分表达了孔子"义然后取"或"取之有义"的行为准则。

孟子也自觉地把"取之有义"作为自己的行为准则。他在《孟子·滕文公下》说，如果不合理，就是一筐饭也不能接受；如果合理，舜接受了尧的天下，也不为过。在儒家看来，"取之有义"还是治国的基本原则，孟子对伊尹帮助商汤取天下的行为颇为赞赏，认为伊尹取天下的行为原则，是道义而不是金钱。伊尹"取之有义"，可谓"义"不容辞。

另一方面，孟子在《万章章句上》指出：

> 非其义也，非其道也，禄之以天下弗顾也，系马千驷弗视也。非其义也，非其道也，一介不以与人，一介不以取诸人。

就是说，如果不合道义，纵使以天下的财富作为他的俸禄，他都不回头看一下；纵使有几千匹马系在那里，他都不望一眼。如果不符合道义，一点也不给与他人，一点也不取于他人。换一种说法，就是任何符合道义的"取""与"，都是可行的。

其次，"取之有义"商业经营行为准则的内涵。

"义然后取"或"取之有义"的价值行为准则，在商业经营活动中，便表现为商业经营行为准则。"君子爱财，取之有道"便是其生动的表述。这里所说的"道"主要是指商业行为的根本法则，即道德追求和精神价值。

根据儒家观点，经商办企业，必须遵循商业道德规范，要光明正大地赚钱，不发不义之财，不做伤天害理的生意。东汉时的王符在《潜夫论·务本》说：

> 商贾者以通货为本，以鬻奇为末。①

王符认为经商与务农、教书一样都应该以正业为根本，以邪辟为异端，不准贩淫奇，攫取暴利，这样才能使商业健康发展。

徽州商人李大皓告诫他的继承者说："财自道生，利缘义取"。他以此严于律己，做到"视不义富贵若浮云。"以义取利，德兴财昌；舍义取利，丧失了"义"也得不到"利"，商家应以为诫。"积善之家，必有余庆，积不善之家，必有余殃。"如果一个经营者有长期的理性和智慧，他必不会用恶劣、卑鄙的手段去获利；用恶劣、卑鄙的手段去做任何生意，最终将会失去已获的利润。

最后，"取之有义"商业经营行为准则的实践意义。

历史上，有遵循"取之有义"经商行为准则，大获成功的正面例子。《谢家书》记载：东汉时公沙穆派人到市场代卖病猪，事先交代说："如售，当对买者言病，贱取其值，不可言无病，欺取其价也。"代卖者到市场后不说是病猪，高价卖出。公沙穆知道后，立即追上买主，据实相告，退还多收的钱。公沙穆经商"取之有义"成为四方美谈，因而大富。

徽商凌晋也是一个"义然后取"的典型人物，他从事商品交易时，常被一些奸商所诈，对此他并不放在心上；而他向别人付货时，必斤两不缺，一

---

① 范晔：《后汉书·王充王符仲长统列传》，中华书局1965年版。

旦发现短缺便想方设法如数补足。他长期坚持"取之有义"这一经营行为准则，商业信誉不断提高，声名远播，"生计于是乎益殖"。[①]

在日本被誉为企业经营之神的松下幸之助认为："如果追求利润是企业的最大目的，从而忘记企业的本来使命，为达到目的而不择手段，这是不能容许的"，"可以认为，利润是完成使命，为社会做出了贡献，而社会以合理利润的形式，给予的应得报酬"[②]。利润（"利"）是企业服务社会完成使命（"义"）的应得报酬，道出了"义然后取"的真谛，这种实业行为准则，使松下创建和领导的松下电器产业取得宏大的业绩。

在日本企业家看来，一方面，求利是正当的，必要的；另一方面，求利只是手段而不是目的。一个负责任的商家必须把兴办企业、谋取利润的日常行为，服从于国家兴旺、民众幸福这一更高的目标。日本"近代工业化之父"涩泽荣一晚年指出：

> 道德与经济本来是并行不悖的。然而由于人们常常倾向于见利而忘义，所以古代圣贤极力纠正这一弊病，一面积极提倡道德，一面警告非法牟利的人们。[③]

以他为代表的日本企业家极力发扬儒家"义然后取"的精神，并以此作为自己的经营方针和企业行为准则。

儒家"取之有义"的商业行为准则，对我们今天的商业实践仍有很大的现实意义。商业部门应以自己的上乘产品、优质服务为社会大众服务，赢得社会大众的信赖，获得合理的商业利润。而商业部门赚了钱，获了利，扩大再生产，更新设备，开发新产品更好地为社会大众服务，进一步满足人民大众日益增长的物质文化生活的需要，进而，商业部门又赚取更大的利润。结果是人我两利，既有利于社会大众，又有利于商业部门。这便是遵循"取之有义"商业经营准则的必然结果。

---

① 姚会元：《徽商的启示：商亦不必奸》，《福建论坛》（文史哲版）1997 年第 4 期。
② 松下幸之助：《实践经营哲学》，中国社会科学出版社 1989 年版，第 38 页。
③ 程伟礼：《从"儒家资本主义"看中西体用之争》，《复旦学报》（社会科学版）1986 年第 3 期。

3.2.4 商业经营效果——先义后利

首先，"先义后利"商业经营效果的含义。

孟子在《梁惠王章句上》说："苟为后义而失利，不夺不厌餍。未有仁而遗其亲者也，未有义而后其君者也。王亦曰仁义而已矣，何必曰利？"如果先讲利而后讲义，人们的贪欲就永远也不能满足；如果先讲义而后讲利，人人得到满足，统治者也会得到最终的利益。因为从来没有讲仁的人会遗弃他的父母，讲义的人会怠慢他的君主。由此可见，孟子所谓"王何必曰利"，并非真的不要利，而是从统治者根本利益出发，强调统治者要带头讲义，从而取得先义后利的实际效果。

荀子把义与利谁先谁后的问题，提高到统治者个人荣辱和国家强弱的高度，他在《荀子·辱荣》中说：

> 先义而后利者荣，先利而后义者辱。

荀子还说："国者，巨用之则大，小用之则小"，"巨用之者，先义而后利"，"小用之者，先利而后义"。（《荀子·王霸》所谓"巨用之"，就是立足于大处，即"先义而后利"；所谓"小用之"，就是立足于小处，即"先利而后义"。做法不同，取得的治国效果大不一样。

其次，"先义后利"商业经营效果的实践意义。

儒家"先义后利"思想运用于商业经营领域，强调的是商人在考虑商业利益的时候，必须重视商业道德境界高低的问题。商业道德境界低，则"先利后义"，只注重眼前利益，目光短浅，必定没有一个发展的前景，甚至走向欺诈、坑蒙拐骗的末路；商业道德境界高远，"先义后利"，以国家、民众利益为上，胸怀宽广，高瞻远瞩，得道多助，必定会取得理想的商业经营效果，既利国、利民又利己。

《战国策·齐策》和《史记·孟尝君列传》都记载了一则"先义后利"的"冯谖焚券"的故事。一次孟尝君派门客冯谖到封地薛邑收债，冯谖到了薛邑便假传孟尝君的命令，把债券赐给老百姓，并烧毁那些债券。冯谖返回后，孟尝君问收债后买了什么，说是买回了孟尝君家里所缺少的"义"。孟尝君有些不满。过了一年，孟尝君被弃用，前往薛邑，老百姓步行百里迎接孟尝君。这时孟尝君才醒悟，对冯谖说："先生所给我买的'义'，今天才看到！"在这个例子中，孟尝君开头确实损失了"利"（债券），最终却得到了"义"（民心），对孟尝君来说这是最大的利了。

《夷坚志》记载：宋朝鄂州有一位以卖盐为生的李二婆，卖盐时秤准量足。有一次城中失火烧毁了数千间房屋，而李二婆家幸免于灾。地方官询问情况，李二婆说"无所长，但每日货盐，来买一斤，以 18 两与之，[①] 所凭以活钱年者，一秤而已。"真是人道（先行义）而感动"天道"（而后利）了。

历史上许多商人立足于国家、民族利益的大处，在保家卫国、反对侵略战争的"巨用之"上，表现出"先义后利"的远见卓识。《史记·郑世家》记载："穆公元年春，秦穆公使三将兵欲袭郑，至滑，逢郑贾人弦高诈以十二牛劳军，故秦兵不至而还。"郑国商人弦高的机智和义举，挽救了郑国。

西汉时，国家常受到北方游牧民族匈奴的侵扰，商人卜式提出愿把自己的一半家产献给国家作防务费用。事后，有人问他为什么要这样做，他说："天子诛匈奴，愚以为贤者宜死节于边，有财者宜输委，如此匈奴可灭也"。（《史记·平准书》）

徽商以"先义后利"为立商之本，其商业道德明确规定："宁可失利，不可失义"。休宁商人刘淮在嘉湖一带购囤粮食。一年大灾，有人劝他"乘时获利"，他却说，能让百姓度过灾荒，才是大利，于是他将囤积之粮减价售出，还设粥棚"以食饥民"，赢得了一方百姓的赞誉和信任，生意自然日渐兴隆。

3.2.5 商业价值判断——重义轻利

首先，"重义轻利"商业价值判断的提出。

荀子说："请成相，道圣王，尧、舜尚贤身辞让，许由、卷善重义轻利，行显明。"（《荀子·成相》）传说尧要把天下让给许由，舜要把天下让给卷善，他们都不肯接受。荀子认为，这表明了他们的行为是"重义轻利"，光明正

---

① 中国古称 16 两为一斤。

大。孔子指出："君子义以为上"(《论语·阳货》),这里的"上"是崇尚、尊贵的意思,"上义"也就是重义。

孟子在《孟子·告子章句上》说:

> 鱼,我所欲也。熊掌,亦我所欲也。二者不可得兼,舍鱼而取熊掌者也。生,亦我所欲也。义,亦我所欲也。二者不可得兼,舍生而取义者也。

就是说,性命和道义都是人生的最大利益,二者都是健全的人生所必需的,但二者发生矛盾、不可兼得的时候,孟子主张牺牲生命而保存道义,可见孟子也是"重义"的。

至于轻利,孔、孟、荀虽然没有明确提出,但从孔子主张的"罕言利"、孟子主张的"何必曰利"、荀子主张的"羞利"等观点来看,先秦儒家在权衡"义"与"利"的轻重时,常常体现出"轻利"的思想倾向。

其次,"重义轻利"商业价值判断的实践意义。

先秦儒家"重义轻利"思想,承认"义"、"利"存在的客观必然性,承认物质利益是人类赖以生存的物质基础和必要条件,作为一般意义上的价值评判标准,自然也成了商业价值的评判标准。这种"重义轻利"的商业价值评判标准,在中国历史上产生了积极的影响。

司马迁在《货殖列传》强调,"致富"必须依靠"诚壹",所谓"诚壹"即"重义"。只要能做到"诚壹",不管从事煮盐、冶铁等垄断性行业,还是从事"卖浆"(卖茶水),"洒削"(磨刀剪)等"小业"和"薄技",都能致富。

徽州商人吴鹏翔"重义轻利",在商业经营中重视商品质量,不售伪劣商品。一次他与人签约购进 800 斛胡椒,有人发现这批胡椒有毒,卖主唯恐惹祸,找到吴鹏翔要求收回胡椒,中止契约。而吴鹏翔既不售货,也不退货,竟不惜血本,将 800 斛胡椒全部付之一炬,以防退货后卖主再行"他售而害人。"①

---

① 《休宁县志》卷 15 之《人物·乡善》。

徽州商人凌晋从事商业经营，特别讲求仁义。在与人交易时，或有狡诈的商贩，蒙混其数，多取他的钱财，他并不斤斤计较。在付给他人货物时，若一旦发现有缺斤少两的情况，他则必如数予以补偿。他这样做不但没有蚀本，反而使生意更加红火。至于徽商拾金不昧的事例，在地方志、谱牒等材料中更是俯拾皆是。这些都是他们重义轻利的具体表现。

在《郁离子》中记载了许多重利轻义、利令智昏[1]的反面例子。郁离子觉得宋人贪财至死，与那只快被人打死也不肯吐掉嘴巴里的鸡的狐狸没什么两样。人被小利所迷惑，只见其利而不知其害，最终将会因福得祸，悔之晚矣。比如一个农夫因为偶然在自己的草棚里意外发现山鸡，从此天天等，终于等到一条毒蛇把他咬伤中毒而死；司城子的马官的儿子因为贪口腹之欲，明知不可为而为之，吃河豚中毒而死；犁冥得玛瑙以为美玉，如获至宝，自以为奇货可居，在船即将沉没的生死关头因失其宝而痛哭，利令智昏，可笑可悲。

最后，辩证看待"重义轻利"的商业价值判断。

不可否认的是，先秦儒家"重义轻利"的思想倾向，也给后人带来某些不好影响。董仲舒、程颐等片面强调"重义"的一面，把以义克利的道德要求不加限制地强加到普通老百姓身上，否认物质利益存在的客观必然性，违反了先秦儒家"重义轻利"所规定的前提和范围。明代思想家高拱也认为，程、朱之流的"天理人欲之辨"，抽象掉义（天理）所赖以存在的物质基础，是违背孔子和孟子本意的。

目前，我国面临着从工业文明社会向后工业文明社会过渡时期的许多问题，面临着知识经济时代的严峻挑战，先秦儒家承认物质利益，讲求富国富民前提下的"重义轻利"的价值评判标准，仍然可以成为对企业经营者进行商业道德教育的良好教材。

---

[1] 纪昀（纪晓岚）《阅微草堂笔记》第 23 卷 24 条，也记载了"狐利诱而利令智昏"的故事"，见巴蜀书社 1995 年版第 515 页。

3.3 曾子以义为利思想

3.3.1 曾子以义为利思想命题的提出

曾子[①]《大学》结尾[②]提出"国不以利为利，以义为利"义利观思想命题。曾子说：

> 仁者以财发身，不仁者以身发财。未有上好仁而下不好义者也，未有好义其事不终者也，未有府库财非其财者也。[③]

朱熹注：发，犹起也。仁者散财以得名，不仁者亡身以货殖。上好仁以爱其下，则下好义以忠其上。所以事必有终，而府库之财无悖出之患也。

义字的繁体为"義"，从"羊"（吉祥）从"我"，二者合在一起，就是"为善最乐"的意思。自曾子以后，孟子重义，主张"舍生而取义"。曾子所说"未有好义其事不终者也"，人人好义，自然就有和乐美善的结果。

接着曾子又引用道：

> 孟献子曰：畜马乘，不察于鸡豚；伐冰之家，不畜牛羊；百乘之家，不畜聚敛之臣。与其有聚敛之臣，宁有盗臣。

孟献子是春秋后期鲁国有名的贤臣，极力反对在位权臣以权谋私、以官

---

① 曾子（公元前505年—前435年），名参，字子舆，春秋末年鲁国南武城人（今山东嘉祥县）。是中国著名的思想家，与其父曾点同师孔子，孔子早期弟子，是儒家学派的重要代表人物。曾子主张孝恕忠信，其"修齐治平"政治观、"内省慎独"修养观及"以孝为本"孝道观，至今仍具有极其宝贵的历史价值和现实意义。曾子参与编制《论语》，独撰《大学》、《孝经》和《曾子十篇》等著作。
② 朱熹注：此一节，深明以利为利之害，而重言以结之，其丁宁之意切矣。
③ 朱熹集注、陈戌国标点：《四书集注》，岳麓书社1997年版，第19-20页。本节《大学》引文皆出自此。

图利，史称其"为卿不骄，礼贤下士，士以是归之"。朱熹注：畜马乘，士初试为大夫者也；伐冰之家，卿大夫以上，丧祭用冰者也；百乘之家，有采地者也。君子宁亡己之财，而不忍伤民之力，故宁有盗臣，而不畜聚敛之臣。

曾子引用孟献子这段话以后，便说：

> 此谓国不以利为利，以义为利也。长国家而务财用者，必自小人矣。彼为善之，小人之使为国家，菑害并至。虽有善者，亦无如之何矣！此谓国不以利为利，以义为利也。

这就是说，国家不以聚集财富为利益，而以实行道义为利益。掌握着国家命运而专以聚集财富为目的，一定是从任用小人开始。小人自以为得意，若让他们来治理国家，天灾人祸就会一起到来。纵使有好人能人，也无法挽救了。这就叫做国家不以聚集财富为利益，而以实行道义为利益。

曾子看到当时鲁国及诸侯各国，都以胡乱增加赋税、搜刮民间财富，以满足诸侯权贵欲望，从而导致内政争权夺利，到处天灾人祸，因此提出富有针对性的"国不以利为利，以义为利"的义利观思想命题。

3.3.2 历史财政名相名臣及曾子践行以义为利思想

首先，历史财政名相名臣践行"以义为利"思想。

中国历史上，特别注重以国家财政经济发展立国的人，秦汉以前，突出的主要有以下三人。一是姜太公吕尚治齐，开发渔盐之利，建立了当时滨海落后的齐国，后代子孙，才得以富国强兵，称霸中原，经春秋战国，直到秦汉时期，约七八百年而不衰。二是管仲治齐，也是从发展经济着手，把齐国发展到"一匡天下，九合诸侯"霸主地位。三是是范蠡师法"计然之策"，帮助越王勾践复仇雪耻，然后飘然隐遁，货殖生财，三聚三散，用致富来"玩世"。

中国历史上，与财政经济相关的论著，主要有汉宣帝时代桓宽所著《盐铁论》，后魏贾思勰所著《齐民要术》，[①] 以及唐代财经名臣刘晏之实践。《资治

通鉴·唐纪42》记载：

> 初，安史之乱，数年间，天下户口什亡八九，州县多为藩镇所据，贡赋不入，朝廷府库耗竭，中国多故，戎狄每岁犯边，所在宿重兵，仰给县官，所费不赀，皆倚办于晏。
>
> 晏有精力，多机智，变通有无，曲尽其妙。
>
> 晏又以为户口滋多，则赋税自广，故其理财以爱民为先。
>
> 晏专用榷盐法充军国之用。
>
> 晏于扬子置十场造船，每艘给钱千缗。
>
> 晏为人勤力，事无闲剧，必于一日中决之，不使留宿，后来言财利者皆莫能及之。

总之，刘晏善于管理财政，"后来言财利者皆莫能及之"。他理财以爱民为先；随时了解四方物价和各地收成，并合理调节；控制盐价；以及设置船场不惜小费，使漕运畅通。

其次，曾子践行"以义为利"思想。

曾子为家贫亲老而仕的故事，《韩诗外传》记载：

> 曾子仕于莒。得粟三秉。方是之时，曾子重其禄而轻其身。亲没之后，齐迎以相。楚迎以令尹。晋迎以上卿。方是之时，曾子重其身而轻其禄。怀其宝而迷其国者，不可与语仁；窘其身而约其亲者，不可与语孝；任重道远者，不择地而息；家贫亲老者，不择官而仕。故君子桥褐趋时，当务为急。传云："不逢时而仕，任事而敦其虑，为之使而不入其谋，贫焉故也。"《诗》曰："夙夜在公，实命不同"。[①]

曾子开始出来做鲁国莒邑地方官的时侯，注重待遇收入，而轻视本身的得失。当他父亲去世后，齐国、楚国、晋国三国都欢迎他去做宰相，但他都推辞了。在这个时期，曾子重视本身的学养，因为没有孝养父母的负担了，所以不必重视待遇丰薄，和官职地位的高低了。如果本身怀有学养的高尚至

---

① 韩婴撰、许维遹校释:《韩诗外传集释》，中华书局1980年版，第1页。

宝，却不肯出来挽救自己国家的危乱，那就没有资格谈什么仁心仁术了；如果故意自命清高而死守穷困，也不顾父母生活困难的痛苦，那也谈不上孝道了。一个人本身挑着重担，前途又很遥远，为了完成责任，就不会挑选地点，而随地休息保持精力。家里既然贫穷，父母又年老体衰，为了孝养父母，就没有条件挑选官位，只要收入足够赡养父母，便去做了。所以说，真君子穿着旧鞋和破布袄，急急忙忙向前赶去，只是为了当时的迫切需要。

《韩诗外传》的作者韩婴，为曾子所传《诗经》如是说：一个人生不逢时，不得已还是需要出来做官做事。既然担任了职务，就必须尽心尽力做好。但只听命去达成任务，而不愿参与其内部计谋。因为他只是为了解决一时的贫困，并不是要完成学养思想的真正目的。所以《诗经》上说：我虽然昼夜都在忙着做公家的事，但是，我对生命意义的看法，自有不同的观点。只是一时命运的安排，现在只好这样做而已。

以上《韩诗外传》引言，首先提出曾子为家贫亲老而仕的故事和评论，有助于理解《大学》"国不以利为利，以义为利"命题的针对性。他身体力行其道而自做榜样，是真实"儒行"的风格。

3.3.3 孔门弟子不能少子贡

春秋末代，孔门72贤人之中，除了子贡具有很大的胸襟抱负，其他人如颜渊、原宪等大多是属于清流人士，与后世宋儒之"儒林"、道学大不相同。《韩诗外传》记载了子贡与原宪交往的故事：

> 原宪，字子思。宋人也。读书怀独行君子之德义，不苟合当世。当世亦笑之。其为人也，清静守节，贫而乐道。居环堵之室，蓬户瓮牖，桷桑无枢，匡坐而鼓歌。子贡肥马轻裘往见之，宪正冠则缨绝，捉襟则肘见，纳履则踵决。子贡曰："嘻！先生何病也？"曰："无财之谓贫，学不能行之谓病。宪贫也，非病也。若希世而行，比周而友，学以为人，而徒有车马之饰，衣裳之丽，宪不忍为也。"于是曳杖拖履，行歌商颂而反，声满天地，如出金石。子贡耻之。

所谓"子贡耻之"，是指子贡对原宪的举动感到羞辱。

　　当然，子贡不但会经商致富，而且还善于运用谋略。《越绝书》中详细记载了子贡曾经代孔子出马，安定了鲁国受侵略的危机。孔子死后，子贡一手经营孔子在曲阜的墓地，并守墓6年。孔门高弟如果都像颜渊、原宪一样，甘于清贫，孤芳自赏，那肯定不妥。

　　治国之道，没有良好的财政经济，政权就不可能稳定，这是古今中外不易的大原则。每朝每代的兴亡史迹，最后促使衰败的，必定是始于财政经济的崩溃。但中国文化传统观念，尤其是以儒家、道家为主流的学术思想中，认为要解决财政经济问题，使国家达到治平境界，只要从政治上做好，就可达到物阜民丰，安居乐业了。

　　司马迁《货殖列传》传述子贡说：

　　　　既学于仲尼，退而仕于卫，废著鬻财于曹、鲁之间，七十子之徒，赐最为饶益。原宪不厌糟糠，匿于穷巷。子贡结驷连骑，束帛之币以聘享诸侯，所至，国君无不分庭与之抗礼。夫使孔子名布扬于天下者，子贡先后之也。此所谓得埶而益彰者乎！

　　司马迁为货殖家立传，撰写《货殖列传》，夹叙夹议，妙论众多，大有深意存焉！其结论是：

　　　　此皆诚壹之所致。由是观之，富无经业，则货无常主，能者辐凑，不肖者瓦解。千金之家比一都之君，巨万者乃与王者同乐。岂所谓"素封"者邪？非也？。

　　就是说，以上这些都是因为专精一业，勤奋努力而来的。因此，从这些事实来看，致富并没有什么一定的行业，财富也不是说一定永远属于谁的。有才能的人财富就会向他集聚，没有本事的人就会倾家荡产。富有了自然就显贵，千金之家可以和有领地的贵族相比，财产上亿的人能够像帝王那样快乐。难道这些人还够不上"素封"的称谓吗？不对吗？

4. 货殖家取予思想

先秦货殖思想家中，对货殖"取予思想"有独到见解的，首推白圭，其"取予以时"最具代表性。老子的"欲取先予"思想，孔子的"惠而不费"思想，管子的"形予实取"思想，也体现了"先予后取，以予为取"的精髓。它们共同构成独具特色的先秦货殖"取予"思想体系，具有较高的理论价值和现实意义。

4.1 货殖家白圭取予以时思想

白圭，名丹，字圭，战国洛邑（今河南洛阳）大商人，因擅长经商致富而名满天下，他从经营管理实践中，总结出一套经商理论，为后世经商者所师法。司马迁通过《史记·货殖列传》再现了白圭经商成功之道，为后世所示范。白圭因此被后世商人称作"治生祖"，或称"人间财神"，宋真宗封其为商圣。

4.1.1 白圭取予以时思想的内涵

首先，白圭取予以时思想的含义。

取，是获得对方的一定物质财富，即自身某种经济利益的增益；予，是给予对方一定的物质财富，即自身某种经济利益的减损。单方面的取，如偷盗、抢劫、掠夺，或单方面的予，如捐赠、救济，都不发生取予关系。

在商业经营活动中，买方和卖方都不能单方面地取或予，必须以让渡自己的货物或货币为条件。但在一定条件下，予可以转化为取，可以促进取，也可以转化为取的一种手段，比单纯的取更有效。因此，要达到取的目的，不宜只取不予，必须把握取予辩证法。

白圭取予以时，把予巧妙地转化为取，是其经商致富的过人之处。经过市场的调节，商品价格随着供求关系的变化而变化。在市场经济活动中，居于流通环节的商人功不可没。若没有他们贩贱卖贵，便无法实现供求平衡。此即司马迁在《货殖列传》中所说的"工而成之，商而通之"。1800 年后，西方市场经济理论的奠基者亚当·斯密在其名著《国富论》中，将这种市场的巨大调节作用称为"一只看不见的手"。

白圭取予以时思想，具体包括两个方面内容：一是"人弃我取、人取我与"经营原则，每年粮食丰收后，买进五谷，售出丝、漆，蚕茧上市时，购进丝棉等织物，售出粮食；二是"乐观时变"经营方法，即注意农业生产变化动向和市场行情，及时掌握商机谋取利润。

其次，取予以时是货殖家的素质要求。

白圭认为，合格的货殖家必须具备"智、勇、仁、强"四个方面素质。"其智不足与权变，勇不足以决断，仁不能以取予，强不能有所守，虽欲学吾术，终不告之矣。"这就是说，无智、勇、仁、强四个方面条件的人，就没有资格学习他的经营之术。其中，"仁足以取予"是构成货殖家基本素质的重要方面，要求货殖家"取予以时"，并以合理的报酬适时满足员工要求，以合理的价格适时满足顾客需求。

值得注意的是，白圭并不是一个纯粹的商人，还是一个学者，一个货殖理论家，一个经营管理专家。他说：

> 吾治生产，犹伊尹、吕尚之谋，孙吴用兵，商鞅行法是也。

他介绍其经商经验说，经营生意的策略，既要有伊尹、姜太公的政治谋略，又要有孙武、吴起的军事谋略，还要有商鞅的法治思想。

司马迁赞扬白圭"其有试矣，能试有所长，非苟而已也。"也就是说，白圭"试有所长"不是偶然的，而是基于其灵活的头脑和广博的学识。

4.1.2 白圭乐观时变经营方法

首先，白圭乐观时变经营方法的含义。

白圭经营商业的一条重要方法是乐观时变，"趋时若猛兽挚鸟之发"，时刻注视市场行情变化，一旦瞄准商机，就像猛虎扑食、雄鹰搏兔一样，以迅雷不及掩耳之势，抢先收购或抛售。白圭乐观时变经营方法，讲求决策及时而不错过"取与"良机，也是其"人弃我取、人取我与"经营原则得以贯彻的前提。

白圭乐观时变的依据是农业丰歉循环说，而农业丰歉循环说又以天文学知识为基础。他认为：

> 太阴在卯，穰；明岁衰恶。至午，旱；明岁美。至酉，穰；明岁衰恶。至子，大旱；明岁美，有水。至卯，积著率岁倍。

就是说，太阴在卯，那年丰收，次年歉收，太阴在午，那年干旱，次年收成好；太阴在酉，那年丰收，次年歉收。太阴在子，那年大旱，次年收成好，有水涝。然后又回到太阴在卯之年。能预料丰歉则可贱买贵卖，其利将倍增。这句话的意思也就是，在 12 年的一个周期内，有若干发展变化的规律可循，一般每隔 3 年将会出现较大的变化。比如，前 3 年中有了一个好年景，此后的第 3 年往往就是大旱之年，而大旱之后又是涝年，涝年之后又是好年景。而在好年景和荒年之间，谷物的价格也往往会有一倍的差异。

在市场经济中，消费者、物品和价格，是形成市场交易的三大要素，这三者缺少任何一个都无法形成交易，而其中价格又是关系到物品所有者（商家）和消费者利益的关键因素，如果价格过高消费者没有能力购买，物品的销售量自然会降低，但如果价格过低，商家就没有了利润。所以，在以价格机制为主导的市场经济的今天，"人弃我取"就意味着一种风险，意味着商家可能要一直处在投资时段，拥有充足的资金十分重要。运用白圭"乐观时变"经营方法，商家应特别注意以下两点。

一要知时。"时"就是时势、时机。"时"意味着财富，意味着金钱。"取"和"与"虽说是两个对立的方面，但只要方法得当，就可以从无利向有利转化。司马迁认为成功的货殖家都是知时的行家,说范蠡"治产积居,与时逐而不责于人"。范蠡知时,能治国又能发家。白圭取与以时,成为天下公认的"治生祖"。此外,汉代关中富商大贾"与时俯仰",也成为司马迁笔下的"贤人"。白圭的知时,主要表现在他善于发掘事物发展的内在规律,预测商业行情的发展方向,减少了经商决策的盲目性,客观把握商品买进和卖出的时机。白圭认为,商家知时就是要"乐观时变",即根据对年景丰歉的预测,实行"人弃我取、人取我与",及所谓"岁熟取谷,予之丝漆"等。

二要快捷。白圭强调,一旦出现商机,就要迅速把握,果断出击。司马迁曾称赞白圭"趋时若猛兽挚鸟之发",就是说,白圭捕捉商机时,就像凶猛的鹰扑向猎物,果断而毫不犹豫。商机是一个美丽而又性情古怪的天使,她总在不经意间突然降临,稍有不慎,就会飘然而逝,不管你如何扼腕叹息,她都不会回来。因此,商机一旦来临,就必须适时出击,果断把握。商家准确把握商机,必须做好以下三点。首先,要有长远目标,鼠目寸光是不行的,不能只见树木不见森林。其次,要有冒险精神和必胜信心,纵览全局,不失时机,果断决策。最后,乘胜追击,持之以恒,实现既定目标。

其次,白圭乐观时变思想的历史价值。

明清时期,安徽徽州商人、江苏太湖流域洞庭商人、山西蒲州商人等,都是驰骋于商界的劲旅,其经商的成功与他们对白圭市场预测与经营决策学说的成功运用是密不可分的。

徽州歙县商人程致和奉行白圭治生之学,"以美恶占岁,以弃取伺人","趋时观变若猛兽挚鸟之发","以生以息,凡廿年而业振"。[1]徽商中像程致和这样的成功商人比比皆是。如歙县商人黄存芳在经商实践中善于"与时俯仰"、"审积著、察低昂、择人而任时",因而"财货日振",商利滚滚而来,"致赀累万,富甲一方"。[2]

休宁县商人汪心如的经商足迹遍及南北各地,"凡征歉物转之必盈之,征贱物转之必贵之,所至操奇有声"。其经商之术之所以能达到如此出神入化的

---

[1] 歙县《褒嘉里程世谱·寿文·奉贺致和程老先生六十崇寿序》。
[2] 《休宁西门汪氏宗谱》卷6。

程度，是因为他能准确把握市场信息以及灵活调整经营策略的缘故。

因此，成书于清康熙年间的《徽州府志》称誉徽州商人是"善识低昂，时取予"，因而"贸之所入视他郡倍之"①。

洞庭商人席本桢操持陶朱公、白圭经商之术，能自如地"乐观时变"，"任时而知物，笼万物之情"，举凡农业丰歉、水灾干旱之季节或年份，他都能"变以因时"，"权轻重而取予之"，②对于商品的取予，运用得恰到好处。洞庭商人徐明珠也是熟谙趋时观变之术，对各地风土人情、物产以及"岁行之金穰木饥、财币之盈虚消息"，③均了如指掌，且敏于随机应变，因而每年经商都能获利数倍。

山西蒲州商人大多精通白圭"取与以时"治生之术，明代大学士张四维曾总结其故乡蒲州商人的经商谋略道："蒲俗，善贾者必相时度地居物而擅其盈"。

近代，"棉纱大王"穆藕初（1876—1943），深得白圭"乐观时变"思想，讲求市场预测与科学决策，他认为，"夫商业之道，不外乎供求之相济"，"欲求事业之固定"，必须"先调查原料、人工和市场"以及"一邑多邑、一国多国、乃至全世界人众需要之所在"，继而谋定而动，"庶几成功多而失败少矣"。否则，"贸易从事，昧于商业之需求，徒自热心而虚掷金钱"。穆藕初认为，商家决策不仅要察时测变，而且要"妙应时机、发在机先"，做到投其所好，随机应变，迎合民众需求，制定"趋时"营销策略。即所谓"能若是，则销路自畅。虽仅取薄利，而能日进纷纷，多量卖出，利润之来，不求自至"。④

4.1.3 白圭取与经营原则

首先，白圭取与经营原则的内涵。

---

① 《徽州府志·序》。
② 吴伟业：《梅村家藏稿》（卷47），台湾商务印书馆1965年版。
③ 《洞庭东山东园徐氏宗谱》卷8。
④ 赵靖主编：《穆藕初文集》，北京大学出版社1995年版，第31、48页。

白圭取与经营原则，具体分"人弃我取"和"人取我与"两个方面。"人弃我取"是指大量购进暂时滞销的低价商品，即把某些尚未形成社会需求热点、一时供过于求、从而价格较便宜的商品，预先大量收购存贮，等到社会急需、供不应求、价格上涨时，再行出售。这时，商家处于投资阶段，市场回报周期可能较长。然而，"人取我与"阶段一旦来临，商家所储存的低价商品就会重新热销，市场价格上升，商家必然获得高额利润。在年岁丰收时收进谷物，出售丝漆等物；茧歉收时收进帛絮等物，而出售粮食。即所谓：

> 夫岁熟取谷，予之丝漆；茧出取帛絮，予之食。

这套做法，白圭称之为"仁术"，而且也是实行"人弃我取、人取我与"的目的所在。因为，综合"人弃我取"和"人取我与"两个阶段来看，收购价即使略高于时价，相对于歉收年的市价也是"贱"的，销售价即使略低于时价，相对于丰收年的市价也是"贵"的。白圭善于掌握买卖时机，在谷贱时及时购进不抑价、不压价，在谷贵时及时售卖而不惜售、不抬价，从长远看，薄利而多销，获得的利润更丰厚。这种利润来自合理而正常的丰歉差价、季节差价或供求差价，客观上起到调节市场商品供求的作用，生产者和消费者都能从他的"取"、"与"中得到实际利益，既利己又利人。

其次，白圭取与经营原则的历史价值。

白圭取与经营原则，也是一种经商智慧，其成功实践一直被历代货殖家所效法。

明代，山西蒲州有一位商人叫王海峰，他和其他商人一同外出经商。刚开始，他和其他商人一样，多是西到秦陇地区、东到淮浙一带，或者深入到西南方的蜀地。但是，经过一段买进和卖出，他发现赢利甚微。于是，王海峰改变经商路线，改走青沧地区，即山东青州和河北沧州。当时，青沧地区是长芦盐区，属河南彰德、卫辉二府管辖，当地奸商劣绅与官吏互相勾结，盐业运销不畅，没势力的商人纷纷逃离。王海峰却看到了商机，他想到当年范蠡和管仲就在这里做鱼盐生意而发家富国。王海峰经过努力，加上"人弃我取、人取我与"之独特经营方法，最终成为一位成功的鱼盐商人。王海峰70岁准备离开商界、回归故里时，大学士张四维评价说："蒲州虽多豪商巨贾，但少见王海峰如此雄才大略之人。"

近代，最大华侨资本企业集团——永安企业的主要创始人郭乐汲取白圭取与经营智慧，用于现实经营管理实践，提出所谓"避高峰"和"人弃我取"的生产资料采购策略，主张"在市价俏利，买户众多时，按兵不动，坐待时机；而在市场进胃已疲，卖方急于脱手时，乃趁机趸购，大量存储"。①

实业家朱志尧货殖实践中，推崇白圭取我经营原则，称之为"经商万无一失之道"。②张裕酿酒公司创办者、爱国华侨实业家张振勋，坦陈自己的经营诀窍说，就是从"观时变、人弃我取、人取我与、征贵贩贱、操奇计赢"③等白圭所倡导的经商格言中获得启示，并将它们运用于海内外实业管理而获得成功的。

爱国华侨实业家陈嘉庚在创办黄梨（菠萝）罐头厂的过程中，灵活运用白圭取与经营原则精华，采取"人弃我取、人争我避"④的商战谋略大获成功。其具体做法是：当时市场上的黄梨罐头产品形状（黄梨的切割状）分为方柱（方形）、圆柱（圆形）、旗柱（菱形）和杂柱（其他花形零碎小块），前三种加工简单、成本低，外国洋行的收购量占收购总量的80%以上，几乎所有的同行厂家都从事前三种产品的加工生产，但陈嘉庚却反其道而行之，专门从事别的厂家都不屑一顾的杂柱罐头加工，其获利之丰厚远高于其他厂家。这种人弃我取、避实击虚的经营策略使陈氏企业出奇制胜。

白圭取与经营原则思想，甚至被某些股民运用到炒股上，当股价上涨，一般股民纷纷跟进时，他们却悄悄抛出；当股价下跌，股市不振、人气低落时，他们却悄悄买进。可见，白圭取与经营原则，不仅在流通领域，而且在股票市场大行其道。

---

① 中国社会科学院：《永安纺织印染公司》，中华书局1964年版，第64页。
② 白吉庵：《民国人物传》（第4卷），中华书局1984年版，第237页。
③ 果鸿孝：《中国著名爱国实业家》，人民出版社1988年版，第4页。
④ 赵靖主编：《中国近代民族实业家的经营管理思想》，云南人民出版社1988年版，第20页。

4.2 老子欲取先予思想

4.2.1 老子欲取先予思想的内涵

老子较早宣扬"欲取先予"思想。[①]《老子》第 36 章完整表达了老子"欲取先予"思想：

> 将欲歙之，必固张之；
>
> 将欲弱之，必固强之；
>
> 将欲废之，必固兴之；
>
> 将欲夺之，必固与之。
>
> 是谓微明。[②]

意思是说，想要收敛它，必先扩张它；想要削弱它，必先加强它；想要废去它，必先抬举它；想要夺取它，必先给予它。这就叫做虽然微妙却又显明，柔弱战胜刚强。

老子又说："上善若水……，与善仁。"（《老子》第 8 章）"水"施予万物，出自仁爱之心，是其仁慈本性的表现。还说："圣人不积，既以为人，己愈有；既以与人，己愈多。"（《老子》第 81 章）圣人不私自积藏，他尽量帮助别人，自己反而更充足；尽量给与别人，自己反而更丰富。所以，圣人之道是施与而不是夺取。

《庄子·外篇》第 14 章《天运》认为："恩、怨、取、与、谏、教、生、杀"这 8 项，都是纠正人类行为的工具。只有顺从自然而不滞塞的人，才能

---

① 儒家经典《周书》中，也有相近的话："将欲败之，必姑辅之；将欲取之，必故与之。"（见《战国策·魏策》引，又见《韩非子·说林上》）此外，《吕氏春秋·恃君览·行论》亦引《诗》曰："将欲毁之，必重累之；将欲踣之，必高举之。"

② 杨伯峻前言、张震点校：《老子·庄子·列子》，岳麓书社 1989 年版，第 10 页。

使用这 8 项工具。自己端正了，才能端正别人。本心看不到这些道理的人，他的智机也就闭塞不明。其中，纠正人类行为的 8 项工具中，"取、与"占据两项。[①]

4.2.2 老子欲取先予思想的引申及应用

首先，孙子的"予取"观的引申。

《孙子·兵势》有一句话是讲"予取"问题的。孙子说："予之，敌必取之。"这就是说，"予"敌方利益，引诱敌人"取"，最终使我方获得更大的利益。体现了"先予后取"精神，和老子讲的"欲取先予"观点基本一样。

其次，毛泽东活用老子欲取先予思想。

1936 年，毛泽东在《中国革命战争的战略问题》一文中，也引用老子的这句话："常有这样的情形，就是只有丧失才能不丧失，这是'将欲取之必先与之'[②]的原则。如果我们丧失的是土地，而取得的是战胜敌人，加恢复土地，再加扩大土地，这是赚钱生意。"

"赚钱生意"是经商语言，毛泽东把兵争和商争联系起来。毛泽东讲完这段话，紧接着就直接用商争的理由来说明他的观点。他说："市场交易，买者如果不丧失金钱，就不能取得货物；卖者如果不丧失货物，也不能取得金钱。"[③]这些说明，商业经营管理、市场竞争也必须讲"取之与之"之道，只有当"取之"大于"与之"时，这才叫赚钱的买卖。

最后，欲擒故纵策略的商业应用。

其一，欲擒故纵策略的含义。

三十六计之"欲擒故纵"[④]说：

> 逼则反兵；走则减势。紧随勿迫，累其气力，消其斗志，散而后擒，

---

① 林语堂：《老子的智慧》，时代文艺出版社 1988 年版，第 222 页。
② 参见《老子》第 36 章，原文是："将欲夺之，必固与之"；又见《战国策·魏策》，原文是："将欲败之，必姑辅之；将欲取之，必姑与之"。
③ 毛泽东：《毛泽东选集》（第 1 卷），人民出版社 1991 年版，第 211 页。
④ 李炳彦：《三十六计新编》，解放军出版社 1980 年版，第 50–52 页。

兵不血刃。需，有孚，光。

"欲擒故纵"与欲取姑与、欲急姑缓近意。与老子"将欲夺之、必固与之"思想也相近。意思是说，如果把敌人逼得无路可走，它就会拼命反扑，让敌人逃跑则可以消减它的气势。对逃跑之敌要紧紧跟随，不能过于逼迫，借以消耗其体力，瓦解其斗志。等到敌人士气低落、军心涣散时再去捕获它，这样就会避免不必要的流血牺牲。总之，不进逼敌人，并让其相信这一点，就能赢得光明的战争结局。

纵与擒、收与放，是一种艺术。"无欲速，无见小利，欲速则不达，见小利则大事不成。"（《论语·子路》）商业经营要把握时机，不能急于求成。现实中的欲擒故纵策略，呈现多种表现形式。如先纵再擒：瓜熟了再摘，不急于一时，所以暂时放任目标，等到最佳时机行动，效益最大；再纵再擒：纵与擒不断交替为用，如诸葛亮七擒七纵孟获；以纵代擒：让对手的存在产生更积极的意义，纵容对手挖墙脚；只纵不擒：一味纵容，毫无"欲擒"的打算。

其二，张三售货"先纵再擒"。

张三生产的五香肉肘是小镇的名小吃，色香味俱全，成了小镇待客的特色菜，但他每天只做50个，中午就卖完，晚去的顾客买不到，只好等第二天再买。张三的小儿子问："顾客这么多，为何不多做点？既满足大伙儿的需求，又能多挣些钱。"张三反问道："你想吃肉肘吗？"小儿子说："不太想"，张三问："为什么呢？"小儿子说："因为我每天都能吃到"，张三说："这就对了，物以稀为贵。肉肘只有在想买却不容易买到时，才会觉得好吃，想尽办法去买，才能体现它的价值。"小儿子兴奋地说："哦，原来是这样呀。"卖货不能仅仅靠货好，而且还要讲究销售方式。张三抓住了消费者的心理，先纵再擒。放纵对手，任其消去防备，于最易下手时出击。在市场经营上，就是要求创造最有利的商机，既顺利促成商品交易，又让顾客称心回味。

其三，美国通用公司"以纵代擒"。

美国通用汽车公司是生产凯迪拉克、别克、奥斯摩比、雪佛兰等知名车种的汽车制造公司。《策略高手101》一书提到，在20世纪80年代，通用公司因为担心汽车界的老大福特汽车公司丧失竞争力，使通用公司失去竞争对手，因此默许福特向通用挖墙脚，它的理论是："帮助福特，是为了通用。"从商场竞争而言，福特是通用"欲擒"的对象，但通用为了更大的利益，竟默许福特向它挖墙脚，这是"故纵"。美国通用公司"以纵代擒"，让对手的存在产生更积极的意义，纵容对手挖墙脚。

4.3 孔子惠而不费思想

4.3.1 孔子惠而不费思想的内涵

首先，惠而不费。

孔子认为，在社会生活中处理人与人关系时要爱人。当樊迟问仁时，孔子说：爱人。(《论语·颜渊》)爱人是仁的基本精神，是修己之学的根本。孔子认为，爱人的具体表现和方法就是"忠恕"。《论语·里仁》记载：

> 子曰："参乎！吾道一以贯之。"曾子曰："唯。"子出，门人问曰："何谓也？"曾子曰："夫子之道，忠恕而已矣。"

所谓"忠恕"，就是"己所不欲，勿施于人"(《论语·卫灵公》)，这样由己及人，人己对待。对己，要求"克己"；对人，要求"爱人"。二者统一于仁之中，是修己之学的两个支点。

孔子把仁的精神，贯彻于政治经济生活，就是要求做到"尊五美、屏四恶"。《论语·尧曰》详细记载了子张向孔子问政的事。子张问："何如斯可以从政矣？"孔子说："尊五美，屏四恶，斯可以从政矣。"子张问："何谓五美？"孔子说：

> 君子惠而不费，劳而不怨，欲而不贪，泰而不骄，威而不猛。

子张又问："何谓惠而不费？"孔子回答说：

> 因民之所利而利之，斯不亦惠而不费乎？择可劳而劳之，又谁怨？

> 欲仁而得仁，又焉贪？君子无众寡，无小大，无敢慢，斯不亦泰而不骄乎？君子正其衣冠，尊其瞻视，俨然人望而畏之，斯不亦威而不猛乎？[①]

惠：给人好处；费：耗费。君子给人好处，自己却无所损失。孔子认为管理者或统治者最好的激励手段是，不需要拿出财物惠民，只要允许百姓从自己的生产活动中取得利益就行了，即所谓"因民之所利而利之"，就能做到惠而不费。

孔子把让人民选择从事自认为有利的事情，看成是实施惠而不费政策的有效方式。这就意味着政府社会经济管理的基本智慧是"无为而治"，即让人民自己去做自己认为有利的事，而政府不强迫人民从事政府干预下的经济活动。惠而不费，人民获利，政府收税获益，皆大欢喜。

其次，惠则足以使人。

孔子提出统治者应当"为政以德"（《论语·为政》）。在儒家经典中，德政就是仁政。行仁政，首先要求统治者提高自己的道德修养，使自己成为仁者、君子，然后推己及人，内圣而外王，做到"修己以安人"，"己欲立而立人、己欲达而达人"（《论语·雍也》）。孔子在《论语·阳货》提出实施仁政的五个具体方法：

> 恭而不侮，宽则得众，信则人任焉，敏则有功，惠则足以使人。

意思就是，恭敬就不会受侮辱，宽厚就能得到群众拥护，诚实就会被人家信任，勤敏就会出成果，慈惠就足以役使他人。恭、宽、信、敏、惠，是对君子理政修身的具体要求，既是孔子实施仁政的五个具体方法，又是君子应该做到的五种个人品德。

惠则足以使人，是孔子讲仁爱的第五个方法。一个具备恩惠之心的管理者，才能够调动别人的积极性，让别人为他所使用。也就是说，作为一个团队的管理人，他要用一种慈善的、恩惠的心对他的每一个下属，在精神价值上去肯定每一个人，在金钱和物质利益上去跟每一个人分享。谁拥有慈善、恩惠之心，谁就能让别人忠于他，并为他所使用。总之，管理者要达到管理的目的，就必须考虑被管理者的切身利益，激发其热情，给予实惠。

---

① 朱熹集注、陈戍国标点：《四书集注》，岳麓书社1997年版，第284—285页。

4.3.2 孔子惠而不费思想的现代实践

首先，农村联产承包制改革。

中国改革开发之初，推行农村联产承包制，政府投入极少，农民获益极多，实际上就是一种惠而不费的现代经济实践。[①]

其次，惠而不费可以成为现代企业的重要管理手段。

孔子认为，管理者不可一味使用行政手段管理下属，而要"利之"，即允许下属获得一定的经济利益，用经济手段调动下属工作积极性，从而取得较好的工作业绩。最好的激励手段是使受惠者获得的利益由受惠者本人为自己创造出来，就能做到惠而不费。

现代企业管理面对大量知识员工，知识员工的工作主要是思维性活动，依靠大脑而不是体力，对劳动过程的监督既无意义也不可能，因此管理者必须讲求双赢，将知识员工的收益与企业利益捆绑起来。然而，现在的许多管理者在知识员工的激励问题上抱着错误的观点，一个突出的表现是管理者长期混淆人工工资率和人工成本，认为降低人工工资率就能降低人工成本。实际上，人工工资率是按照时间来划分的工资总额，而人工成本则要考虑生产率。举个简单例子，如果甲企业的人工工资率是乙企业的人工工资率 1.5 倍，甲企业人员的工作效率是乙企业的 3 倍的话，那么甲企业的人工成本则是乙企业的 1/2。

因此，现代企业管理者不但要看到员工福利、薪酬的财务支出，而且要看到福利、薪酬的激励作用，要树立"惠而不费"的思想。近年企业推行的期权式薪酬制度和股权激励安排，可以说是孔子惠而不费思想的具体应用。

[①] 南宋张如愚曰："夫财之所出者不可不养，则其所以予民者，乃其所以取民也。"其意是，政府可以让老百姓发展自己的农工商业，人民发财之后，政府可以收税，再用之于百姓。《群书考索》续集卷 45。

4.4 管子形予实取思想

我国传统经济思想大多数都主张藏富于民。孔子的门人有若以"百姓足,君孰与不足;百姓不足,君孰与足"(《论语·颜渊》)为由,建议鲁哀公灾年减免赋税;道家杨朱打出"贵己""为我""拔一毛利天下不为也"的旗号,其实是对统治者"悉天下奉一身"(《列子·杨朱》)的巧取豪夺表示抗议;老子则警告统治阶级:"金玉满堂,莫之能守;富贵而骄,自遗其咎",不如效法天道,"损有余以补不足",使"物无弃物","人无弃人"(《老子·九章》);《管子》一书更把富民视为治国首务,《管子·治国》指出:"凡治国之道,必先富民。民富则易治也,民贫则难治也……是以善为国者,必先富民。"[1]

与儒家、道家不同的是,《管子》不仅指出富民的原则和方法,而且关注贫富分化的危害,提出"富能夺,贫能予"(《管子·揆度》)的"形予实取"思想。所谓"夺"也就是"取",不是剥夺富有者的财产实行均富,而是指国家通过财税、价格、放贷等经济手段,调控富商巨贾的牟利行为;所谓"予",国家除了救济,还采取减免赋税,增加投入,改善生产条件等积极措施,扶助贫困者生产致富。

4.4.1 管子形予实取思想的基础

首先,管子认为人类的本性是自利的。

管子,是春秋时代的齐国颍上人,少时曾经从事商业贸易,对商品、货币等有丰富的直接知识,《管子·轻重》集中反映了他的经济思想。

管子认为,人类的本性是自利的。《管子·禁藏》指出:

---

[1] 赵守正译注:《白话管子》,岳麓书社 1993 年版,第 548 页。本节《管子》引言,皆出于此书。

> 凡人之情，得所欲则乐，逢所恶则忧，此贵贱之所同有也。

人们的普遍心理是，喜欢获得，不喜欢给予，即所谓"民予则喜，夺则怒，民情皆然"（《管子·国蓄》）；"见利莫能勿就，见害莫能勿避"（《管子·禁藏》）。因此，管子反对只取不予，认为这会引起人民的抵制和反抗，使刑法繁多。

这就带来一个矛盾，一方面，只取不予，人民起来反抗，危及国家政权稳定；另一方面，只予不取，国家缺乏财政收入，政权无法生存。为了解决这个矛盾，处理好取与予之间的关系，管子提出著名的"形予实取"思想，指出管理者应该讲求"取"的方法，做到"见予之形，不见夺之理"。（《管子·国蓄》）

其次，管子形予实取思想的精髓在于调节贫富。

《管子》认为民富易治、民贫难治的理由是："民富则安乡重家，安乡重家则敬上畏罪，敬上畏罪则易治也。民贫则危乡轻家，危乡轻家则敢凌上犯禁，凌上犯禁则难治也。"（《管子·治国》）民富，则拥有一定数量的能够赖以生存的私有财产，"民怀其产"就不会轻举妄动、铤而走险；民贫，"民不怀其产"（《管子·立政》）则无以为生，"贫则奸智生，奸智生则邪巧作"（《管子·八观》），国家虽严刑峻法，亦难以奏效。

但另一方面，《管子》又反对少数人过度富有，《管子·侈靡》指出：

> 用贫与富，何如而可？曰：甚富不可使，甚贫不知耻。

"甚贫"固不可取，"甚富"同样是有害的。一是"人心之变，有余则骄"（《管子·重令》），财富超过一定限度，同样会无视国家法令制度，为所欲为；二是钱能通神①，富人凭借经济实力，贿赂公行，扰乱吏治。官吏中又有不少人"贪于货贿，竞于酒食，不与善人，唯其所事"（《管子·四称》），听从有钱人的摆布。这样一来，天下没有不乱的。因此，《管子》主张，在财富分配上须掌握一个合适的度："贫富无度，则失"，"贫富失，而国不乱者，未之尝闻也"（《管子·五辅》）。

---

① 鲁褒：《钱神论》，《晋书·隐逸列传·鲁褒传》。

"甚贫"与"甚富"两极分化，势必引起争夺，这是十分危险的。故分配不合理是社会动乱的根源："夫民富则不可以禄使也，贫则不可以罚威也。法令之不行，万民之不治，贫富之不齐也。"（《管子·国蓄》）"齐"不是绝对平均，而是"维齐非齐"（《尚书·吕刑》），即财富分配差别不可过大，须在不齐中求齐，在不均中求均。

在《管子》看来，调节贫富差距，勿使社会出现两极分化，是国君不可推卸的职责。《管子·任法》指出：

> 故明王之所操者六：生之、杀之、富之、贫之、贵之、贱之。此六柄者，主之所操也。

若是人们的财富有"相百倍之生"，而"人君不能调"，是不可能实现"大治"的："凡不能调民利者，不可以为大治"（《管子·揆度》）。

4.4.2 管子形予实取的原则

天道是只予不取的："天生四时，地生万财，以养万物而无取焉"（《管子·形势解》）。然而，治理国家则不能无取，但应尽量效法天道："其收之也，不夺民财；其施之也，不失有德。"（《管子·小问》）

首先，以天下之财，利天下之人。

《管子》要求国君"薄税敛，毋苟于民"，"节饮食，搏衣服"，不可为满足自身的奢侈消费滥取民财。赋税收入应主要用于发展生产，改善人民生活："实圹虚，垦田畴，修墙屋"；或用于救灾赈穷："备饥馑，救灾害，赈疲露"。（《管子·五辅》）如果人民贫穷，统治阶级却骄侈淫逸，则为取之无道，必然招来祸患。

《管子》所制定的消费标准与墨子大体相同："宫室足以避燥湿，食饮足以和血气，衣服足以适寒温，礼仪足以别贵贱，游虞足以发欢欣，棺椁足以朽骨，衣衾足以朽肉，坟墓足以道记。不作无补之功，不为无益之事。"（《管子·禁藏》）

总之，无论取也好，予也好，都要从天下万民的利益出发。《管子·霸言》和《管子·版法解》说：

> 先王有所取，有所与，……以天下之财，利天下之人。
>
> 与天下同利者，天下持之；擅天下之利者，天下谋之。

其次，取于民有度。

度，即向人民征发赋税与徭役要有一定的数量限度，不能一味横征暴敛。《管子·权修》十分重视"度量"的作用，指出：

> 地之生财有时，民之用力有倦，而人君之欲无穷。以有时与有倦养无穷之君，而度量不生于其间，则上下相疾也……故取于民有度，用之有止，国虽小必安；取于民无度，用之不止，国虽大必危。

国君若只顾眼前利益"厚籍""重籍"于人民，则为无道。《管子·四称》批判无道之君："大其宫室，高其台榭……内削其民，以为攻伐，辟犹漏釜，岂能无竭。此亦可谓昔者无道之君矣。"《管子·轻重甲》把"无道之君"称为"国之大贼"，"夺于天下者，国之大贼也。"

在土地税方面，《管子·大匡》亦主张以什一为准："案田而税。二岁而税一，上年什取三，中年什取二，下年什取一；岁饥不税，岁饥驰而税。"在工商业税方面，原则上亦主张"关讥而不征，市廛而不税"（《管子·五辅》）。即使出于财政需要，亦不超2%："弛关市之征，五十而取一"（《管子·大匡》）。且反对重复征课："征于关者，勿征于市；征于市者，勿征于关。虚车勿索，徒负勿入。"（《管子·问》）

最后，取予有时。

古代农业社会，一切政治、经济、军事活动无不与农业相关，而农业的丰欠则取决于天时。故《管子》在取予方面十分强调"时"，《管子·禁藏》和《管子·宙合》分别说：

> 得天之时而为经。
>
> 不失其时然后富。
>
> 取与之必因于时也。时则动，不时则静。

管子"取予有时"思想主要包括以下三个方面内容。

其一，不夺民时。春种秋收是农业生产的规律，要"谨守其时"。春耕伊始，国家应积极帮助贫民，使农民免受高利贷剥削。此外，农忙季节切忌滥兴徭役，使"民无废事而国无失利"（《管子·国蓄》）。秋收季节，则"补人之不足"（《管子·戒》），视农事之丰欠而定赋税之厚薄。总之，"如以予人财者，不如无夺时；如以予人食者，不如无夺其事"（《管子·侈靡》）。不夺民时，就是对人民最好的赐予。

其二，赋税的种类与季节相配合。"春赋以敛缯帛，夏贷以收秋实。"（《管子·国蓄》）若是春"收谷赋"就是犯了"春禁"。《管子》时代实物是赋税的主要形式，强调允许人民以自己所持有的产品完税。

其三，纳税时间要相对固定，且放宽期限。"应声之征"或"上征暴急无时"，人民毫无准备，势必给高利贷者造成可乘之机："则民倍贷以给上矣"（《管子·治国》）。另外，税收的期限也应尽量放宽。收税的期限愈短，命令愈急，人民蒙受的损失愈大，且往往超过正税负担。《管子·国蓄》指出：

> 今人君籍求于民，令曰十日而具，则财物之贾（同价）什去一；令曰八日而具，则财物之贾什去二；令曰五日而具，则财物之贾什去半，朝令而夕具，则财物之贾什去九。

4.4.3 管子形予实取的方法

"形予实取"既不是只取不予，也不是假予真取。在取予的数量方面，取得多予得少，取予相抵，实际上是增益了一部分；在取予的形式方面，"予"明显而"取"隐蔽，实际上的"取"看起来像"予"。

首先，反对强制的取（征籍）。

强制征籍，主要指国家依靠行政命令强迫征收赋税。《管子》主张尽量以人民"所虑而请"，以自愿缴纳租税和租籍来代替强制征籍。强制征籍的害处有三：一是公开取之于人，易激起不满情绪，如《管子·海王》所说"使君施令曰：吾将籍于诸君吾子，则必嚣号"；二是强制征籍往往限制品种和时间，使人民的财物遭受重大损失；三是强制征籍妨碍社会经济的发展。如《管子·轻重甲》所举："籍于室屋……是毁成也；籍于万民……是隐情也；籍于六畜……是杀生也；籍于树木……是伐生也"。总之，强制征籍的方式不可取，应以自愿缴纳租税和租籍的形式取而代之。

其次，见予之形，不见夺之理。

《管子》还主张国家应尽量以经济收入取代强制的赋税收入。

一是官山海。即由国家（官）垄断生产经营矿冶业、林业资源（山）和食盐（海）。管子推算论证了由国家垄断山海之利的合理性。盐、铁是人们的生活必需品，生产相对集中，国家便于控制，可以专卖牟利。严刑峻法封禁山海，国家统一开采烹煮，不便官采的矿山，还可以允许私人承包，官民三七分成。国家基本垄断了盐、铁生产经营，寓税于价。盐铁专卖取得财政收入，并不增加赋税，老百姓看不到政府的"取"，"形予实取"相当巧妙。以国家经营盐铁的经济收入，取代强制征收的人头税，可取得"举臂胜事，无不服籍者"（《管子·海王》）的效果。此例是《管子》一书对"见予之形，不见夺之理"的最好说明。

二是市场商品交换。市场商品交换中，买卖双方要取得对方的商品或货币，就必须相应给予对方等价值的商品或货币，不可能只取不予。国有商业可以根据市场商品交换规律，利用相同商品的季节差价或不同商品的比价做到"形予实取"。例如，《管子·国蓄》提出"谷贱则以币予食，布帛贱则以币予衣"的主张。秋季粮价趋低时，国营商业以比市价较高的价格买进粮食；春季粮价趋高时，以比市价稍低的价格卖出粮食，一买一卖，从中获利。由于两次交易分期进行，从单次交易看，农民看不出被取，而认为对自己有利——价低时高价收购，价高时低价销售，是"予"了自己。

三是放贷与预购。管子不赞成人民过贫或过富，主张贫富有度，统治者对人民的财富要能做到"富能夺，贫能予"，国家运用价格政策，从投机商手中"夺"利，通过放贷和预购"予"民众利益。国家掌握一部分农业生产资料和生活资料，于农忙季节赊售或租给农民使用，对于谷物则"无本者予之陈，无种者予之新。"（《管子·轻重丁》）放贷与预购的具体措施如下：借贷农业生产资料和生活资料，将来用产品偿还，以免富商操纵；指令富商用现金或实物，借贷给农民；现金或实物的借贷，利率很低或不收利息；运用预购制度，先预付农民生产资金，即所谓"环乘之币"或"公币"（《管子·山国轨》），使农民不受高利贷的剥削。放贷与预购，缓解了借款者和预购者的燃眉之急。表面上是予，实际上隐含着取（息）。

最后，知予之为取者，政之宝也。

《管子》的取予之道，不仅重视"取"的方式和原则，而且在《管子·牧民》指出：

> 知予之为取者，政之宝也。

就是说，深知表面上看是予，而实际上却是取，这才是执政的精髓。因为取予关系是互相转化的，二者是辩证的统一。忽视作为手段的"予"，就难以达到作为目的的"取"。因此，《管子》运用"予之为取"执政之道，对贫苦农民及老弱病残者提出许多救济措施。

对有劳动能力的人，采取积极"予"的措施，以保证赋税来源。一是教育人民勤劳致富，即所谓"得人之道，莫如利之；利之之道，莫如教之以政"（《管子·五辅》）；二是积极兴修交通水利等基础设施，为人民致富提供条件，如"修道途、便关市、慎将宿"，又如"导水潦、利陂沟、决潘渚、溃泥滞、通郁闭、慎津梁"等。（《管子·五辅》）

对不具有或丧失劳动能力的人，采取消极"予"的措施。如《管子·五辅》说："养长老、慈幼孤、恤鳏寡、问疾病、吊祸丧"，或"衣冻寒、食饥渴、匡贫窭、振（通赈）罢（读疲）露"。《管子·山国轨》还提出以州里为单位设立"环乘之币"的设想，即以一州的土地人口为基准，"谨置公币"，作为周急赈穷的流动资金。

总之，国家通过积极和消极两类"予"的措施，既保障人民的生产活动，又保障人民的日常生活，使"饥者得食，寒者得衣，死者得葬，不澹者得振"（《管子·轻重甲》），从而达到国家税源充足、国泰民安的"取"的目标，真正体现了"知予之为取者，政之宝也"的精神。

4.5 白圭及先秦诸子取予思想的经营价值

4.5.1 先秦取予思想的经营方法论价值

从经营方法论的角度看，取和予，互相联系，互相作用，是矛盾的统一体。无论是经营活动的买方还是经营活动的卖方，都不能单方面地取或单方面地予，必须以让渡自己的货币或财物为前提，只取不予或只予不取都行不通。在取予矛盾关系中，其中予是矛盾的主要方面。在一定条件下，取和予可以互相转化，予可以促进取，或转化为取，成为取的一种手段，比单纯的取更有效。因而，经营者必须善于掌握取予辩证法，树立先予后取、因民之所利而利之、取与以时等经营理念，做到取和予的合时宜、合地利和合人情。

例如，管仲形予实取思想，就符合取和予对立面可以相互转化的辩证法道理。认为赋税的征收要懂得"将欲取之、必先予之"的道理。另一方面，百姓一旦富有，国家就可以多取，予又成了取。管仲告诫桓公说："无夺民时，则百姓富。"（《国语·齐语》）予正是为了取，没有予也就没有取，多予才能多取，只取不予，最终什么也取不到。管仲不仅认识到在取予关系上必须先予后取，取之有序，而且认识到必须取之有度，即主张征收要适度，要注意数量界限。又如，《列子·说符》记载，孙叔敖将死，告诫其子说："为我死，王则封汝；汝必无受利地！"即要求其子接受楚人、越人都嫌弃的"寝丘"地块。"孙叔敖死，王果以美地封其子，子辞而不受；请寝丘，与之，至今不失。"因为此地无人争夺，子孙永久拥有这块地。[1] 这个故事体现了孙叔敖"人弃我取"辩证思维方法的智慧。

4.5.2 先秦取予思想的经营理论价值

从经营理论的角度看，先秦取予思想，基于市场商品交换实践，符合市场商品供求规律。只要存在商品货币关系，存在商品生产和商品交换，其"欲取先予、惠而不费、形予实取、取予以时"等，都具有经营理论价值。

首先，吕不韦对白圭取与以时思想的发展。

《吕氏春秋》记载吕不韦的话说："民之情，贵所不足，贱所有余。"吕不韦深谙物以稀为贵的道理。某个物品供大于求，自然会贬值；而供不应求，则会升值。他囤积居奇、贩贱卖贵，成为赵国巨富。市场经济时代，产品的

---

[1]　杨伯峻前言、张震点校：《老子·庄子·列子》，岳麓书社 1989 年版，第 61 页。

价格主要由市场供求规律决定。产品供大于求，商家便不得不降价销售；产品供不应求，商家自然会提高价格。某一产品供大于求，其利润下降，生产者、销售者无利可图，生产者就会转产别的产品，市场产品实现供求平衡。某一产品供不应求，生产者、销售者提高产品价格，获得丰厚的利润，由此吸引更多的人生产、销售，这一产品便会多起来，多了就贬值，市场产品实现供求平衡。吕不韦的"贵所不足，贱所有余"思想，就是学习借鉴白圭"人弃我取、人取我与"经营思想的结果。

其次，历代理财家对先秦取予思想的发展。

西汉时的桑弘羊，最早吸收和发展管子的形予实取思想。他公开为重商辩解，重视国家利用市场、商业、贸易等调控经济，设置均输、平准，实行盐铁官营和酒类专卖。另外，汉代的耿寿昌、王莽，唐代的刘晏、白居易，宋代的李觏、王安石，明代的张居正，清代的包世臣、魏源等，也很好地继承和发展了管子的形予实取思想。

西汉时期的司马迁最先推崇白圭的取予以时思想，在《史记·货殖列传》中，认为白圭既有理论又有实践，是先秦有作为的货殖家。宋代的叶适、明代的邱浚、清代的唐甄等的经济思想，都不同程度地体现了白圭的"取予以时"思想。

4.5.3 先秦取予思想的经营实践价值

从经营实践的角度看，先秦取予思想，历久不衰，具有重大的经营实践价值。

明代开国功臣刘基，在《郁离子·灵丘丈人》中，记载两代养蜂户兴衰的故事。老养蜂者专设庭院，特制蜂房，精心照料，合理采蜜，得到可观的经济效益。而其子缺乏修整和管理，过量采蜜，蜜蜂逃逸，经营每况愈下。[①]经商如养蜂，先养好蜂后多取蜜，先服务后增利。符合先予后取、以予为取之道。

---

① 刘基著、吕立汉等注译：《郁离子》，中州古籍出版社 2008 年版，第 69–70 页。

　　高阳《胡雪岩》一书说，胡雪岩布衣出身，在钱庄当学徒而手头拮据时，就敢于为王有龄筹措 500 两银子捐官。他从钱庄一个小伙计开始，通过结交权贵，纳粟助赈，为朝廷效劳；洋务运动中，他聘洋匠、引设备，颇有劳绩；左宗棠出关西征，他筹粮械、借洋款，立下汗马功劳。几经折腾，他便由钱庄伙计一跃成为显赫一时的红顶商人。他构筑以钱庄、当铺为依托的金融网，创建药店、丝栈，既与洋人做生意又与洋人打商战。

　　荣氏企业创始人荣德生，晚年总结经营管理经验说：非常重视市场调查与预测，立足本地，推而至省，省至国，国至国际，均密察盈虚消长，记之于心，对市面升沉，颇有会通。凡吾所管，即得旨。[①] 荣氏企业另一位创始人荣宗敬，在运用白圭"人弃我取、人取我予"经营原则时，推陈出新，创造性地提出"人弃我取、将旧变新"的经营方略，主张举债收购因经营不善而陷入亏损、破产的企业，并更新其设备，恢复生产，将其纳入荣氏企业集团。荣氏企业采取这一经营方略，"以一文钱做三文钱的事"，[②] 企业规模不断扩展。

　　近代有不少实业家也曾采取过与荣氏企业相类似的经营手法，即低价买进破产企业，经过改造，待企业能正常运转后又高价卖出。时人称这种做法是"葬礼上买进，婚礼上卖出"。这实际上也是对白圭等倡导的人弃我取、贱取贵出等原则的创造性应用。

　　日本吉田公司董事长吉田雄，就是一位深谙取予之道的成功企业家。他提出的善之循环的经营哲学，就汲取了中国古代取予思想的精神养分。他认为，企业必须赚钱，但利润不可独吞。他将利润分为三部分：1/3 降价让利消费者，1/3 让利合作伙伴，1/3 为公司利润。善（种子）的播撒，人人获得实惠，形成善之循环。吉田雄白手起家，最终成为著名拉链制造商，其拉链产量占世界总产量的 35%。

---

① 荣德生：《乐农自订行年纪事》，上海古籍出版社 2001 年版。
② 林涤非：《李国伟——荣家企业创业人物之一》，《工商经济史料丛刊》第 3 辑，文史资料出版社 1984 年版，第 62 页。

5. 货殖家商争思想的兵法渊源

货殖家留下的思想资料主要集中在司马迁《史记·货殖列传》《史记·平准书》中，其主要代表人物是春秋战国之际的陶朱公和战国中期的白圭。货殖家学术思想的形成，除了春秋战国至西汉前期商业的空前发展，一大批有较高学术文化素养的人从事商业活动，从而出现经商与学术相结合等条件外，必然有一定的思想渊源，其中兵法渊源最有代表性。

5.1 商争与军争的比较

《货殖列传》引用货殖家白圭的话说：

> 吾治生产，犹伊尹、吕尚之谋，孙吴用兵，商鞅行法是也。

孙指孙武，吴指吴起，是春秋战国有名的兵家；伊尹、吕尚之谋，事实上也是战国兵家的一派，即兵权谋家。白圭的话表明，早在春秋战国时期，货殖家就把古代的军事理论用到商业经营上，白圭的商业经营之道或商业竞争之术主要来源于兵家。

5.1.1 军争与商争的同质性及特殊性

军争，是军事抗争的简称，军争决胜于战场，进行敌我双方的较量，是一种政治性对抗。商争，是商业竞争的简称，商争决胜于市场，专注于市场顾客的争夺，是一种经济性对抗。军事学上某些基本原理和市场竞争原理有相通的地方，但"从行为学的观点看，竞争与战斗有基本的不同。"[1]军争与商争的同质性和特殊性，必须辩证分析。

首先，军争与商争的同质性。

杨先举比较商争与军争，认为二者有"同"的一面，也有"不同"的一面。[2]本书把军争与商争的同质性主要概括为以下六个方面。

其一，相互对抗的同质性。无论是军争还是商争，都是一种对抗行为，一样是面临残酷的竞争和生死成败的莫测命运，都想通过击败对手，以获取有利地位或保全自己；抗争都有一个抗争价值观，抗争方针，抗争目标问题；都追求"胜"，而胜的获得首先靠运筹。

其二，组织管理的同质性。军事作战必须有良好的组织管理，一盘散沙式的队伍是不能战胜敌人的。商业竞争也要求有高效率的组织与管理。在组织与管理中，无论是兵战还是商战，领导者的领导力都是决定成败的关键，但都不能忽视士兵和员工的素质的作用。

其三，"先胜后战"的同质性。军事抗争和商业竞争都需要战略与战术，要在"知彼知己"的基础上，遵循"先胜后战"原则。通过运筹与准备，把握制胜因素，才能百战不殆。要打有准备之仗，不打无把握之仗，庙算要根据这样的"胜战"思想行事。"胜兵先胜而后求战，败兵先战而后求胜"(《孙子·军形》)。善于打胜仗的军队，总是先创造致胜的条件。然后才同敌人交战，相反，打败仗的军队却是先作战，妄图侥幸求胜。"先胜后战"是战争制胜规律，也是做任何事，包括商业经营的成功规律。

其四，信息需求的同质性。兵战需要军事方面的情报，"未战而庙算胜"，要不惜力量收集情报，以充分掌握敌情。同样，商业竞争也需要市场信息。"知己知彼，百战不殆"之理相通。商业经营决策如同作战用兵，其前提是收

---

① 路德维希·冯·米塞斯，夏道平译，吴慧林校订：《人的行为》，上海社会科学出版社 2015 年版，第 114 页。
② 杨先举《老子柔论与管理谋略》一文，把商争与军争"不同"概括为六个方面：抗争的主体不同，抗争的对象不同，抗争时较量关系不同，抗争的内容不同，抗争的时限不同，以及抗争的规划不同。游汉明：《华人管理之挑战：管理学本土化之验证》，香港城市大学商学院华人管理研究中心 2001 年版，第 136-150 页。

集准确的情报信息。国外把《孙子兵法》译为 "The art of war by Sunzi"，就是"孙子的战争艺术"。在日本，企业家特别重视《孙子·用间》。《孙子·用间》实际上谈的就是怎么样用最聪明的人，来获取最重要的信息，孙子说过"唯有上智为鉴者"。

其五，谋略策略的同质性。"市场犹如战场"，"商战犹如兵战"，二者都受优胜劣汰规律的制约，竞争都有残酷性，都要借助谋略、策略以制胜。《孙子·兵势》说：

> 凡战者，以正合，以奇胜。故善出奇者，无穷如天地，不竭如江海……奇正之变，不可胜究也。

出奇制胜是军事行动的常法，也是商业经营竞争争取主动、夺取胜利的重要方法。出其不意，攻其不备，乃取胜之道。在经营管理活动中，亦要采取不同于别人的战略和策略，以在商战中取得主动权。此外，抗争中还要注意其他抗争策略，如迂直策略、虚实策略、攻守策略、分合策略、时效策略、划交策略等。

其六，"权变"致胜的同质性。不管军争还是商争，和时势的关系都很密切，都讲求应变制胜，都必须遵循"权变"原则。变是世界的本质，是事物运动的反映，是事物存在的根据。"庙算"要反映事物变化的实质，以"权变"为原则进行"庙算"。商业经营环境多变，商战也要像兵战一样以变应变。根据组织所处的政治、经济、文化、技术等大环境的变化而变化，根据组织所处的具体工作环境，即所谓小环境，诸如竞争者、消费者（顾客、用户）、原材料供应者、交通运输部门等协作者的变化而变化。但变也是相对的，要讲适当稳定，不能乱变。

其次，商业竞争的特殊性。

商业竞争还必须把握以下三个特殊性。

其一，商业竞争必须遵循客观经济规律。重点是三大经济规律：劳动价值规律，商品供求规律，顾客购买心理活动规律。

其二，商业竞争的着眼点是顾客。在买方市场条件下，竞争表象看是商家与商家较量，实际上却受第三者——顾客所左右，双方的较量是争夺消费者的较量，消费者青睐谁，谁就胜。顾客的权威是绝对的，是商业竞争的

"主宰"。因此，顾客是商业竞争的起点和着眼点，企业首先必须抓住顾客，同时兼顾竞争对手的动向。

其三，商业竞争要紧紧把握竞争的两把利刃——商品和服务，并做好这两把利刃的工作。

综上所述，商争除了具有本身的特殊性外，与军争一样，同属于抗争的重要形式，二者具有内在的同质性。

5.1.2《孙子》等古代兵法 [①] 商争应用的理论基础

古人云，兵法可为王者师。其实，兵法亦可为经营者师。

首先，《孙子》的商争运用现状。

2500多年来，《孙子》的精义广泛应用于政治、外交、企业经营、市场竞争等，早已超出军事领域，并远播海外。

日本企业家将《孙子》奉为至宝。把《孙子》的原理原则应用到企业经营管理中，始于日本的管理学者和企业家。日本著名经营评论家大桥武夫，第二次世界大战后，由军界转入企业界，以《孙子兵法》思想挽救濒临倒闭的企业，并将其成功经验写成《用兵法经营》一书，引起经营界的巨大反响，成为1962年日本畅销书。他还成立了兵法经营事务所，几十年来，为企业作了数千次专题演讲，并写出一部长达10卷的《兵法经营全书》。他以其成功的实践证明："这种经营方式比美国企业经营更合理、更有效"。他曾多次坦言："我就是靠《孙子兵法》发财！"著名经济评论家大前研一把《孙子》奉为"最高的经营教科书"。他说："经过长时间的思索和调查，我终于找到了一本教科书，这就是《孙子》。"日本索尼公司董事长井深大直言，索尼45年的历史，就是"以正合，以奇胜"的历史。

美国不少企业家酷爱研读《孙子》，并将《孙子》视为现代企业商战的

---

① 本章所指的我国古代兵法著作包括《孙子》、《吴子》、《司马法》、《尉缭子》、《六韬》、《三略》、《唐李问对》以及《孙膑兵法》。除《三略》引自《武经七书注释》(《中国军事史》编写组)，解放军出版社1986年版外，其他皆引自陈子宏等注释：《中国兵书十种》，湖南出版社1993年版。

"金科玉律"。美国北卡罗莱纳大学教授克劳德·小乔治的《管理思想史》和俄克拉荷马大学教授胡伦的《管理思想的发展》，都十分推崇孙子兵法的管理思想。美国哈佛大学商学院要求学生背诵《孙子》的重要章节。汽车界风云人物，美国通用汽车公司董事会前主席罗杰·史密斯，酷爱《孙子》，这位"有战略头脑的计划者，从2000多年前一位战略家写的《孙子兵法》中学到了东西。"美国政要尼克松，基辛格，布什，布热津斯基，也十分青睐《孙子》。

其次，古代兵法商争应用的理论基础。

第一，古代兵法是博弈之学。商业竞争是一种抗战，一种对抗，一种博弈。《孙子》等古代兵法，底蕴精博、深邃，不仅揭示了军事规律，而且充满人生智慧，包含深刻哲理，自然可以成为商业竞争的重要借鉴。

第二，古代兵法是谋略之学。战争讲运筹帷幄，商战也要讲决胜千里。比如，谋道就是谋正确的价值追求，谋天地就是谋良好的生存发展环境，谋将就是要培养和选拔得力的商业领导人，谋法就是谋求组织制度建设的日臻完善。《孙子》等古代兵法，都有可鉴之处。

第三，古代兵法是统御之学。军队有组织，商业靠团队，故可共享。兵法中所讲的带兵、治军、指挥、组织等道理，比如，《孙子·兵势》的"治众如治寡，分数是也。斗众如斗寡，形名是也"，其中的"治"就是指治理，"斗"就是指指挥。"分数"就是组织，"形名"指的是指挥信号。商争也存在治众、斗众、分数、形名等管理问题，从中可以汲取智慧营养。

第四，古代兵法是造势之学。军争和商争都要求造势，构筑强大的抗争形态，都需要古代兵法的睿智指导。兵法《兵势》《地形》就专门讨论这方面问题，所谓："善战人之势，如转圆石于千仞之山者，势也。""势"就像一块从万丈高山往下滚动的巨石所产生的力量。军争要造势，以兵临城下之势迫使敌人投降。商战也要造势，以强大的攻势占领市场。

第五，古代兵法是哲理之学，包含丰富的辩证法思想。孙子主张"先知"者胜，反对"取鬼神"，讲迷信，《孙子》全书有几十对的对立统一概念，用以分析问题，如形势、奇正、虚实、迂直等，这样的哲理观非常值得商家学习。

5.2 货殖家商争思想的孙子兵法渊源 ①

陶朱公、白圭等货殖家在货殖实践以及创立货殖家学说中，注意吸收、借鉴、移植和改造兵家的思想，具有必然性。陶朱公、白圭等的货殖思想在许多重要方面，受兵家学说尤其是"东方兵学鼻祖"《孙子》的影响。货殖家商争思想与孙子兵法的联系，主要包括以下四个方面：军争"任势"与商争"任时"；"兵之情主速"与"趋时若猛兽挚（鸷）鸟之发"；军争"取与观"的启示；"将帅五德"与"商才四品"。

5.2.1 从军争任势到商争任时

《孙子·兵势》中说：

> 善战者，求之于势，不责于人，故能择人而任势。

军争讲"势"，善于指挥作战的人，利用形势去寻求胜利，而不苛责部属。势，是一种突发的冲击力量。将帅在军争中，要发挥主观能动性，在军队的组编、指挥、战法和部署上形成一种"势险节短"压倒敌人的态势，从而迸发出一种锐不可挡的冲击力量，来战胜敌人。

谈到"势"的概念时，孙武用了两个比喻。一是孙武以水能浮动石块比喻"势"，他说"激水之疾，至于漂石者，势也"。静止的水绝对没有力量使石块浮上水面，但湍急的水流则可以使石块漂移。二是以老鹰能够折断地面上的小动物比喻"势"，他指出"鸷鸟之疾至于毁折者，节也"，老鹰之所以能够折断地面上的小动物，是因为它高飞而下时能适时地调节远近。

孙子关于"势"的以上两个比喻给货殖家以很大的启示，在商争中应善用时机、节奏感与切入点，并密切注意商业经营的环境气势。《货殖列传》中

---

① 吕庆华：《论货殖家商争思想的孙子兵法渊源》，《生产力研究》2001 年第 5 期。

陶朱公援引"计然之策"说：

> 与时逐而不责于人。故善治生者，能择人而任时。

商争重"时"，善于经商的人，利用买卖的好时机，根据市场行情获取利润，并善待员工。"时"，指时间，时候；季节；时代，时世；时势，时机；时宜，合于时宜等。[①]"时"，对于商人来说，就意味着财富，意味着金钱。

陶朱公是"知时"的行家，所以他既能治国，又能发家。在辅佐越王勾践报会稽之耻时，他推举文种掌管国政，自己管治军队。吴王夫差杀贤臣亲佞臣，勾践问他可否起兵伐吴，他认为时机未成熟，及吴王夫差北上争霸，后方空虚，他认为时机已到，建议勾践起兵，越终于灭吴称霸。陶朱公弃官（军）从商后，以其卓越的军事才能和"知时"本领，运用"计然之策"很快发家致富。

"贱买贵卖，是商业的规律"，[②]在商业竞争中要始终做到贱买贵卖，关键是要"知时"。货殖家所认识的"时"，主要是指市场行情变化的趋势和规律性。

首先，商品价格变化的规律是"贵上极则反贱，贱下极则反贵"，价格上升到上限就下降，下降到下限就上升，物价由贵到贱，由贱到贵不停运动。

其次，商品贵贱变化源于商品供求状况。"论其有余不足，则知贵贱。"商品供过于求——有余，价格下降；商品供不应求——不足，价格上升。

再次，农业生产的丰歉情况决定市场商品供求状况，进而决定市场物价高低贵贱。物价的周期变化，归根结底由农业生产的丰歉循环规律决定。"故岁在金，穰；水，毁；木，饥；火，旱。六岁穰，六岁旱，十二岁一大饥。"农业生产的丰歉变化是六年一小循环，十二年一大循环。因此，农业产量也由多到少，由少到多周期变化。

最后，物价的高低变化是可以预测的。一是观测岁星方位推测农业生产丰歉，进而推测物价高低，丰年农产品价格下降，其他产品的相对价格上升；歉年相反。二是分析具体产品上市量推测商品价格，上市量增多则价格

---

① 夏征农主编：《辞海》，上海辞书出版社1999年版，第1669页。
② 马克思：《资本论》（第3卷），人民出版社1975年版，第368页。

下降，上市量减少则价格上涨。三是如果某种商品的价格现在高涨，就预示着它的价格将来要下降；反之则上升。

军争讲"势"，商争重"时"。如果用"任势"代替"任时"，把"善战者"换成"治生者"，那么《孙子·兵势》中的引文——"善战者，求之于势，不责于人，故能择人而任势"，就和《史记·货殖列传》中的引文——"与时逐而不责于人。故善治生者，能择人而任时"，在文字、语气方面，都基本上无所区别了。

这明确地表明了货殖家商争"任时"思想的《孙子》渊源。

5.2.2 兵之情主速与趋时若猛兽挚鸟之发

《孙子》强调作战应遵循"速胜"原则，《孙子·作战》说："兵闻拙速，未睹巧之久也"。如果与敌军长期苦战，必然消耗大量人力、物力、财力等资源，使国家财政枯竭。因此，用兵贵于速胜，而不贵于持久，即所谓"兵贵胜，不贵久"。《孙子·九地》还主张：

> 兵之情主速，乘人之不及，由不虞之道，攻其所不戒也。

用兵的规律，要求迅速，乘敌人措手不及，走敌人意料不到的道路，攻击敌人没有戒备的地方。

《货殖列传》传述白圭时说：

> 趋时若猛兽挚（鸷）鸟之发。

白圭主张在预测市场供求趋势，看准市场行情之后，要迅速、及时地行动，这正是"兵之情主速"这一用兵"速战"原则在商争中的具体运用。商争和军争一样，在未开战之前，要经过市场竞争态势的估测和规划，如果有把握取胜，便迅速集中足够的行销力量，一鼓作气，掌握市场良机，快速进攻，在较短时期内获得市场竞争的胜利。如果过度谨慎，坐失良机，长期与竞争对手短兵相接，必然耗损企业资源，精疲力尽，甚至为竞争对手所击败。

白圭经商善于把握市场商品购进、商品销售时机。商品购进的最好时机，是这种商品价格处于市场最低点的时候；而商品销售的最好时机，是这种商品价格处于市场最高点的时候。这样，商业经营者，购进商品于"贱下极"之时，销售商品于"贵上极"之时，购进价和销售价差距最大，获利最丰。但是，根据"贵上极则反贱，贱下极则反贵"的市场商品价格变化规律，商品价格的最高点和最低点，往往稍纵即逝，难以把握。如何运用市场商品价格变化进行商品购销运营呢？"计然之策"认为，可以运用"贵出如粪土，贱取如珠玉"之"贵出贱取"原则。商家抢购和抛售商品，要像猛虎扑食、雄鹰搏兔，迅雷不及掩耳，无往而不胜。

陶朱公也强调"与时逐而不责于人"，善于分析市场行情，捕捉商机。必须注意的是，不管是白圭的"趋时"还是陶朱公的"与时逐"，都不仅强调商业经营决策的及时、迅速，而且要求准确。商机的判断如果不准确，抢购和抛售的时机有误，那么及时、迅速就成了蛮干，南辕而北辙，必然失败。因此，准确的判断和敏捷的行动应该是统一的。

5.2.3 军争取与观的启示

《货殖列传》记载了货殖家白圭的著名论断：

> 人弃我取，人取我与。

可以说，这句话是直接从孙子兵法中汲取来的。孙武在同吴王讨论兵法时曾说：不可贸然强攻已占据有利地形的敌军，而要设法引诱敌人脱离阵地，以便在运动中攻击、消灭敌人。孙武概括这种作战方法为：

> 人欲我与，人弃我取，此争先之道也。①

《孙子》实际上已吸收了道家的成分，②此语可能演绎于《老子》第36章："将欲夺之，必固与之"。

---

① 严可均辑：《全上古三代文》卷5，商务印书馆1999年版。另见《通典》卷159，《孙子·何氏注》。

② 闽建蜀：《孙子兵法的竞争模式》，见游汉明：《华人管理之挑战：管理学本土化之验证》，香港城市大学商学院华人管理研究中心2001年版，第182页。

管子也曾运用："见予之形，不见夺之理"①（《管子·国蓄、轻重乙》）这一商业流通策略，通过市场商品交换、"官山海"、放贷和预购等具体方法，处理商品流通中的"取与矛盾关系"，实现治国方略。"取与矛盾关系"的主要方面在于"与"，因此管子说"知予之为取者，政之宝也"。（《管子·牧民》）

白圭对"仁"的解释是"能以取予"，即善于处理"取"和"予"的关系。经商要获利，要"取"，首先就必须"予"。在商品交换中，商业经营者要让渡给顾客物美价廉的商品；要诚实守信；要让利销售以吸引顾客重复购买，实行薄利多销；有时甚至要向竞争对手让一些利益，以求共存共荣，独家吞利，逼急了竞争对手，自己也会遭殃，即所谓"分利则兴，并利则亡"；还要根据实际情况，向其他如运输、通讯等部门让利。对商业内部员工，则要给予合理报酬或付给一定的生活资料。"予之"是为了"取之"，让利是为了获利。

总之，"仁能以取予"，把"予"巧妙地转化为"取"，是白圭经商致富的过人之处。

战国时商人都以贱买贵卖取利，如"秋籴以五，春粜以束，是又倍贷也"。（《管子·治国》）秋收时以五匹布收购粮食，到来年春耕出售时卖得十匹布，一转手就获得一倍之利了。故有人说："夫良商不与争买卖之贾，而谨司时，时贱而买，虽贵已贱矣；时贵而卖，虽贱已贵矣。"（《战国策·赵策三》）

白圭根据农业丰歉循环学说推测市场供求，取（购）与（销）以时，虽然没能像今日天文学界知识预测准确，但仍然具有借鉴意义，其"取与观"思想的《孙子》渊源更值得深入研究。

5.2.4 将帅五德与商才四品

《孙子》特别重视将帅的地位、作用和素质修养问题。孙武在《孙子·始计》中把将帅看作战争胜负的五个因素之一，视为"校七计"中的一计，把

---

① "予"通"与"，指授与、给予。

"将孰有能"视为对比敌我双方力量的主要因素。孙武在论证选拔优良将帅问题时，提出"将帅五德"说，认为：

> 将者，智、信、仁、勇、严也。

宋刊《十一家注孙子》张预说："五德皆备，然后可以为大将。"另《十一家注孙子》王晳解释道："智者，先见而不惑，能谋虑，通权变也；信者，号令一也；仁者，惠抚恻隐，得人心也；勇者，徇义不惧，能果毅也；严者，以威严肃众心也。"①《孙子》的"五德"是对军事将帅提出的素质要求。

军争对将帅素质的要求，能否运用于商争呢？答案是肯定的。《货殖列传》中记载了货殖家白圭的"商才四品"说。白圭认为货殖家（商才）从事商业经营管理时，除了分别合理运用政治家的纵横捭阖才能，军事家的用兵之道，法家的赏罚之术，还必须具备智（智谋）、勇（决断）、仁（仁义）、强（坚强）四个方面的才能和素质。他说：

> 其智不足与权变，勇不足以决断，仁不能以取予，强不能有所守，虽欲学吾术，终不告之矣。

意思是说，一个人如果不具备"商才四品"——智、勇、仁、强，既学不到他的经商术，也称不上是经商人才。

白圭"商才四品"中的"智、勇、仁"三品直接移植于《孙子》"将帅五德"，"强"可以看出是脱化于"将帅五德"之"信、严"二德。白圭所说的"强"，是指能够"有所守"，即能坚持。坚持包括：对顾客坚守信用；对内管理坚持规章制度，信赏必罚；坚忍不拔地贯彻正确的决策等。可见，白圭所说的"强"已包括"信"和"严"的基本内涵。

《孙子》"将帅五德"用于工商业领导者，李世俊等提出企业领导五德：

---

① 《十一家注孙子》是孙子兵法的重要传本之一。一般认为它来源于《宋史·艺文志》著录的《十家孙子会注》，由吉天保辑。注家为：曹操、梁孟氏、李筌、贾林、杜佑、杜牧、陈皞、梅尧臣、王晳、何氏与张预。可能刊于南宋孝宗年间，现存主要版本有：宋本《十一家注孙子》，中华书局于1961年影印本、上海古籍出版社1978年重印本。宋本《十一家注孙子》，在许多方面长于他本，对孙子兵法校勘有重要价值。

"智：智谋才能，专业水平，思维能力，预见能力，判断能力，应变能力；信：言而有信，信赖下级；仁：关心、爱护、体谅下级；勇：处事果断，能不失时机地决策与行动，勇于改革和创新；严：严以责己，赏罚严明。"[①] 结合白圭"商才四品"说，分述如下。

首先，"智足与权变"，是对商业经营者的第一要求。

市场竞争无情，商情变化莫测。商业经营者必须善于分析市场行情，预测市场形势，足智多谋，作出正确的经营战略决策。在实施企业经营决策、开展市场竞争时，还要求商业经营者随机应变，遵循商争"权变"原则。商争权变因时因地，应环境的变化而变化，影响商争变化的环境因素包括政治、经济、科技、人文等宏观环境因素和顾客、用户、消费者、竞争对手情况等微观环境因素两个方面。商争"权变"原则，客观上要求处理好商业经营战略上的稳定性和战术上的灵活性的关系，制定战略计划的时候就应该考虑到计划期的变化因素，计划要留有余地。

其次，"勇足以决断"，要求商人行动果敢，勇于决策。

由于市场信息的不确定，经商谋利的风险总是存在的。风险与利润常常成正比，某些风险大而获利也大的商业决策，必须果敢、迅速，否则就要坐失良机。当然，要使决断准确，光有勇气是不够的，还必须拥有足够的决策信息。准确的决策一旦作出，就要有勇气坚决地实行，如"猛兽挚（鸷）鸟之发"，果断而勇猛。

再次，"仁能以取与"，要求商人能以予为取。

对员工要关心爱护，给予较优厚的物质报酬和精神激励，充分发挥员工的劳动积极性，提高企业的经济效率和社会效益，做到先予后取，取予有术；对用户、消费者要求以合理的价格、优质的产品和服务、可靠的信誉为介质，给予等价值或超价值的利益，商业经营者因而从不断拓展的业务交易中，获得长远的利益。

最后，"强能有所守"，要求商人有坚强的意志，坚守信用，严守规章。

智者千虑必有一失，任何有才能的经营者，不可能都一帆风顺。只要意

---

① 李世俊、杨先举、覃家瑞：《孙子兵法与企业管理》，广西人民出版社 1984 年版。

志坚强、诚实守信、遵守商规，就一定能取得胜利。白圭经商不辞辛苦，意志坚强，能够"薄饮食、忍嗜欲、节衣服，与用事僮仆同苦乐"，成为后世商人学习的榜样。

5.3 中国古代兵法军队治理思想的公司治理启示 [①]

中国古代兵法认为在"军队治理"中"将"先于"法"，强调代理人的忠信、智能和气魄，注重委托人与代理人之间的良好关系。通过对"人的因素"的重视，摆脱了原有治理系统中"契约不完全"的制约，克服了"经济人假设"的不足。其中蕴涵着丰富的治理智慧，为代理问题提供了一个系统性的解决方案，同时也揭示了公司治理理论和实践的创新思路。

5.3.1 军队治理与公司治理

Berle and Means（1932）及 Jensen and Meckling（1976）认为，公司治理应致力于解决所有者与经营者之间的关系，其焦点在于使所有者与经营者的利益相一致。Fama and Jensen（1983）进一步提出，公司治理研究的是所有权与经营权分离情况下的代理人问题，其中心问题是如何降低代理成本。Oliver Hart（1995）在《公司治理：理论与启示》一文提出公司治理理论的分析框架，认为代理问题和契约的不完全性是公司治理存在的条件和理论基础。

传统（狭义）的公司治理所要解决的主要问题是所有权和经营权分离条件下的代理问题。通过建立一套既分权又相互制衡的制度来降低代理成本和代理风险，防止经营者对所有者利益的背离，从而达到保护所有者的目的。作为一个新兴管理理论问题，公司治理是西方学者在 20 世纪 80 年代前后提出的，但是"代理问题"则早已有之，而且并不局限于公司领域。

---

① 本节的合作者郭焕，为华侨大学企业管理专业 2006 级研究生。

中国传统文化历史悠久，博大精深的传统文化中蕴涵着丰富的智慧。《史记·孙子吴起列传》载："孙子曰：'臣既已受命为将，将在军，君命有所不受'"。《孙膑兵法·[将德]》认为："君令不入军门，将军之恒也"。可见，一方面，中国古代军队存在所有权和指挥作战权相分离条件下的代理问题；另一方面，《尉缭子·将令》说："将军受命，君必先谋于庙，行令于廷"，存在"谋"与"令"的不完全，即存在契约的不完全性。所以，按照 Oliver Hart 的观点，中国古代军队同样存在军队治理。

我们认为，中国古代兵法蕴涵的"军队治理"思想，对现代公司治理的实践和理论研究具有启示作用。其中，中国古代军队和现代公司中最基本的委托—代理关系如图 5.1 所示。

图 5.1 中国古代军队治理和现代公司治理的委托—代理关系

无论是狭义还是广义的公司治理，都力图通过一套制度或机制来解决代理问题。与之相比，中国古代兵法为解决"军队代理"问题，除了军队组织结构和机制的构建，还特别强调"择将"，即重视代理人的选择。

下文在归纳以《孙子》为代表的中国古代兵法"军队治理"思想的基础上，分析其中蕴涵的治理智慧，并从中获得对公司治理的启示。

5.3.2 中国古代兵法的军队治理思想

首先，"将"先于"法"。

中国古代兵法大多强调"将"的重要作用。例如，《孙子·谋攻》说："夫将者，国之辅也。辅周则国必强，辅隙则国必弱"；《吴子·论将》说："得之国强，去之国亡，是谓良将"；《六韬·论将》说："存亡之道，命在于将"；《三略·上略》说："夫将者，国之命也"。

中国古代兵法一般遵循"将"先于"法"的思考顺序，即先论"将"，再论"法"。《孙子·始计》所谓"经五事",即"一曰道,二曰天,三曰地,四曰将,五曰法……将者,智、信、仁、勇、严也。法者,曲制、官道、主用也。"所谓"将"是强调将领的个人素质,所谓"法"是指军队的组织编制、官吏的职责区分、后勤供应的管理制度等。除了"经五事",《孙子》"校七计"中"将孰有能"亦先于"法令孰行"、"赏罚孰明"。

又《尉缭子·天官》先论"天官时日不若人事也""谓之天官,人事而已",强调人的作用;《兵谈》先论"将",《制谈》后论"法","凡兵,制必先定"。《六韬》先有"上贤""举贤",后有"赏罚"。《吴子·图国》先记载"世不绝圣,国不乏贤,能得其师者王,能得其友者霸",强调人才的作用;《吴子·治兵》后论"若法令不明,赏罚不信,金之不止,鼓之不进,虽有百万,何益于用?"强调法令的作用。

综上所述,中国古代兵法通常先论"将""人",后论制度,所谓"将"先于"法",体现了对"将"的重视以及中国古代军事家与西方管理学家思维方式的不同。

其次,择将标准。

既然"将"如此重要,择将必须严格。从治理的角度,可以把中国古代兵法中的择将标准归为三类:敢于相托之忠信,值得托付之智能,勇于受托之气魄。

其一,敢于相托之忠信。为"将"必忠信,"君"才敢于把军队指挥大权相托付。忠信,即忠诚、诚信。选择忠于国、忠于君、言而有信的将领,能更好地规避军队代理的道德风险,使"将"与"君"的目标函数最大限度地相一致,为"君主"之利而战。

《孙子》把"信"和"仁"列于将帅的五德之中;《孙膑兵法·篡(选)卒》认为择将标准有三:"一曰信,二曰忠,三曰敢";《六韬·论将》认为"将"有"五材",即"勇、智、仁、信、忠"。另外,"将"除了对上要"忠信",对下也要"制士以权,结士以信,使士以赏"。(《三略·中略》)

其二,值得托付之智能。为"将"需有智能,才值得君主委以重托。智能,即智慧、能力。选择富于智慧、精于作战和谋略的将帅,能更好地保证战争胜利,给君主以更多回报。《孙子》认为"智"是将帅必备的五德之一,为"将"要通晓"用兵之法",需有"知己知彼""知天知地"之能；"修道而保法""能为胜败正"之智；"治众""斗众"之能；"择人而任势"之智等。

此外，《六韬·大礼》认为将领"目贵明，耳贵聪，心贵智"。对"为将"所需之智能，《三略·上略》做了更详细的描述："将能清，能静，能平，能整，能受谏，能听讼，能纳人，能采言，能知国俗，能图山川，能表险难，能制军权"。

其三，勇于受托之气魄。为"将"要有勇于担当风险责任、勇于开拓的气魄，才能"勇于受托"，促成委托代理关系的实现。"勇"也是《孙子》所称将领的"五德"之一。《吴子·论将》认为将领"然其威、德、仁、勇，必足以率下安众"。《司马法》把"勇"列为"六德"之一。《六韬》亦把"勇"列为"六守"之一。《孙膑兵法·八阵》认为"智""勇""知道"兼备，"此王者之将也"。《三略·上略》说："虑也，勇也，将之所重"。

又次，君臣关系。

《孙子·谋攻》认为"上下同欲者胜"，即君主和将领上下一心、相互信任，国家和军队才能强大。《唐李问对·卷下》认为"用众在乎心一，心一在乎禁祥去疑"，即主将相互信任，无所疑忌；《三略·中略》认为"君无疑于臣，臣无疑于主，国定主安"。

另外，《尉缭子·武议》认为将领要有充分的自主权，所谓"将者，上不制于天，下不制于地，中不制于人"；《孙子·谋攻》认为"将能而君不御者胜"；《孙膑兵法·篡（选）卒》在"五胜""五不胜"中指出，"左右和，胜"、"御将，不胜"，即国君减少对"能将"的干预，能够降低代理成本和代理风险，有利于将领才能的充分发挥。

可见，良好的君臣关系可以归纳为：第一，上下同欲、君臣无疑；第二，将能而君不御。

再次，军中之制。

和现代公司治理理论一样，中国古代军事家同样也重视军队治理中的制度建设。例如，《尉缭子·制谈》谈制度的重要性，认为"凡兵，制必先定。制先定则士不乱，士不乱则刑乃明……民非乐死而恶生也。号令明，法制审，故能使之前。明赏于前，决罚于后，是以发能中利，动则有功"；在《伍制令》和《束伍令》中又多次强调"军中之制"，所谓"军中之制"主要就是指军队的组织结构编制、犯禁者的惩罚制度和有功者的奖励制度。

又如,《司马法·严位》强调军队的组织编制和职责要严格、明确,"凡战之道,位欲严,政欲栗,力欲窕,气欲闲,心欲一……等道义,立卒伍,定行列,正纵横,察名实。"

最后,中国古代兵法军队治理思想与现代公司治理思想的不同。

中国古代兵法的军队治理思想与现代公司治理思想相比,有以下三点不同。

其一,"将"先于"法",认为称职的代理人是制度充分发挥作用的基础。

其二,不仅强调代理人的能力因素,如智能、气魄,而且强调代理人的道德因素,特别是"忠信"。

其三,重视"君"与"将"的关系,认为委托人和代理人之间上下同欲、相互信任的良好关系,是解决代理问题的重要因素。君臣之间上下同欲、相互信任的良好关系,不仅是对代理人的人情和道德约束,而且体现了代理人对组织文化的认同。

针对以上三点不同,下文通过分析制度解决代理问题的缺陷、治理系统中人的因素的作用,包括代理人的素质、人际关系和组织文化认同,揭示中国古代兵法的军队治理智慧。

5.3.3 中国古代兵法军队治理思想蕴涵的治理智慧

首先,制度解决代理问题的缺陷。

运用彼得·圣吉在《第五项修炼》中提出的系统基模来描述公司治理系统,则现有的公司治理系统在某种程度上是"舍本求末"(shifting the burden)基模和"成长上限"(limits to growth)基模的组合[1],如图 5.2 所示。

---

① 彼得·圣吉:《第五项修炼》,上海三联出版社 2002 年版,第 123-128 页。

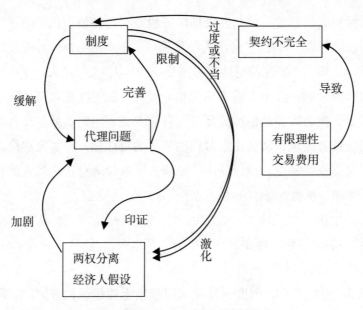

图 5.2 现代公司治理系统基模

企业契约理论认为，企业不是物质资产的简单聚合，而是由股东、债权人、企业职工、供应商、顾客、社区等利益相关者组成的多边契约的集合体，是一个人力资本和非人力资本的特殊契约，是一系列不完备契约的有机组合。按照企业契约理论观点，企业制度就是这一系列不完备契约的一种表现形式。公司治理结构和治理机制是现代企业最基本的制度安排。

虽然制度安排可以缓解代理问题，但是由于有限理性和交易费用的存在决定了"契约的不完全"，而"契约的不完全"又将导致"制度的不完全"。即单靠制度不可能完全解决公司治理的主要问题，从而有必要引入非制度因素。如图 5.2 所示，"契约不完全"是依靠制度解决代理问题的限制因素。

其次，人的因素。

其一，公司治理的经济人假设。"经济人"是公司治理理论的前提假设。代理问题是公司治理要解决的主要问题，而"经济人"假设是委托代理理论建立的一个重要前提。在经济人假设的基础上，Mirrless（1974、1975、1976）建立了标准的委托人——代理人模型，认为代理人和委托人追求各自效用最大化，但是双方有不同的效用函数，以此来研究非对称信息下的激励模型和监督约束机制。而传统的公司治理是指所有者对经营者的一种监督与制衡机制，其目标就是要通过一种制度安排保证股东利益的最大化，防止经营者对所有者利益的背离。可见，"经济人"是公司治理理论隐含的前提假设。

但是，代理人并不能简单地被看作是"经济人"。代理人由于受到受教育水平等因素的影响，其个人需求层次相对较高，除了注重自身经济利益，还有成就需要、权力需要和情谊需要，更符合麦克利兰的成就需要理论。代理人有较高的成就需求，就会注重对代理事务的责任感，努力完成代理事务从而在精神世界获得满足。所以仅用"经济人"假设来分析代理人的行为而忽视其思想意识、价值观念的作用，是不全面的。

其二，中国古代兵法对"人的因素"的重视。《孙子》认为"将能而君不御者胜"。相反"法"越完备，意味着干预越多，"能将"的自主权就越小，从而限制其主观能动性的发挥。

从图5.2可以看出，制度安排在一定程度上能缓解代理问题。但是如果制度安排不当或过度推行就会影响代理人的积极性，代理人的"经济人"特性会被激化；经济人特性的显现将加剧两权分离条件下委托人和代理人利益的不一致，进而反作用于代理问题，使代理问题加剧；而代理问题的加剧，反过来又印证了经济人假设和两权分离下委托人和代理人之间利益的不一致性；而治理系统在得到强化的假设下，又将通过进一步完善监督与制衡机制来防止经营者对所有者利益的背离。但是如前文所述，单靠制度并不能完全解决治理问题。最终，设置不当或过度推行的制度将导致委托人与代理人之间的对立、代理问题的加深，甚至可能产生"愚将"驱除"能将"的现象。

为解决治理问题，中国古代兵法重视"人的因素"，认为"将"先于"法"，强调代理人的忠信等道德因素和君臣之间的良好关系。从博弈论的角度，优良的治理结构是多方长期博弈形成的相对稳定的均衡结果，博弈因参与人偏好、信息等不同而结果不同；而道德文化和人际关系深刻影响个人偏好。制度与道德双重规范下（把"将之忠信"和君臣之间的良好关系抽象为道德规范），委托人和代理人长期博弈的均衡结果将优于制度单一约束下博弈的均衡结果。

其三，系统性的解决方案。按照孙子等军事家的思路，以代理人的忠信（以及良好的人际关系和组织文化认同）能够弱化经济人假设、弱化委托人和代理人之间目标函数的不一致；以代理人的能力和气魄保证代理事务有效执行的可能性；以制度安排激励、监督和控制代理人行为，保障委托人利益的实现；以委托人与代理人之间良好人际关系的"人情约束"和组织文化的认同来降低代理成本和代理风险，从而解决代理问题。中国古代兵法"军队治理"思想中折射出来的治理智慧，为我们解决代理问题提供了一个系统性方案，如图 5.3 所示。

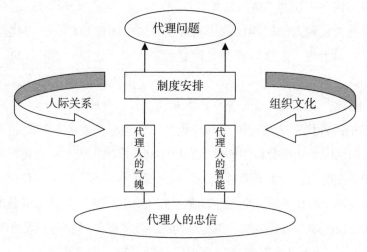

图 5.3　中国古代兵法的治理方案

5.3.4 中国古代兵法军队治理思想对公司治理的启示

首先，非制度因素。

契约的不完全决定了代理问题不可能单靠制度完全解决。我们应该重视并进一步发掘非制度因素在解决代理问题中的作用，引入非制度因素以更好地解决代理问题。

非制度因素的作用至少表现为以下两个方面：第一，非制度因素能够促进制度的有效执行，良好的人际关系、组织文化认同以及代理人较强的能力等非制度因素，保障和促进制度的顺利推行和有效实施，从而有利于制度安排作用的发挥。第二，非制度因素是制度安排的补充，代理人的忠信、人际关系约束等非制度因素，能够克服许多基于契约及其监控等治理机制难于解决的非常规程序问题，减少交易费用，并提高契约和制度的执行效力。

非制度因素包括组织外部的传统文化、社会道德规范等，以及组织内部的组织文化、非正式组织、人际关系（包括委托人与代理人之间的关系、代理人之间的关系等）、代理人个人的道德水平和价值取向、委托人和代理人的个人能力等。

其次，制度安排与非制度因素的关系。

中国古代兵法强调"将"的重要作用，认为"将"先于"法"，但是并不能简单理解为代理人的因素比制度安排更重要。无论是在中国古代军队治理还是现代公司治理，制度因素都发挥着重要作用。代理问题的解决，制度安排与非制度因素，相辅相成、缺一不可，其中非制度因素是制度安排充分发挥作用的基础，制度安排是非制度因素价值实现的保障。

虽然中国古代军队治理思想和现代公司治理理论基本上都能做到将制度因素与非制度因素相结合，但侧重点有所不同。中国古代军事家在军队治理中更侧重于非制度因素，主要通过代理人的忠信、良好的人际关系和组织文化认同等非制度因素弱化经济人假设、弱化委托人和代理人之间目标函数的不一致性，再辅之以法令、赏罚机制、组织结构等制度安排，以解决军队治理问题。

源于西方的公司治理理论则侧重于制度安排，主要强调通过治理结构、治理机制等制度的完善来解决治理问题。虽然认识到代理人诚信和组织文化的作用，但很少关注委托人与代理人之间非正式的人际关系的公司治理作用，对非制度因素的重视相对不足。

又次，代理人的选任。

要充分发挥代理人"人的因素"等非制度因素在解决代理问题中的作用，就必须重视代理人的选任。选拔具备"敢于相托之忠信、值得托付之智能、勇于受托之气魄"的合格代理人，有助于提高代理人的组织认同度，缓和委托人与代理人之间的信息不对称和目标函数的不一致，降低代理风险和代理成本。因此，重视代理人选拔是解决代理问题的重要途径之一。

另外，制度是非制度因素发挥作用的保障，代理人的选拔也需要相应的制度保障。在中国现有公司治理结构中，主要由董事会代表所有者负责经理人的任免。为了更好地选拔称职的代理人，可以考虑建立独立的代理人选任机制，以扩展目前主要由激励机制、监督机制、决策机制构成的内部治理机制。

再次，新视角。

公司治理的实践与理论研究，不仅应该借鉴国外的经验和理论成果，而且应该发掘和借鉴中国古代"治理智慧"文化遗产，将西方的公司治理的经验和中国传统文化的精髓相结合，寻找适合中国的治理模式。正如西方的公司治理结构和治理机制作用的充分发挥需要非制度因素的补充一样，中国古代兵法所强调的非制度因素的实现也需要制度因素予以保障，不同文化的"智慧"完全可以相互借鉴。

此外，公司治理的实践和理论研究还可以从其他领域的"治理思想"中获得启示，以开阔思路。例如，中国丰富的历史文化中，除了兵法，还有诸多领域，如文学著作、史书资料等，蕴涵着尚未被发掘的治理智慧。

5.4 《孙子》竞争战略视角下的中国零售业竞争战略模式 [①]

面对沃尔玛、家乐福、麦德龙等国际零售企业巨头，我们除了要汲取当今国内外竞争战略思想养分外，还必须挖掘中国传统优秀文化智慧，尤其是中国经典兵法文化智慧。本节根据《孙子》谋攻战略思想强调的两个原则——利动原则和人本原则，提出中国零售业可供选择的两大竞争战略模式及其理论依据。

5.4.1 零售业竞争战略模式国内外研究述评

企业竞争战略在美国起源于 20 世纪 50 年代，早期关注两个问题：一是企业是否需要竞争战略；二是企业的地位及其所在行业的变化。20 世纪 80

---

① 吕庆华：《中国零售业竞争战略模式探讨——〈孙子兵法〉竞争战略模式的启示》，《经济问题》2004 年第 12 期。·全文转载于中国人民大学复印报刊资料《商贸经济》2005 年第 4 期。

年代，咨询公司提出一些竞争战略的概念，试图把竞争战略规程标准化。迈克尔·波特的《竞争战略》《竞争优势》两本力作应运而生，前一本书针对企业竞争的国际化、企业成长的趋缓化，系统地分析了企业的竞争环境；后一本书分析的视角从竞争环境转向企业本身，提出让社会充分了解企业的方法，并把企业的竞争优势归纳为低成本竞争优势和产品差异性竞争优势两类，还研究了企业竞争力转换的应对策略。价值链是波特研究企业竞争力的核心概念，认为企业的竞争优势来自于各个部分和个人的表现，个人活动的优化连串，可以降低成本，创造价值。20 世纪 90 年代以来，中国零售业开始吸引外资，面临入世挑战，有人运用波特的竞争模型分析中国零售业的竞争结构，取得较好的成果。

菲力普·科特勒在分析日本企业的国际营销时，着重研究了日本企业的国际竞争战略。他曾经把军事战争（军争）战略应用于企业竞争（商争）战略，认为商争如军争，许多地方可以通用，并多次提到西方的军事理论家克劳塞维茨和哈特，也提到过中国的兵家鼻祖孙子的名字。中国古代的兵家思想尤其是《孙子》在日本一直受重视。

20 世纪 80 年代，大陆的李世俊等、台湾的姜亦青讨论过《孙子》在企业经营管理中的应用；台湾的黄俊英、林财丁，新加坡的黄照虎研究了《孙子》在企业战略规划和市场行销中的应用。这些研究注重兵法内容解释和具体应用，缺乏理论抽象和系统概括。

进入新世纪，香港的闽建蜀（2001）研究了《孙子》的竞争原则和竞争模式，认为《孙子》吸收了儒家、道家的思想养分，其竞争模式具有中国文化特色，是"中国式的"，可以作为中国企业应对国际竞争的模式效准。他认为，《孙子》中国式竞争模式与西方竞争模式比较，有两个特点：一是重将才（领导者）本身的能力和修养在竞争中的决定性作用，而西方的竞争模式重"制度化"；二是强调组织内部团队的凝聚力，讲求"上下同欲"。① 葛荣晋（2002）也提出《孙子》企业竞争战略模式，并认为企业竞争战略和经营机制

---

① 闽建蜀：《孙子兵法的竞争模式》，见游汉民：《华人管理之挑战：管理学本土化之验证》，香港城市大学商学院华人管理研究中心 2001 年版，第 181–197 页。

的选择要注重"伐谋"。

针对中国零售业将呈现的两大发展趋势特点：全球化与网络化，丁俊发、李金轩、陈文玲、宋则、荆林波、吴晓云等探讨了新世纪中国零售业的发展环境和战略构想，并提出各自竞争对策思路。①面对沃尔玛、家乐福、麦德龙等国际零售企业巨头，我们除了要汲取当今国内外竞争战略思想养分外，还必须挖掘中国传统优秀文化智慧尤其是中国经典兵法文化智慧，运用《孙子》中国式竞争战略模式进一步分析中国零售业竞争环境，提出有针对性的竞争战略对策。本节基于《孙子》竞争战略视角，探讨中国零售业竞争战略模式。

5.4.2 中国零售业竞争战略模式的提出及内容

《孙子》注重竞争双方强弱分析，讲求知彼知己。认为决定竞争胜败的因素有"五事"：道、天、地、将、法，其中道、天、地是决定竞争胜败的天时、地利和基本价值观；将为人力因素，并且是决定性因素，要求将才必须具备"五德"：智、信、仁、勇、严，遵循"人本原则"；法是制度因素，是组织规章、条例、奖罚依据，"非利不动、非得不用、非危不战"，遵循"利动原则"。"五事"既定，判定竞争胜败的标准"七计"自然清楚。

竞争的核心是以最小代价获取最大的利益。根据军争的对抗程度和费用效益比，孙子提出著名的"谋攻"战略方式选择，即"上兵伐谋，其次伐交，其次伐兵，其下攻城。"运用"谋攻之法"以实现"兵不顿而利可全"的战略目标。

根据《孙子》的"人本原则"、"利动原则"和"谋攻"战略方式，对应现代竞争战略的两个类型：攻击战略和防御战略。本书提出中国零售业也有两个可供选择的竞争战略类型：一是后动战略，二是本土化战略。

相对于国际先进零售企业的全球化发展规划和先进的经营管理模式，中国零售企业总体上处于劣势，属于发展中国家的落后企业，是"后动"者，

---

① 吴晓云：《论加入 WTO 后中国大型连锁零售业面临的发展环境及战略构想》,《管理世界》2002 年第 10 期；荆林波：《新世纪我国流通企业经营战略定位》,《管理世界》2002年第 12 期；樊纲：《全球化下的中国企业"土"战略》,《中外管理》2001 年第 12 期。

可以选择攻击性较强的"后动战略"。后动战略优势的创造，主要靠学习先进企业经验教训、"搭便车"、灵活机变等，具有标准化、全球化、低成本等特点。后动战略优势的基本要素是劳动力低成本、适当的技术、执著的专业化；动力源有习得、创新、流程再造、信息化、电子商务应用、连锁；管理导向是效绩，重体制，讲求"合于利者动"。

另一方面，针对零售业竞争全球化特点，中国零售业也可以选择防御性较强的"本土化战略"。本土化战略优势的创造，主要靠"本土的人及其文化"因素，具有个性化、差异性、本土化等特点。本土化战略优势的基本要素是文化、习俗、民族性、价值观、人情人际关系；动力源有关系营销、情感互动、民族文化商业化、民族风情激发；管理导向是员工，重体恤，讲求人本原则。参阅表5-1。

表 5-1 中国零售业竞争战略模式

竞争战略类型	后动战略	本土化战略
竞争战略优势要素	劳动力低成本、适当的技术、执著的专业化	文化、习俗、民族性、价值观、人情人际关系
竞争战略优势动力源	习得、创新、流程再造、信息化、电子商务应用、连锁	关系营销、情感互动、民族文化商业化、民族风情激发
经营管理导向、原则	绩效导向、体制、利动原则	员工导向、体恤、人本原则

5.4.3 《孙子》竞争战略选择模式及其启示

《孙子》"谋攻"竞争战略思想基于两大原则：人本原则和利动原则，其战略方式分伐谋、伐交、伐兵、攻城四种，其选择目标是费用效益比最佳化。《孙子》竞争战略选择模式，包括战略选择目标、战略选择标准和战略选择方式三个部分[1]，如图5.4所示。

① 葛荣晋：《〈孙子兵法〉企业竞争战略的选择》，《学术界》2002年第1期。

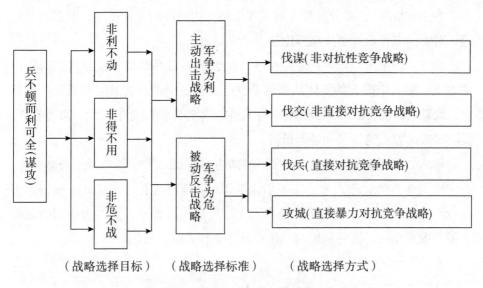

（战略选择目标） （战略选择标准） （战略选择方式）

图 5.4 《孙子》竞争战略选择模式

《孙子》提出的"兵不顿而利可全"的竞争战略选择模式，不仅是兵战模式的最佳选择，而且是商战模式的最佳选择，对中国零售业竞争战略模式的选择，同样具有借鉴意义。

5.4.4 简要结论

第一，《孙子》"人本原则"源于儒家、道家，具有中国特色，在全球化、网络化背景下，中国零售业要充分遵循这一原则，开展"诚—忠"互动关系营销，以赢得本土化竞争战略优势。

第二，《孙子》"利动原则"具有"理性经济人"假设的合理内核，是中国零售业选择后动战略的重要理论基础。中国零售业可以通过选择后动战略，发挥后动战略优势，主动积极地面对国际竞争，实现赶超。

第三，从《孙子》竞争战略模式到中国零售业竞争战略模式，具有方法论的智慧启迪，是基于中国本土的现代化转化，具有很强的现实性。

第四，从绝对比较优势到相对比较优势再到竞争优势，"人及其文化"资源越来越具有决定性作用，中国零售业运用古典兵法智慧，选择"后动战略"

和"本土化战略",充分发挥人的主观能动作用和民族文化作用,既发展又赶超,对中国零售业竞争战略理论建设意义重大。

第五,《孙子》作为中国兵学的"圣经",其竞争战略系统思维,源于中华本土,深入中国人的集体认知体系,已成为中华民族的共同知识和决策基础,勾勒其战略方式和原则思路,结合中国零售业国际竞争现状,沟通古今,具有很高的方法论意义和学术价值。

第六,基于西方文化传统的竞争战略学说,如波特、科特勒的战略学说,是中国训练营销管理人才的主要学说来源,若能将《孙子》等兵家战略思想进行深入研究并在商科学子和商界人士中广泛训导普及,在洋为中用的基础上做到古为今用,将有深远的学科建设意义和实践价值。

6. 货殖家商业经营思想

商业是第三次社会大分工的产物。商业产生和发展的根本动因是欲利，经济基础是社会分工。司马迁非常注意研究商业兴盛的社会经济条件、商人的社会地位、经济势力及其经营思想。《货殖列传》列叙的货殖家，纯粹从事商业经营的，秦以前有范蠡、子贡和白圭3人，汉兴以后有刀闲、师史和宣曲任氏3人。

6.1 商业兴盛的社会经济条件及商人的势力

6.1.1 商业的起源

人类社会一直就未曾离开过商人的活动。据考证，商人或商业的商，最初是个原始部落的名字，部落位于今河南省商丘的南部地区，部落始祖名叫契。契因为跟随大禹治水有功被封于此。契的第10代孙名叫王亥（公元前16世纪）。王亥从事牧业而且擅长经商。他的第4代孙汤灭了夏（公元前1551年），又迁都于殷，故商又称殷，合称殷商，而商人仍自称为商。周灭殷以后，周公（姬旦）告诉殷的遗民，要求他们继续经商。殷商之人善于经商，周朝人便将从事这种行业的人称为商人。

《尚书·酒诰》记载："肇牵车牛，远服贾用，孝养厥父母"。服：从事；贾用：贸易。就是说，农事完毕以后，勉力牵牛赶车，到外地从事贸易，孝顺赡养父母。可见，商末周初存在外出贸易的活动。但这个时侯的贸易，只是一种"为买而卖"、满足自己消费的简单商品流通活动，与"为卖而买"、经营牟利、从事发达商品流通的商业有别。

《世本·作篇》①记载：颛顼时"祝融作市"。颜师古注曰："古未有市，若朝聚井汲，便将货物于井边货卖，曰市井。"祝融是炎帝的僚属。《史记·三皇本纪》则说："炎帝神农氏……教人日中为市，交易而退。"这也正是《易·系辞下传》所谓：

> 神农氏作……日中为市，致天下之民，聚天下之货，交易而退，各得其所，盖取诸噬嗑。

意思是说，神农氏兴起，规定中午为买卖时间，招致天下的人们，聚集天下的货物，互相交换所需要的货物，满足各人的需要，是取象于噬嗑卦的。②③孔颖达《正义》说："日中为市，聚合天下之货，交易而退，各得其所，象物噬啮乃得通也。"中午设立集市，聚集四方货物，进行以物易物，这是社会分工出现后必然产生的贸易活动。这种贸易活动类似后世的农村集市，交易者多是"为买而卖"的农村居民。《诗经·氓》说的"氓之蚩蚩，抱布贸丝"，大概也只是赶集而已。这个时期出现少数货郎，他们摇着货郎鼓，走村串寨，"为卖而买"，其交换的目的是为了赢利。因此，货郎属于商人，其交换活动属于商业活动。

---

① 《世本》，又作世或世系。世是指世系；本则表示起源。是一部由先秦时期史官修撰的，主要记载上古帝王、诸侯和卿大夫家族世系传承的史籍。全书可分《帝系》《王侯世》《卿大夫世》《氏族》《作篇》《居篇》及《谥法》等十五篇。司马迁《史记》(《周礼》中所见《世本》为第一次出现)、韦昭《国语注》、杜预《春秋经传集解》、司马贞《史记索隐》、张守节《史记正义》、林宝《元和姓纂》和郑樵《通志》都曾引用和参考书中内容。南朝时《世本》已缺《谥法》一篇，到唐朝又散佚多篇，直至南宋末年全部丢失。后世学者根据其他书籍所引内容进行辑补，共分为八种不同辑本，商务印书馆曾于1959年将辑本集合而印成《世本八种》。
② 噬嗑（shì hé），是《周易》64卦之第21卦名。噬，食也；嗑，合也。上卦离（火）为日，下卦震（雷）为动，日中而动，是古代交易的现象。南怀瑾、徐芹庭译注：《白话易经》，岳麓书社1988年版，第379–380页。
③ 噬嗑（shì hé）卦：离上为日、为明，震下为动，象征咬合。天上太阳（日中），地上人头赞动，恰如"日中"而集市兴动，且贸易交合与"咬合"之义相通。又借噬为市，嗑为合。黄寿祺、张善文：《周易译注》上海古籍出版社1989年版，第572、576页。

以上大体就是西周以前与商人有关的记载。

文献记载少，不等于没有商业或商人实践。"工商食官"的"商"，就是一种为大小领主从事商品交换服务，并由官府掌握的商业或商人。生活在井田制度下的广大农民，自耕而食，自织而衣，完全是自然经济，极少交换。定期集市只能产生小本营生的货郎，难以造就遨游天下的富商巨贾。

进入东周，王纲解纽，商人境遇突变。商人从潜滋暗长的状态中脱颖而出。《左传》记述了两则商人初露头角的故事。一则是弦高献牛退秦军的故事。郑国商人弦高，在贩牛的路上，偶遇前去偷袭郑国的秦军。他急中生智，假借郑国国君的名义，把自己所贩的牛和牛皮献给秦军，暗示郑国早有准备，使秦军移师他处，替郑国解了大围。[①]另一则是韩宣子欲买郑商的玉环。郑商不敢做主而请示子产，子产向韩宣子追述郑桓公东迁，与商人盟誓共同开发新郑的故事。[②]

《左传》记事的春秋260年，其中有关商人的这两则记述，都是因政事而述及商人，非专为商人而书。第二则故事中，韩宣子想要从郑国的商人那里买回自己所喜欢的玉环，价钱都谈好了，郑国的商人却说还要征得子产的同意才能卖；而子产拒绝韩宣子要买回那只玉环的理由，则是郑国国君与商人"世有盟誓"，商人必须对郑国国君保持绝对的忠诚，缺少自主买卖的权力。这则故事说明了当时商人的势力还不大。

但到春秋季年，社会经济已经发生了深刻变化，商业贸易快速发展，商人地位显著提高。王公贵臣、圣门高第都乐意置身市廛，专门从事商业活动，如范蠡、子贡。

6.1.2 商业兴盛的社会经济条件

首先，商业是第三次社会大分工的产物。

商品生产和商品交换的发展，是商业兴盛的经济条件。恩格斯说：生产

---

① 《左传·僖公三十三年》，此事也叫"弦高犒师"。
② 《左佐·昭公十六年》。

和交换"可以叫作经济曲线的横座标和纵座标"。[①]战国秦汉间，商品生产和交换长足发展，中国古代历史上出现了商品经济发展的第一个高峰。铁器的发明和应用，引发生产工具的大革命，从而导致工农业生产的划时代大发展。在中国古代历史上，此时迎来了"铁犁和铁斧的时代"。

据近数十年的考古发现，在今河南、河北、陕西、山西、山东、安徽、湖北、湖南、江西、浙江、四川、内蒙古、辽宁、广东、广西境内，都有战国时的铁制农具出土。《货殖列传》说："铜、铁则千里往往山出棋置。"所以处处都能开采冶造，普遍供应各地农民的需要。农具，前此使用的多为木制，如耒耜就是木质的。木制农具易折，不能深耕，不便开垦，因而农人能耕的土地面积不大，收获的亩产量也不多。有了犁、锄、刀、斧等，既深耕易耨、提高亩产，又便于披荆斩棘、扩大耕地。于是农家的收获增多了。"农有余粟，女有余帛"，产品中自用性的部分相对缩小，商品性的部分则相对增大。"以粟易械器"，用粮食可以交换更多的生产资料，也可以交换更多的生活资料如食盐。农民开始被卷入市场，农村经济中开始有了商品经济的成分，农村发生了有史以来的最大变化。

城市手工业是农村剧烈变化的先导。不言而喻，没有冶铁手工业，则农民没有械器，农业生产就不可能长足发展。不仅农业，就是其他手工业也受到很大影响。孔子说："工欲善其事，必先利其器。"（《论语·卫灵公》）铁是制造利器的最佳材料。恩格斯说：铁是在历史上起过革命作用的各种原料中的最重要的一种。"它给手工业工人提供了一种其坚硬和锐利非石头或当时所知道的其他金属所能抵挡的工具。"[②]可以说，铁是春秋战国时期工农业生产大发展的火车头。

工农业生产的大发展，必然加速社会大分工的发展。恩格斯指出，在人类古代历史上曾有过三次社会大分工。我国古代，在西周以前，已出现过第一次和第二次社会大分工。春秋战国时期，第一次社会大分工已发展成区域

---

① 恩格斯：《反杜林论》，《马克思恩格斯选集》（第 3 卷），人民出版社 1972 年版，第 186 页。

② 恩格斯：《家庭、私有制和国家的起源》，《马克思恩格斯选集》（第 4 卷），人民出版社 1972 年版，第 159 页。

间的大分工，即北方草原地带的牧业和草原以南灌溉地区的农业的大分工。《货殖列传》所记载的乌氏倮的经营活动，就反映了这种分工。

有社会分工就有交换、商品交换和商业，社会分工是商业形成和发展的社会经济基础。社会分工和专业化，没有交换是不能进行的。最能说明这种重要性的是，孟子和陈相的一番对话。雄辩的孟子问陈相，许行戴的冠、爨的釜甑、耕的铁具，都是自制的吗？陈相回答说：是"以粟易之"。孟子又问：为什么不自制？孟子逼论敌陈相说出自己的结论，即自制"害于耕"，"百工之事"可以通过交换"固不耕且为也"。然后指出："且一人之身，而百工之所为备；如必自为而后用之，是率天下而路也。"[①] 这些话有力地论证了交换的必要性和重要性。

为满足"且一人之身，而百工之所为备"的交换，没有商业（人）的中介是无法进行的。而且随着交换的发展，商贾的人数不断增多，财力不断增大。于是，在第一次和第二次社会大分工之后，又新增了一个第三次的社会大分工——商业从产业（工农业）中分离，从而出现了商人阶级。总之，商业是第三次社会大分工的产物。

其次，自然地理条件和风土习俗影响商业的发展。

自然地理条件、风土习俗对商业的影响也不可忽视。在《史记·夏本纪》中，作为禹的事迹，司马迁记述了"开九州，通九道，陂九泽，度九山"，列举了《尚书·禹贡》中的历史事实。当时全国共分九州，分别阐述了九州的地质特征，如土地肥沃程度、赋税等级、贡篚种类以及交通状况等。

在《货殖列传》中，司马迁以实地见闻为依据，试图详尽分析汉代各地的经济地理，他对全国各地的人口、产业、风土习俗及其历史沿革，都做了细致贴切的描写。司马迁总结道：

> 楚越之地，地广人希，饭稻羹鱼，或火耕而水耨，果隋蠃蛤，不待贾而足，地埶饶食，无饥馑之患，以故呰窳偷生，无积聚而多贫。是故江淮以南，无冻饿之人，亦无千金之家。沂、泗水以北，宜五谷桑麻六

---

① 朱熹集注、陈戍国标点：《四书集注》，《孟子·滕文公章句上》，岳麓书社 1987 年版，第 370–371 页。朱熹注：路，谓奔走道路，无时休息也。

畜，地小人众，数被水旱之害，民好畜藏，故秦、夏、梁、鲁好农而重民。三河、宛、陈亦然，加之商贾。齐、赵设智巧，仰机利。燕、代田畜而事蚕。

就是说，楚越地区，地广人稀，居民以稻米为主食，鱼类为羹汤，有的地方尚用火耕水耨的原始方式从事农耕，由于野果和螺、蛤等野生动植物充足，不需要通过交换就能维持生活，地理条件是可吃的食物多，用不着担忧吃不饱肚子，所以居民贪懒偷生，不设法积累钱财，大多数贫困。因此，长江、淮河以南，没有受冻挨饿的人，亦没有家产千金的富户。沂水、泗水以北，适宜种植五谷、桑麻，和牧养马、牛、羊、鸡、狗、猪等家畜、家禽，地少人多，多次遭受水灾，居民喜欢积蓄。所以秦、夏、梁、鲁四地崇尚农耕，重视农民。三河地区、宛邑、陈地也是这样，加上重视商业。齐、赵两地的居民投机取巧，依靠手工业、商业为生。燕、代两地适宜农耕、畜牧，并从事蚕桑业。

以上引文可以看到，许多相当于当今市场调查、营销环境研究的内容。可以说，自然地理和人文地理条件，是商业繁荣发展的客观环境因素。

最后，符合客观经济规律的国家商业政策。

商业的本质是媒介商品交换、获得更多的交换价值。司马迁认为，商业以盈利为法则，顺其发展是上策，即所谓"善者因之"，国家权力统制商业是不可取的。司马迁肯定社会经济生活中人的本能欲望，并以满足这种欲望为经济生活的目标，而作为达到目标的手段，国家商业经济政策应该建立在自愿让渡、公平竞争、等价交换原则的基础上。

然而，汉武帝实施一系列的商业政策，如盐铁专卖、重课商人轺车缗钱、禁止私铸货币、发布告缗令和均输平准法等，以致"商贾中家以上大率破产。"（《史记·平准书》）"素封家"经年积累起来的财产，大多被没收归国库，同时政府经营商业，夺取大量商业利润进国库。刀闲、师史等有名的素封家陷入了没落的厄运。司马迁难以接受商业崩溃的无情现实，明确否定经济统制，反对流通国营。在《平准书》中，司马迁列举大量官商腐败的史实，揭示官场和市场的不同功能，揭露官商勾结的祸害。

司马迁肯定政府施行诸如度量衡制度统一、货币制度制定、货币价值稳定、交通路线规划、交通机构配备等必要的社会经济政策。汉武帝的商业经济政策的根本错误就在于无限制地扩大政府的社会经济职能，即对商业的本质缺乏充分理解，仅仅着眼于商业的营利性表象，推行专制经济政策，强硬施行商业国营。把商业经济的行政权委托给那些缺乏经营素质、不理解商业本质的官僚，导致商业的社会经济职能枯萎，国民经济和人民生活陷入困境，财政增长衰落，弊害无穷，历史教训十分深刻。

6.1.3 商人的社会地位和经济势力

《货殖列传》中足以显示商人社会地位的代表人物是子贡。子贡才智很高，拥有商人和政治活动家双重身份。经商，"亿则屡中"；从政，则"常相鲁卫"，说服齐、晋、吴、越之君从其计，而且"所至，国君无不分庭与之抗礼"，受到很大尊重。这些事实表明，子贡并未因从事货殖而为国君们所轻，反之，因货殖饶益，能"结驷连骑，束帛之币以聘享诸侯"，更为所重。当然国君们尊重子贡的原因，也许更多地出于政治目的，但已足以显示商人的社会地位和经济实力。

司马迁非常注意商人的经济实力。他指出，范蠡"三致千金"；子贡"家累千金"。意思是说，他们都很富有。"千金"，习惯上多指富有，并非实数，但《货殖列传》还用以表示富有的层次。他说："千金之家比一都之君，巨万者乃与王者同乐。"可见，"千金"不若"巨万"富有，巨万的层次更高。范蠡、子贡是商业竞争中，"废著鬻财、与时转货赀"，所以其富只能"比一都之君"。

《货殖列传》又说："猗顿用盬盐起。而邯郸郭纵以铁冶成业，与王者埒富"。[①] 盐铁是当时最大宗的商品，拥有最广阔的市场。猗顿和郭纵从事盐铁生产与流通，成为"与王者埒富"的巨万豪商。与范蠡和子贡相比，两人的富有程度更高一层。到秦始皇时代，盐铁业以外还出现了乌氏倮、巴寡妇清等巨商。

---

① 译文为：猗顿因为经营河东池盐发迹。邯郸的郭纵因为从事冶铁成就事业，和国君一样富有。

乌氏倮是个放养牲畜的人，待到牲畜数量多起来之后，就全部卖掉，然后再去购买珍奇的丝织品和其他货物，私自馈献给民族地区的统治者。民族地区的统治者以原价10倍的报酬赠送给他牲畜，致使他牧养的牛马多到只能按山谷来计算。秦始皇当政时曾下令倮可以比照受封的贵族，按时和大臣们一块朝觐皇帝。乌氏倮开启了后世西北边地绢马贸易的先河。他又是"素封"的第一人。

巴的寡妇清，擅丹穴之利。她是名垂青史的第一个女企业家。秦始皇"为筑女怀清台"。秦始皇是"平定天下，海内为郡县，法令由一统，自上古以来未尝有"的专制主义中央集权的第一个最高统治者。而对倮和清却能给予如此特殊的礼遇，这是鲁卫之君对子贡"分庭与之抗礼"所不能比拟的。司马迁感慨地写道："夫倮鄙人牧长，清穷乡寡妇，礼抗万乘，名显天下，岂非以富邪。"富，就是经济实力。这就是说，倮、清的社会地位，甚至政治地位，乃是他们的经济实力所致。

汉代文景之世，巨万富商辈出。《货殖列传》下部分所列叙的人物几乎都是巨万者。孔氏、刀闲致富数千万，不算最富有。《货殖列传》写道：

> 今有无秩禄之奉，爵邑之入，而乐与之比者，命曰"素封"。封者食租税，岁率户二百。千户之君则二十万，朝觐聘享出其中。庶民农工商贾，率亦岁万息二千（户），百万之家则二十万，而更徭租赋出其中。衣食之欲，恣所好美矣。

《货殖列传》结尾说："千金之家比一都之君，巨万者乃与王者同乐。岂所谓"素封"者邪？非也？"

"素封"一词，考其起源，始于秦始皇之"令倮比封君，以时与列臣朝请"。为什么要比封君，因为倮，"鄙人牧长"，没有"爵邑"，也没有"秩禄"，不是封君，所以只能令其"比封君，以时与列臣朝请"。实际上，这就是"素封"，只是那时为数尚少，故无素封之称。

到汉朝，情况发生很大变化。《货殖列传》指出：

> 陆地牧马二百蹄，牛蹄角千，千足羊，泽中千足彘，水居千石鱼陂，山居千章之材。安邑千树枣；燕、秦千树栗；蜀、汉、江陵千树桔；淮

北、常山巳南，河、济之间千树荻；陈、夏千亩漆；齐鲁千亩桑麻；渭川千亩竹；及名国万家之城，带郭千亩亩钟之田，若千亩卮茜，千畦姜韭：此其人皆与千户侯等。

又说：

通邑大都，酤一岁千酿，醯酱千瓨，浆千儋，屠牛羊彘千皮，贩谷粜千钟，薪稿千车，船长千丈，木千章，竹竿万个其轺车百乘，牛车千两，木器髹者千枚，铜器千钧，素木铁器若卮茜千石，马蹄躈千，牛千足，羊彘千双，僮手指千，筋角丹沙千斤，其帛絮细布千钧，文采千匹，榻布皮革千石，漆千斗，蘖曲盐豉千荅，鲐鮆千斤，鲰千石，鲍千均，枣栗千石者三之，狐貂裘千皮，羔羊裘千石，旃席千具，佗果菜千钟，子贷金钱千贯，节驵会，贪贾三之，廉贾五之，此亦比千乘之家，其大率也。佗杂业不中什二，则非吾财也。

中井积德曰："千乘之家即上文千户之君。"[1] 总之，无论是"与千户侯等"还是"比千乘之家"，说的都是富至巨万的素封之辈。素封者如斯之多，千金之家就不胜枚举了。可见，汉代商贾拥有雄厚的财力。雄厚的财力必然带来雄厚的势力，到汉武帝之时，许多富有的商人已令朝野侧目了。《史记·平准书》说：

富商大贾或蹛财役贫，转毂百数，废居居邑，封君皆低首仰给。冶铸煮盐，财或累万金。

本来，封君较之无爵邑秩奉的素封是高一筹的，现在却向素封者"低首仰给"。这表明，富商大贾已经凌驾于朝中贵族之上，远非汉以前的商人所能企及。

---

① 转引自《史记会注考证》。

6.2 秦以前货殖家商业经营思想

《货殖列传》所列叙的货殖家，属于秦以前的有 7 人，涉及的行业包括商业、工业（矿冶业）、农业（畜牧业）等。猗顿以盐业致富，郭纵冶铁成业"与王者埒富"，巴寡妇清"传丹穴，擅利数世"，从事的都是工业（矿冶业）；乌氏倮"畜至用谷量马牛"，从事的是畜牧业。纯粹从事商业的共 3 人：一是"十九年之中三致千金，人称陶朱公"的范蠡；二是"所至与国君分庭抗礼，使孔子名布扬于天下"的子贡；三是"乐观时变，天下言治生皆祖"的白圭。本节分述范蠡、子贡、白圭 3 人的经商思想。

6.2.1 范蠡商业经营思想

首先，计然之策是范蠡经商致富的理论基础。

据《史记正义》[①]引《会稽典录》说，范蠡，字少伯，楚国宛城三户（今河南南阳）人，是"越之上将军。"生于约公元前 536 年，约卒于公元前 448 年。是中国历史上杰出的政治家、军事家，中国古代商人的鼻祖，也是中国最早的慈善家。

范蠡一生经历曲折，道路坎坷，功业显赫，成就斐然。吴灭越以后，范蠡辅佐越王勾践卧薪尝胆共 20 年，终雪会稽之耻。刘邵《人物志》评论曰："思通道化，策谋奇妙，是谓术家，范蠡、张良是也。"会稽雪耻后，范蠡感慨道：

> 计然之策七，越用其五而得意。既已施于国，吾欲用之家。（《货殖列传》）

---

① 《史记正义》，唐张守节撰。《史记正义》原为单行本，共 30 卷，按照条目加注释（正义）的形式进行注解。后来宋朝初年被有意拆散，附于《史记》有关正文下面，亡佚颇多，遂割裂散乱，非复旧本。

就是说，计然的策略有七条，越国用了其中的五条就取得满意的效果。我运用这些计策治理国家已经成功，下一步打算运用这些计策发家致富。

于是他离开越国到齐国，隐姓埋名，自谓鸱夷子皮。"耕于海畔，苦身戮力，父子治产，居无几何，致产数千万。"时日不长，范蠡"尽散其财，以分与知友乡党，而怀其重宝，间行以去，止于陶"，到陶经商，又化名朱公。"复约要父子耕畜，废居，候时转物，逐什一之利。居无何，则致资累巨万。"（《史记·越王勾践世家》）于是就在定陶置办产业，积聚货物。

司马迁评论说："范蠡三迁皆有荣名，名垂后世。"[①]范蠡运用计然之策经商，十分成功，一跃成为一代首富。《货殖列传》写道：

> 十九年之中三致千金，再分散与贫交疏昆弟……后年衰老而听子孙，子孙修业而息之，遂至巨万。故言富者皆称陶朱公。

就是说，范蠡在 19 年之中，多次积累家财至千金，又多次分散给贫贱时的朋友和本家兄弟。后来范蠡年老体衰听任子孙经营，子孙整治家业积累钱财，遂至家产上亿。所以，谈论富有的人都推崇陶朱公。

可见，范蠡做官与经商都运用计然之策，计然之策是范蠡经商致富的指导理论。

其次，范蠡经商理论的基本内容及价值。

范蠡的商业经营理论主要保存在《货殖列传》中，包括以下几个方面内容。

其一，"旱则资舟，水则资车"的市场预测论。市场的供求变化与价格的涨落有着直接的关系，想在商业经营中取得理想的成果，就必须充分预测市场供求变化和价格涨落行情，采取比市场变化先行一步的措施。比如，旱时备船以防涝，涝时备车以防旱，随时准备应付市场的变化。

其二，"务完物"的质量管理论。务完物，意即保证货物质量，防止以次充好，坑害消费者。用现在的话说，就是要杜绝生产出售假冒伪劣产品。

其三，"无息币"的资金周转论。意思是积极采取措施，加速商品和货币

---

① 范蠡三迁分别是：一是由楚到越，二是由越到齐，三是由齐到陶。司马迁著、李全华标点：《史记·越王勾践世家》，岳麓书社 1988 年版，第 345–352 页。

的周转，避免商品的积压和货币的长期占用，做到"财币欲其行如流水"。其措施主要有二：一是坚持"务完物"的质量标准，二是遵循"无敢居贵"的薄利多销原则。

其四，"择人任时"的经营策略。商业经营需要认真选择商业伙伴和良好的商业时机。择人，强调的是职业道德，在这一点上，范蠡的做法是"与时逐而不责于人"。任时，强调的是商业时机的预测。择人与任时二者之间有着不可忽视的有机联系，既不可只顾商业伙伴的利益而丧失商业时机，也不可只顾商业时机而失信于商业伙伴。

其五，"贵出贱取"的价格论。认为通过市场供求关系的变化可以预测商品价格的高低。即所谓"论其有余不足，则知贵贱。"而商品价格贵贱的变化，有一个幅度或限度，即"贵上极则反贱，贱下极则反贵"，"一贵一贱，极而复反。"（《越绝书外传·枕中》）有鉴于此，主张看准时机，应当"贵出如粪土，贱取如珠玉。"也就是说，考察某种商品是有余还是不足，就可预知贵贱，即价格上扬到极限就会下跌，下跌到极限又会上扬。因此当价格上扬时要像对待粪土一样及时出售，当价格下跌时要如同珍爱珠玉一样及时收购。在经商过程中，随时保持市场价格的灵活变动。

范蠡的经商理论，主要表现为市场预测与价格决策理论。这一理论的形成，据《货殖列传》记载，获益于对农业生产与天时变化关系的观测和研究，具有一定的科学依据。认为农业生产的丰欠与木星（岁星）在天空中的运行周期一致，12年一个大周期，其中一次大丰收，一次大旱年，一次小旱年，一次水灾年，其余为平年。经营者可以根据天时变化而预测农作物供求变化和价格涨落，从而确定自己的经营策略。

可以说，范蠡运用计然之策，从治国到治家，都十分成功。他的理论，是对商业客观规律的认识和总结，经商致富的成功之道，具有实用价值和现实意义。

最后，范蠡生财有道：多业经营，富而能仁。

据《史记·越王勾践世家》记载，范蠡改名离越至齐，治产至数千万，齐闻其贤，以为相。范蠡叹曰："居家则致千金，居官则至卿相，此布衣之极也，久受尊名不祥。"于是，弃官而潜行去陶（山东定陶）经商。可见，范蠡到齐国不仅发家致富，而且被任命为相。

范蠡在陶地的经营，表现出对交通地理具有远见卓识。范蠡认定陶为"天下之中"，既是诸侯四通的地方，又是货物交易的地方，于是定居于陶，经营商业。范蠡到陶的时候，陶已经发达成为经济大都会，其发达程度已超过当时的任何城市。

司马迁在《货殖列传》中，表彰范蠡注重"任时"、"候时转物"、"与时逐而不责于人"等经营策略。《焦氏易林》称其经营优势为"善贾息资"、"巧贾货资"。《太平御览》卷191引王子年《拾遗记》说："糜竺用陶朱公计术，日益亿万之利，赀拟王家，有宝库千间。"所谓"陶朱公计术"，应是熟练巧妙的经营之术。

范蠡除了经营商业，还经营过渔业和饲养业。据《史记·越王勾践世家》记载，范蠡初到齐国，"耕于海畔，苦身勠力，父子治产，居无几何，致产数千万。"说明范蠡初到齐国时，是靠父子艰苦努力"耕于海畔"而致富的。但我们对"耕于海畔"，不能仅仅理解为是单纯从事农耕，更可能是经营渔业，或农、渔兼营。辽阔的海畔，是养鱼的最佳场所。

《齐民要术·养鱼》记载了范蠡的养鱼经验。朱公曰：

> 夫治生之法有五，水畜第一。水畜者，所谓鱼池也。以六亩地为池，池中有九洲，求怀子鲤鱼三尺者二十头，牡（公）鲤鱼长三尺者四头。以上二月上庚日内池中，令水无声，鱼必生……至明二月，得鲤鱼长一尺者十万五千枚，三尺者四万五千枚，二尺者万枚，枚值五十（文），得钱一百二十五万。至明年，得长一尺者十万枚，长二尺者五万枚，长三尺者五万枚，长四尺者四万枚，留长二尺者二千作种，所余者皆货（卖），取钱五百一十五万，候至明年，不可胜计也。

上文所介绍的正是范蠡的养鱼心得。[①]范蠡所精通的饲养之术，也应是他实践经验的总结。范蠡很可能是在定陶经营过饲养业。定陶有平原沃野，适合发展饲养业，与粮业经营并举，生产和销售问题都容易解决。

范蠡还把养鱼和饲养牲畜的经验和技术，无条件、无代价地传授给别人，

---

① 此外，《隋书·经籍志》可见《陶朱公养鱼法》，《旧唐书·经籍志》和《新唐书·艺文志》可见《范蠡养鱼经》。

希望与他人共富，因此传为佳话。《齐民要术·序》记载有一位鲁国贫士猗顿，曾向范蠡请教致富之术，范蠡说："欲速富，畜五牸。"又说："畜五牸，子息万计。"所谓"畜五牸"，就是饲养牛、马、猪、羊、驴，后来猗顿就以此致富。《货殖列传》说猗顿以盐起家，但注引《孔丛》却说在猗顿请教陶朱公致富之术后，"乃适河西，大畜牛羊于猗氏之南，十年之间，其息不可计，赀拟王公，驰名天下。"说明猗顿确实是通过饲五牸而致富的。

综上所述，范蠡是一位生财有道的多面手[1]，能经商、养鱼、饲养牲畜，尤为可贵的是他有个善良愿望，愿意帮助他人致富，并且能分散财产济困扶贫，故司马迁《货殖列传》赞颂范蠡是："富好行其德者也"。范蠡生财有道，多业经营，富而能仁，获"商圣"尊称，理所当然。

6.2.2 子贡商业经营思想

首先，子贡：自古儒商第一人。[2]

子贡，姓端木，名赐，字子贡（古同子赣），春秋末卫国（今河南鹤壁市浚县）人，孔子的得意门生，孔门十哲之一。生于公元前 520 年，约卒于公元前 456 年。

子贡在孔门十哲中以言语闻名，利口巧辞，善于雄辩，办事通达，曾仕于鲁、卫，游说于齐、吴、越、晋诸国。《论语》中对其言行记录较多[3]，《史记》对其评价颇高。子贡晚年居齐，直至终老。唐开元二十七年追封为"黎侯"，宋大中祥符二年加封为"黎公"，明嘉靖九年改称"先贤端木子"。

---

[1] 朱绍侯：《漫谈范蠡三事》，《光明日报》2007 年 12 月 15 日，第 6 版。

[2] 1997 年，在"马来西亚第二届世界儒商学术研讨会"上，骆承烈教授称子贡为"自古儒商第一人"。

[3] 孔子曾多次称赞子贡，说他能够做到"告诸往而知来者"（《论语·学而》），"赐之敏贤于丘也"（《说苑·杂言》），并将他比喻为尊贵的"瑚琏之器"。子贡对孔子的颂扬也很突出，他曾说："仲尼，日月也，无得而逾焉"；"夫子之不可及也，犹天之不可阶而升也。"（《论语·子张》）他反驳"子贡比孔子高明"的言论，说："譬之宫墙：赐之墙也及肩，窥见室家之好。夫子之墙数仞，不得其门而入，不见宗庙之美，百官之富。"（《论语·子张》）子贡为孔子守墓长达 6 年。

子贡善货殖，经商于曹、鲁两国之间，富致千金，"七十子之徒，赐最为饶益"，即在孔子72个最有才学的弟子中，子贡最富有。他树立"君子爱财，取之有道"之风，为后世商界所推崇。孔子称赞他："赐不受命，而货殖焉，亿则屡中。"（《论语·先进》）大意是说，子贡不做官而去从商，预测市场行情，往往十分准确。

《货殖列传》说：

> 子贡结驷连骑，束帛之币以聘享诸侯，所至，国君无不分庭与之抗礼。夫使孔子名布扬于天下者，子贡先后之也。

就是说，子贡带领大队车马，以10端锦帛作为礼物去拜访和馈赠诸侯，所到之处，各国的君主无不待之以上宾。孔子之所以能名扬天下，得力于子贡多方奔走。

其次，儒商子贡的经商之道。

其一，擅长语言表达与沟通。《史记·仲尼弟子列传》记载，孔子曰："受业身通者七十有七人"，皆异能之士也。德行：颜渊，闵子骞，冉伯牛，仲弓。政事：冉有，季路。言语：宰我，子贡。文学：子游、子夏。"子贡利口巧辞，孔子常黜其辩。"可见，子贡的语言表达能力很强。

田常作乱齐国，聚重兵伐鲁，鲁国情形危急，孔子召集弟子说："夫鲁，坟墓所处，父母之国，国危如此，二三子何为莫出？"危难之秋，谁可以出来救国难呢？《史记·仲尼弟子列传》记载：子路请出，孔子止之。子张、子石请行，孔子弗许。子贡请行，孔子许之。孔子这一人事安排，既说明孔子知人善用，又说明子贡具备良好的政治外交才能。他凭借三寸不烂之舌，纵横列国，乃至取得"子贡一出，存鲁，乱齐，破吴，强晋而霸越"的外交成果。

其二，善于学习与尊敬老师。子贡敏而好学，"闻一知二"。《论语》记载向孔子请教的内容中，子贡最多。问题涉及如何施政，如何为士，如何交友等。针对这些问题，孔子回答说：施政，要"足食、足兵、民信之矣"，"自古皆有死，民无信不立"。为士，上者使于四方而不辱使命，次者宗族称孝乡党称悌，再者"言必信，行必果"。交友，得到教诲后，要经常给朋友一些忠告，以帮助朋友进步。

在《论语》中，子贡的名字出现了 37 次，居众弟子之首。陈蔡困厄，派子贡使楚；鲁国危难，命子贡挽救；孔子病疾，有子贡探视……可见，子贡是一个用心向学并能触类旁通的人。

子贡十分钦佩和崇敬孔子。从《论语》、《史记》、《孔子家语》等古代典籍中，可以看到，子贡尊敬老师、老师钟爱子贡、师生和谐的情景。《论语·学而》记载子禽向子贡询问老师到别国后，必打听当地的政治情况，是老师想做官呢，还是想乱政呢？子贡回答：夫子温、良、恭、俭、让以得之。夫子的追求难道会和常人的追求一样吗？把孔子的高尚品德概括为"温、良、恭、俭、让"5 个字，非常恰当。这 5 个字也逐渐成了后世儒者的修身精要。

其三，重情重义。《孟子·滕文公章句上》记载：

> 昔者孔子没，三年之外，门人治任将归，入揖于子贡，相向而哭，皆失声，然后归。子贡反，筑室于场，独居三年，然后归。①

意思是，在老师过世 3 年后，守灵的弟子收拾行囊准备离开。而子贡则回到灵地，在孔子墓旁搭起茅屋，独居守灵达 3 年，才依依不舍地离开。孔子去世后，门人弟子守孝 3 年，而子贡守孝达 6 年。

孔子推崇的三代之礼，父母过世，守灵也不过 3 年。在孔子看来"父死三年，不敢改父之道。"也算是孝了，而子贡守孝 6 年。不可谓不孝，不可谓不重情重义了。相对于其他的门人弟子，子贡并不是纯粹的文人，他既做过鲁卫两国的相，又是一位"废著（买贵卖贱），与时转货赀"的商人。显然，他应该比其他同学更有理由 3 年而辞，其时间价值更高，他守孝 6 年，实为不易。

其四，内儒外商与文行忠信。在商业活动中，儒商自觉地把儒家伦理、精神文化同商品经济行为有机结合起来，从而形成自己独特的商业文化。《论语·述而》讲到："子以四教：文、行、忠、信。"所谓"文"，就是指历代保存下来的文献，亦即现在所说的《诗》《书》《礼》《易》《春秋》五经。所谓"行"，就是指一个人的社会经验。孔子认为，丰富的生活阅历是人生的宝贵

---

① 朱熹集注、陈戊国标点：《四书集注》，岳麓书社 1997 年版，第 373 页。

财富。所谓"忠",就是下级对上级的忠诚。所谓"信",就是指人际交往中的社会信任和经济信用。

在子贡的观念里,一个真正的"儒商",不仅要有学问,懂得书面知识和社会经验,而且要有道德,也就是"忠"和"信"。至于学问和道德的关系,孔子教导说:"弟子入则孝,出则弟,谨而信,泛爱众,而亲仁。行有余力,则以学文。"(《论语·学而》)可见,道德是第一位的,如孝、弟、信、仁等,其次是社会经验,然后有了"余力",再去学习文化。道德在先,学问次之,也就是做人重于做学问。作为一个商人,求富取利无可厚非,但要符合道德原则,并且要把道德放在首位。

总之,子贡生活的时代离现在虽然已经 2000 多年,但是子贡的为人风范和诚信经营的儒商品格,是一份难得的精神财富,仍然值得今人效法。

6.2.3 白圭商业经营思想

首先,白圭:经商祖师。

白圭,战国时期中原(洛阳)人,名丹,字圭。有"商祖"之誉。《汉书》中说他是经营贸易发展生产的理论鼻祖,主张减轻田税,征收产物的 1/20,提出经商致富的理论。司马迁认为,白圭的经商理论经过实践检验,并非随便臆造,即所谓"白圭其有所试矣,能试有所长,非苟而已也。"并说"盖天下言治生祖白圭"。白圭总结经商理论和方法,经营实践富有建树,成为一代商业大师,后世商人尊奉他为"商业祖师"。[1]宋景德四年,真宗皇帝加封为"商圣",民间称为"人间财神",为他建庙并设立神牌供奉。

其次,白圭经商思想的基本内容。

司马迁《货殖列传》记载了白圭的经商经验和理论,可概括为以下 6 个方面。

其一,乐观时变,注意生产动向和市场变化。白圭善于观测市场变化,

---

[1] 中国传统民情风俗中,许多行业都有"祖师"。所谓祖师,即行业始祖、祖师爷,如老子为道教祖师,孔子为儒学祖师。

在谷贱时及时购进不抑价、不压价，在谷贵时及时售卖而不惜售、不抬价，薄利多销，获利丰厚。这种利润来自合理而正常的丰歉差价、季节差价或供求差价，客观上起到调节市场商品供求的作用，既利己又利人。他强调一旦出现市场机会，就要迅速把握，果断出击。司马迁称赞白圭"趋时若猛兽挚鸟之发"，即在机遇到来时，能够如同猛兽、猛禽扑食那样，迅速采取行动。

其二，人弃我取，人取我与。按供求季节和时机办事，灵活处理购销储存关系，从产品丰歉差价和季节差价中取得利润。白圭"人弃我取，人取我与"经营原则的具体做法是："夫岁熟取谷，予之丝漆，茧出取帛絮，予之食"。就是说，在年岁丰收时收进谷物，出售丝漆等物；茧歉收时收进帛絮等物，而出售粮食。白圭把某些尚未形成社会需求热点，一时供过于求，从而价格较便宜的商品，预先大量收购存贮；等到社会急需、供不应求、价格上涨时，再行出售。

其三，以气候变化预测产品丰歉。白圭乐观时变的依据也是农业丰歉循环说，而农业丰歉循环说又以天文学知识为基础。他认为：太阴在卯，那年丰收，第二年歉收；太阴在午，那年干旱，第二年收成好；太阴在酉，那年丰收，第二年歉收。太阴在子，那年大旱，第二年收成好，有雨水。12年一循环，然后又回到太阴在卯之年。能够预料农业丰歉就可以贱买贵卖，获取加倍的利润。

其四，勤俭经营，与雇工同甘共苦。白圭经商，主张节约开支，勤苦耐劳，并能与他的雇工同甘共苦。正如《货殖列传》所言：白圭"能薄饮食，忍嗜欲，节衣服，与用事僮仆同苦乐。"

其五，薄利多销，积累长远。他提出，要想增加钱财，经营下等谷物；要想增加粮食产量，经营上等种子。即所谓"欲长钱，取下谷；长石斗，取上种"的经营思想。在白圭生活的时代，粮食谷物是市场上最大宗的商品，消费者大多是平民。谷物是平民日常生活所需，要求不高，只需填饱肚子，便宜的下等谷物畅销。因此，在日常生活消费上，白圭主张"欲长钱，取下谷"。种子的好坏关乎庄稼的收成，要想来年丰收，必须挑选上等种子，优质种子是农人获得收益的基础。因此，在农业种植上，白圭提倡"长石斗，取上种"。

其六，智勇仁强，诚信为本。战国时期，政治、军事的地位远远高于经济，但白圭却把经济提高到等同于政治和军事的地位。他说："吾治生产，犹伊尹、吕尚之谋，孙武用兵，商鞅行法是也。是故其智不足与权变，勇不足以决断，仁不能以取予，强不能有所守，虽欲学吾术，终不告之矣。"意思就是，要做一名成功的商人，必须具备智、勇、仁、强四个条件。如果没有那么高的素质，即使想向我请教这些经营之术，也不会告诉其中的诀窍。白圭还认为，发家致富，必须诚信经营，制订切实可行的经营计划。

白圭经商，遵循市场经济规律，理论与实践相结合，讲求"仁术"，诚实守信，难能可贵，同样值得今人效法。

6.3 汉兴以后货殖家商业经营思想

《货殖列传》所列叙的货殖家，属于汉兴以后的主要有九人，涉及的行业包括商业、工业（矿冶业）、农业（畜牧业）、借贷业等。兼营商业的有程郑、宛孔氏、曹邴氏三人。纯粹从事商业的共三人：一是刀闲，"逐渔盐商贾之利，或连车骑，交守相……起富数千万"；二是师史，"转毂以百数，贾郡国，无所不至……致七千万"；三是宣曲任氏，"粮食囤积贩卖，豪杰金玉尽归任氏"。本节分述刀闲、师史、宣曲任氏三人的经商思想。

6.3.1 刀闲商业经营思想

首先，刀闲其人。

> 齐俗贱奴虏，而刀闲独爱贵之。桀黠奴，人之所患也，唯刀闲收取，使之逐渔盐商贾之利，或连车骑，交守相，然愈益任之。终得其力，起富数千万。故日："宁爵毋刀"，言其能使豪奴自饶而尽其力。（《货殖列传》）

刀闲，亦作刁闲、刁间，西汉齐国富商。齐国人有个风俗，就是鄙视奴仆。齐国富人都认为奴仆凶恶狡猾，因而对其担忧和戒备，一般行业尤其是商业贸易，不敢雇用奴仆。然而，刀闲却是个例外，不仅不鄙视、担忧和戒备奴仆，而且重视和重用奴仆，把奴仆当作事业发展的主力军。刀闲像白圭一样具有"与用事僮仆同苦乐"的精神，用自己的品质去争取人心，获得下属的信任和支持。刀闲经商致富、拥资数千万，其奥妙就在于知"奴"善任。

其次，知人善任是刀闲致富的法宝。

齐地背靠泰山，濒临渤海，土地肥沃，不仅盛产鱼盐，而且适宜种植桑麻，所以从姜太公被封在齐地时起，鱼盐和纺织品生产就很发达。到了汉代，齐地的鱼盐和纺织品已行销全国各地，从事商业经营的人很多。

西汉时期，富贵人家做买卖仍和古代一样，大多在家坐等，由商业奴隶外出经营，商业奴隶的地位十分卑下，根本没有人身自由，更不要谈自作主张，任意经营了。齐地的风俗更是贱视奴隶，主人对待奴隶不如牛马，经常随意打骂和刑罚，所以外出经营的奴隶经常故意丢失财物，或携带货款逃跑。因此，商人大多喜欢选用唯命是从的奴隶，而不愿使用心眼灵活、不易驾驭的奴隶从事商业经营活动。

和多数商人相反，刀闲喜欢聪明、伶俐的奴隶，尤其喜欢那些善于思考、有主见的奴隶，即使他们的脾气很暴躁，性格比较倔强，他也乐于使用。刀闲对于奴隶在经营活动中的自作主张，常听之任之，有时还给以奖励。齐地的人都认为刀闲性格古怪，嘲笑他软弱无能，听从奴隶的摆布。

一次，一个外出经营的奴隶不但不按时返回上交利润和货物，反而捎来消息说，所带钱货全部用完，要求追加货款。刀闲认为做买卖亏损是常事，不仅没有像一般人那样追究这个奴隶的责任，而且按照这位奴隶的要求追加货款，让他继续经营。后来有人告诉刀闲，那个奴隶做买卖不但没有亏损，而且赚了不少钱。他之所以把钱花光，是因为他替自己购买了高贵的马车和华丽的服饰，经常像阔人那样宴请当地官吏并向他们赠送厚礼，以致地方长官都和那个奴隶称兄道弟。

听报告人这样一说，刀闲十分恼火。于是命人立即招回那个奴隶，想狠狠教训他一番，好让所有的奴隶都明白，自己并非软弱可欺。那个奴隶如期归来，站在刀闲面前时，刀闲已经冷静下来。刀闲思忖，根据这个奴隶的平时表现，他是不会像报告人说的那样随意挥霍金钱的。即使果真如此，也不要随便发火，应该先问清原因，然后再根据情况给以惩罚也不迟。果然，经那个奴隶一解释，刀闲不但没有惩罚他，反而给了他重赏。

原来，皇帝祭祀泰山时，将在那个奴隶经商的地方停留。那个奴隶考虑，地方官为博取皇帝的好感，不久该地就会大兴土木和购置货物。他断定，这里将有一笔大买卖可做，为了战胜同行，抢到买卖，他来不及请示，便甩卖掉鱼盐，换成金钱用于送礼和宴请。添置车马和服饰的目的，在于抬高自己的身价。穿着寒酸，地方官吏就不会屈驾光临。为了及时抓住买卖时机，来不及向主人禀告，就自作主张采取了上述行动。

听那个奴隶如此一说，刀闲很庆幸自己没有轻率地采取惩罚行动。他明白，那样做不但会冤枉那个奴隶，挫伤他经商的积极性，也会使其他积极主动替自己办事的奴隶感到寒心。这件事对他的启发很大，为此他作出新规定：奴隶外出经商，可视经营情况乘车、骑马，也可以根据情况去结交达官贵人。

以上例子说明，刀闲不仅善于用人，而且在2000多年以前的西汉初年，就已经认识到"公关"在经营活动中的重要作用。因为替刀闲跑买卖的奴隶，不但能自主经营，而且衣着华丽，举止阔绰，齐人便编了这样一段顺口溜："与其外出求官，不如替刀闲为奴有好吃好穿。"刀闲因为信任自己的奴隶，放手让他们去经营鱼盐业或其他买卖，所以发了大财，"起富数千万"。

6.3.2 师史商业经营思想

首先，师史其人。

师史是何时代人，有人发生过疑问；甚或有人将其列入战国时代。其实司马迁在《货殖列传》中，在说到蜀卓氏，宛孔氏，周人师史之前有一段小序，其言为："请略道当世千里之中，贤人所以富者，令后世得以观择焉。"这段话告诉人们，洛阳人师史是和司马迁同时代的闻名千里的巨商和贤人。

《货殖列传》称：

> 周人既纤，而师史尤甚，转毂以百数，贾郡国，无所不至。洛阳街居在齐秦楚赵之中，贫人学事富家，相矜以久贾，数过邑不入门，设任此等，故师史能致七千万。

意思是说，洛阳人很吝啬，师史更为严重。他贩卖粮食到各地，秦、齐、楚、赵无所不至。这大概是说他深刻体会到挣钱不易，一切用度十分节俭。秦灭周后，在洛阳置三川郡，是秦朝的经济中心，这里有武库、敖仓。西汉初都洛阳，后迁长安，以洛阳为陪都，但洛阳仍是全国的经济中心。《史记·三王世家》载汉武帝言："洛阳有武库、敖仓，天下冲阨，汉国之大都也"。洛阳街区座落在齐、秦、楚、赵等地的中间，因为缺少土地，穷人只能到有钱人家学做买卖以谋生，并以能长期在外做买卖为荣，以至可以多次经过洛阳城而不进家门。师史巧妙利用这些人，所以能积累财富七千万。

《汉书·货殖传》也说："师史既衰，至成、哀、王莽时，雒阳张长叔、薛子仲，訾亦十千万。"据此，则齐、秦、楚、赵、梁、鲁及诸郡国，无不属于洛阳商人活动的范围。

其次，商业运输业是师史从事的主业。

西汉时期河南洛阳的师史一生经商，拥有100多辆运输商品货物的车辆，到各大都市和诸侯国去搞长途贩运，大发其财，竟达七千万。师史不仅有数以百计的运输车辆，而且在齐、秦、楚、赵各郡国都城，设店列肆，各行业都有他的店铺。

当时，洛阳街处在齐赵之中，地理位置优越，生意兴隆。洛阳街中有一个旅店，经营有方，深受当时人的赞扬。该店为了吸引四方旅客，除整洁门面和备齐旅客所需的物品外，采用了一套请客猜谜的妙法。每天由店主先出商品谜语，请客人猜，首先猜中的客人，可免去当天住宿费。想猜对谜语而不掏钱的客人众多，旅店住宿率极高，生意兴隆。据传说，有3则如下谜语。

店中有一物，打开像座亭，独柱立正中，上边有流水，下边有人行。

店中有一物，又圆又扁肚子空，似面镜子在当中。用时人人把头低，摸脸搓手又鞠躬。

店中有一物，铁打一只船，不在江河间，开船就起雾，船过水就干。

经过一番思考，有3个客人答对了。第一个是雨伞，第二个是脸盆，第三个是熨斗。长此以往，客人口传"猜谜可以少交房钱"，住店人越来越多。这个店不仅成了洛阳名店，而且成为文化交流提高知识的场所，做到客人住店高兴，离店想店，回头率很高。

6.3.3 宣曲任氏商业经营思想

首先，任氏其人。

> 宣曲任氏之先，为督道仓吏。秦之败也，豪杰皆争取金玉，而任氏独窖仓粟。楚汉相距荥阳也，民不得耕种，米石至万，而豪杰金玉尽归任氏，任氏以此起富。富人争奢侈，而任氏折节为俭，力田畜。田畜，人争取贱贾，任氏独取贵善。富者数世。然任公家约，非田畜所出弗衣食，公事不毕则身不得饮酒食肉。以此为闾里率，故富而主上重之。（《货殖列传》）

宣曲地区任氏的祖先，原为督道县管粮仓的小官吏。任氏是西汉前期宣曲（今西安市西南）地区的首富，主要从事商业储存业，靠囤积粮食发家致富。

商业储存业是任氏从事的主业。秦王朝被推翻的消息传到督道县后，官吏和富贵人家都争着贮藏珍宝珠玉，因为它们体积小而价值高，便于携带，急需时还可变卖成金钱，换取其他物品，所以珠宝等贵重物品的价格一涨再涨。只有老任氏对别人不感兴趣的粮食特别钟爱，他认为秦王朝被推翻后还会大乱，而民以食为天，囤积粮食才是乱世发家最可靠的手段。于是，乘官府粮仓无人监管的机会，一边偷偷地挖地窖，一边偷偷把官仓粮食运回自家地窖贮藏起来。

秦朝灭亡后不久，果然楚霸王项羽和汉王刘邦之间打起了大仗，而且一打就是四五年。因为长期战乱，农民无法耕种，土地大片荒芜，粮食价格愈来愈贵，最后，几百钱一石的粮食，价格竟涨到一万钱。贫民大量饿死，原来争着贮存珠宝的有钱人，这时也不得不拿出自己的珍宝向任氏交换粮食，任氏因而发了大财。

其次，任氏致富家规。

有钱的人喜欢比奢侈阔气，可是任氏却一反惯例，讲求节俭，致力于农业和畜牧业。因为生活上节省，生产上肯投入，几代都是富翁。

为了让任氏子孙长期保持富贵，发财后老任氏为自己的子孙立下了两条家规。任氏的第一条家规是，在生产投入上要舍得花钱。和一般人都喜欢购置价格便宜的土地相反，任氏购置土地首先考虑的是土质，其次才是价格。一般人都喜欢购买价格便宜的牲畜，任氏购买马、猪、牛、羊，首先考虑的也不是价格，而是畜种的品质。由于任氏购置的都是上等土地，所以他家地里的粮食生产比别家多，牧场比别家水草茂盛；由于任氏添置的都是良种牲畜，所以他家的马、牛、猪、羊都比别家繁殖得快。

任氏的第二条家规是，在消费支出上要力求节俭。任氏虽有大片良田和肥美的牧场，却要求子弟必须过简朴的生活。如他家规定，不是自家地里生产的粮食不许吃，不是自家制作的衣服不许穿，不是自家牧场上驯养出来的马不许骑，没办完应做的事情不许吃肉喝酒等。所以，任氏子弟不像一般富贵人家子弟那样奢侈、放荡，能够尽心尽力地经营自家的土地和牧场。

对于任氏家族的经营方法，当地人非常佩服，尤其赞赏任氏家族的节俭家风，都把任氏看做自己仿效的榜样。皇帝知道任氏治家的方法后也很佩服，为了表示对任氏的敬重，曾专门下诏书命令地方官吏把任氏树为表率，希望大家都向他学习。

6.4 孟子的商业经济思想 [①]

孟子名轲，字子舆，邹国人，《孟子》的作者，战国中期儒家的杰出代表，后世"孔孟"并称，尊为"亚圣"。生于约公元前390年，卒于公元前305年。在《孟子·滕文公上下》《孟子·梁惠王上下》等编中，孟子提出了先秦思想家较少涉足的商业经济观点，并做了难能可贵的探讨。本节从商业存在的客观性、商业等价交换、商业贸易自由等三个方面加以论述，可望对我国商业经济的理论建设和现代实践有所裨益。

---

① 吕庆华：《试论孟子的商业经济思想》，《广西财经学院学报》1998年第2期。·全文转载于中国人民大学复印报刊资料《理论经济学》1999年第8期。

6.4.1 商业客观性思想

孟子认为，富、贵、声、色等物质需要和欲望，都是人们所追求的。在社会伦理标准的范围内，追求物质需要的充分满足是人的本性。他说："好色，人之所欲"、"富，人之所欲"、"贵，人之所欲。"（《孟子·告子上》）"口之于味也，目之于声也，鼻之于臭也，四肢之于安佚也，性也。"（《孟子·尽心下》）

既然生理物质上的欲望，对名誉地位等利益的追求都是人们的内在需要，内在于人的本性之中，有着深刻的人性根据，那么，统治者要赢得民众的支持，就必须施"仁政"，从经世济民的政治高度，尽可能地满足民众的欲望，即所谓"得其心有道，所欲与之聚之。"如何"与之聚之"呢？孟子提出著名的社会分工说。

首先，孟子从人的天赋与能力的角度，说明了社会分工的必要性和社会阶级划分的必然性。他认为，任何人绝不能同时自耕而食，自织而衣，自造炊具和耕作器具，必须通过百工和农夫的分工，各人发挥各人的专长，然后彼此交易"以羡（有余）补不足"。在百工和农夫分工的基础上，最大的分工是劳心和劳力的分工，孟子认为劳心者从事治理天下，劳力者从事百工、农耕是天下的通义。

其次，孟子又从功利（效果）的角度，论述社会分工的必要性。他说："子不通功易事，以羡补不足，则农有余粟，女有余布。子如通之，则梓、匠、轮、舆皆得食于子。"（《孟子·滕文公下》）通过商业交易，把分工的便利互相融合起来，人人得利，行行获益。正如恩格斯所说："问题从分工的观点来看是最容易理解的。社会产生着它所不能缺少的某些共同职能。被指定去执行这些职能的人，就形成社会内部分工的一个新部门。这样，他们就获得了也和授权给他们的人相对立的特殊利益。"[1]

总之，孟子精辟地论证了商业客观性的第一个前提条件：社会分工。

---

[1] 恩格斯：《马克思恩格斯〈资本论〉书信集》，人民出版社1976年版，第504页。

另一方面，孟子明确拥护私有制，提出"恒产说"，为商业客观性的第二个前提条件：劳动产品归不同所有者所有，进行了有力的论证。孟子提出的"恒产说"，"是中国历史上第一次明确提出的拥有私有财产制度的理论。它与古希腊哲学家亚里士多德从'人类之天性'出发为私有财产制度辩护之主张异曲同工。"①

孟子说："民之为道也，有恒产者有恒心，无恒者无恒心。"（《孟子·梁惠王上》）所谓"恒产"，就是指人们长期占有的生产资料等财产，其中最主要的是土地。孟子设想一般老百姓的恒产是"五亩之宅"、"百亩之田"，老百姓依靠这些生产资料，辛勤劳作，或种植作物或畜养鸡犬，获得农业生活资料，并通过商业（人）的"通功易事"活动，交换到必需的手工业品生活资料和农业生产资料。

总而言之，生产资料私有制，劳动产品归不同的所有者所有，为商业的客观存在提供了又一个前提条件。

6.4.2 商业等价交换思想

孟子充分认识到商业、商品交换的重要性，社会分工利益的实现只有通过商业"通功易事"功能的发挥才有可能成为现实。唐任伍认为："孟子的商品交换思想是最值得称道的了，可以说，在先秦思想家中，除了《管子》书中有关论述外，孟子的交换思想是最杰出的。"② 杨伯峻给"通功易事"作注释，"通功，互通成果。易事，交易产品。"③ 商业独立投资，以媒介成商品交易为己任，既买又卖，为卖而买，实现商品的价值和使用价值，必须遵循的首要交易原则就是等价交换原则。孟子敏感地认识到，"一般地说，商品交换是互利地交换劳动，所以必须是等价交换。"④ 商业等价交换思想成了孟子商业经济思想的重要组成部分。

---

① 胡寄窗：《中国经济思想史》（上），上海人民出版社 1962 年版，第 233 页。
② 唐任伍：《中外经济思想比较研究》，陕西人民出版社 1996 年版，第 82 页。
③ 杨伯峻：《孟子导读》，巴蜀书社 1987 年版，第 148 页。
④ 赵靖：《中国古代经济思想名著选》，北京大学出版社 1985 年版，第 36 页。

先秦诸子中的农家代表人物许行，从楚国来到滕国，提倡"君臣同耕"，反对统治者脱离体力劳动，否定体力劳动和脑力劳动分工的必要性，但承认私有制前提下的农业、手工业分工，并认识到基于农业、手工业分工基础上的商品交换，是生产正常进行的必要条件。他还认为商品交换应按公平的价格来进行，于是提出"市价不二"的主张。陈相对孟子说："从许子之道，则市贾不贰，国中无伪，虽使五尺之童适市，莫之或欺。"孟子却针锋相对地说："从许子之道，相率而为伪者也。"无论什么事物，既有数量的不同，又有质量的区别。许行只承认数量，即所谓"布帛长短同，则贾（价）相若；麻缕丝絮轻重同，则贾相若；五谷多寡同，则贾相若；履大小同，则贾相若。"（《孟子·滕文公上》）而无视质量。许行以为，两种商品只要单位相等，价格就相等，只看到商品数量等同性的一面，而忽视了决定商品价格高底的商品质量规定性的一面，因而是片面的。

孟子针对许行的"市价不二"的观点，提出自己的反驳论点："夫物之不齐，物之情也；或相倍蓰，或相什佰，或相千万。子比而同之，是乱天下也。巨履小履同贾，人岂为之哉？"孟子认为，内在质量的不同是一切事物的客观存在。商品的品种，质量不同也是常性，它们的价格有的相差一倍至五倍，有的相差十倍至百倍，有的相差千倍至万倍。货有好歹，价无高低，只能使人共同作假。从"夫物之不齐，物之情也"一语中可以推断，孟子似乎已经认识到决定商品价格相差千百倍的某个实质内涵，即"情"，这个"情"包含在商品体内部，只有量的不同而无质的区别，决定了商品交换中千差万别的比例关系。

马克思说："商品按它们所包含的劳动进行交换，也就是说，就它们代表等量劳动来说，它们是相等的，同一的。"[①]在具体的商品交换过程中，不同商品之间价格或交换价值的不同，是由商品内在的劳动量即价值量来决定的，从这个意义上说，孟子已经感觉到商品价值的存在，感觉到商业等价交换的必然性。当然，在当时的历史条件下，孟子不可能看到劳动的平等性，不可能挖掘出形成这个"情"的——抽象劳动。

---

① 马克思：《马克思恩格斯全集》（第26卷Ⅲ），人民出版社1974年版，第136页。

6.4.3 商业贸易自由思想

商业贸易自由是贸易主体自愿让渡商品、体现商品货币所有权利益要求的意志关系。商业贸易自由的贯彻，有助于商业等价交换原则的坚持和守护。商业贸易自由作为商业实践的原则要求，就必须排除人为垄断、行政阻碍、供求局势失衡等因素，创造公平竞争、客观政策扶持、供求局势平衡的市场环境和条件。从孟子提倡社会分工、拥护私有制、贯彻等价交换等商业经济思想中，我们从以下三个方面可以断定：孟子同样坚持商业贸易自由思想。

首先，反对垄断。在商品交易过程中，孟子反对不法商人的市场垄断行为，贬称搞垄断渔利的不法商人为"贱丈夫"。他说："古之为市也，以其所有易其所无者，有司者治之耳。有贱丈夫焉，必求龙断而登之。以左右望而网市利。"孟子讲的"龙断"即垄断，本意指小高冈，这里指把市利网罗在己、排挤别人的商业行为。

垄断一词是孟子最早提出的[①]，虽然没有现代经济学中的垄断概念科学、精确，但有不可磨灭的经济学说史意义。孟子反对垄断，提倡市场公平竞争、公平交易，体现了商业贸易自由思想。

其次，免除商业税（关税）。孟子主张国家实行农业单一税，"国中什一使自赋"（《孟子·滕文公下》），确定税率为百分之十，其他方面一律不征税。他说"关市讥而不征"（《孟子·梁惠王下》），在关口和市场上，政府只稽查，不征关税或商业税；他又向宋王建议"去关市之征"（《孟子·滕文公下》），即免除关税或商业税。并认为征收太高的农业税，征收本来不该征收的商业税（关税），就和偷盗一样的不光彩，应该马上停止。

孟子素来主张的农业单一税制和农业什一税率的思想，传到西方，成为魁奈为代表的法国重农学派的税收理论的思想渊源，在中、西经济学说史上都有重要地位。其免除商业税（关税）的见解，也充分表明：他为商业贸易、商品自由流通创造良好环境的迫切心情。

---

① 唐任伍：《中外经济思想比较研究》，陕西人民出版社 1996 年版，第 82 页。

最后，富民得"仁"。孟子对国家经济发展信心十足，具有浓厚的富民思想，他的理想社会是人民"有菽粟如水火"（极言菽粟多）。如何做到民富呢？他认为有两条途径：一是"易（治）其田畴，薄其税敛"，二是"食之以时，用之以礼。"（《孟子·尽心上》）他还把富民看作是治国的基础，是实施一切人伦规范的前提，认为人民富足了，社会就没有"不仁"的人。这和管仲说的"仓廪实而知礼节，衣食足而知荣辱"的观点耦合，和他自己的"有恒产则有恒心"的观点也相通。

总之，"民有菽粟如水火"就能做到"饱食暖衣"，"逸居而有教"（《孟子·滕文公上》），人民做到明人伦、讲信义。从而，为商业贸易自由原则的贯彻，创造了商品丰富、供求两旺的市场物质基础和童叟无欺、不强买强卖的商业道德环境。

7. 货殖家工农贷业致富思想

《货殖列传》所列叙的货殖家中，从事工业（矿冶业）的有秦以前的郭纵"冶铁成业"，巴寡妇清"传丹穴"；汉兴以后的蜀卓氏、程郑、宛孔氏、曹邴氏。从事农业（畜牧业）的有秦以前的猗顿（兼盐矿业），乌氏倮"畜至用谷量马牛"；汉兴以后的桥姚"塞外致马千匹"。从事借贷业的主要是汉兴以后的无盐氏，另有曹邴氏兼营信贷业。

7.1 货殖家矿冶业致富思想

《货殖列传》所列叙的货殖家中，以行业而论，矿冶业居多。猗顿用盐起家（先畜牧业后盐矿业），即所谓"猗顿用盬盐起"；邯郸郭纵以铁冶成业，"与王者埒富"；巴蜀寡妇清"传丹穴"；蜀卓氏用铁冶富，"至僮千人"。此外，以冶铁致富者，还有程郑（兼商业）、宛孔氏（兼商业）、曹邴氏（兼信贷业、商业）。可见，在当时富豪中，以盐铁（矿冶业）致富的，占很大比例。本节重点分析巴寡妇清和蜀卓氏的致富思想。

7.1.1 巴寡妇清冶矿致富思想

首先，中国最早的女企业家。

巴寡妇清，擅长丹砂开采生意，家财难以计量，秦始皇"为筑女怀清台"，是名垂青史的中国最早的女企业家。《货殖列传》详细记载了巴寡妇清的事迹：

巴（蜀）寡妇清，其先得丹穴，而擅其利数世，家亦不訾。清，寡妇也，能守其业，用财自卫，不见侵犯。秦皇帝以为贞妇而客之，为筑女怀清台……清穷乡寡妇，礼抗万乘，名显天下，岂非以富邪？

司马迁说，巴蜀地区有个寡妇叫清，其祖先发现了朱砂矿，数代垄断丹砂开采的生意，积聚了数不清的资财。清，不过是一个寡妇，却能够守住祖业，用钱财自卫，不受侵犯。秦皇帝认为她是个贞妇，因而以客礼相待，还为她筑了女怀清台……清是个偏僻农村的寡妇，却受到国君的礼遇，难道不是因为富有吗？

《华阳国志·巴志》说，巴寡妇清是巴郡枳县人，死后葬于长寿县千佛场龙山寨。《长寿县志》记载更详细，说巴寡妇清家族的仆人上千，徒附和私人保镖上万；巴寡妇清捐赠巨资修建秦始皇生前浩大的军事工程——长城，即所谓"捐资长城，以赞军兴"。

据说，清出身寒微，少年时跟父亲学习诗书，因为相貌与气质出众，嫁给了当地一位青年企业家。不幸的是，事业有成的丈夫英年早逝，寡妇清不顾世俗偏见，毅然挺身主持起丈夫留下的偌大家业，即当时勃勃兴起的开汞炼丹业。

秦始皇统一六国，除了大肆革新国家治理、促进国家经济社会发展，还积极为自己修建陵墓——骊山陵。在陵墓中大量使用水银，其目的不仅是营造恢弘气象，而且有保尸的意图，甚至可以利用硫化汞（水银）毒气防止盗墓贼入侵。春秋战国的贵族墓冢以"水银为池"并不鲜见。但是，在地宫里用水银象征"百川江河大海"并"相机灌输"，却是始皇陵所独有。始皇陵估计用了上百吨水银。水银是珍稀的液态金属，由丹砂提炼而来。上百吨的水银从哪儿来？谁向秦陵地宫供应这些水银？专家推测初步确定，这些水银来自巴寡妇清。其理由在于，巴寡妇清家族数代垄断丹砂经营，不断提高炼丹技术，生产规模巨大。

因此，秦始皇将其奉为上宾，顺理成章。近代经济史家称她为"中国最早的女企业家"或"中国最早的女工商业主"，《史记》《一统志》《括地志》《地舆志》《舆地纪胜》和《州府志》等史书，分别记载了她的事迹。

其次，巴寡妇清的成功之道。

其一，与秦始皇的关系非同一般。

"千古一帝""绝世暴君"的秦始皇，与来自巴蜀的寡妇清有非同寻常的关系。先富起来的寡妇清不仅为富能仁，进贡秦始皇陵地宫水银，捐赠巨资帮助修筑长城；并全力以赴搞好劳工福利，积极扶贫济困；还组建了庞大的私人武装，保护一方平安。秦始皇封她为"贞妇"，念她年高、孤寡，诏她住进皇宫，给予公卿王候的礼遇。从此，巴寡妇清的事迹"名显天下"。巴寡妇清死后，秦始皇按她的遗愿，将其灵柩运回家乡，厚葬于长寿龙山寨，在墓地修建高台，并亲笔题写"怀清台"三个字，寄托自己的哀思，表达对清的怀念和敬意。

长期以来，以农业为本的历代王朝都对工商业加以打击和限制，历代对寡妇清及其与秦始皇的关系，褒贬不一。连思想激进的王安石，也嘲笑"兼并乃奸回……秦王不知此，更筑怀清台"。到了明后期，人们才开始正视寡妇清的成就和伟大胸怀，明末诗人金俊明有诗云：

> 丹穴传赀世莫争，用财卫国能守贞。
>
> 龙祖势力倾天下，犹筑高台怀妇清。

时至今日，巴寡妇清已被奉为重庆地区巴国、巴郡时期工商业发展的标志性人物。这位有感皇恩浩荡的女货殖家，到咸阳后不久就卧病不起，几经御医治疗无效，最终客死京城。秦始皇和清，一个纵横天下所向披靡，一个驰骋商海风光无限，两人关系非同一般。

其二，拥有庞大的私人武装。

《史记》《汉书》等正史的作者，都描述了巴寡妇清，"用财自卫，不见侵犯"这一史实。巴寡妇清用她无法计量的财富，豢养了一支庞大的私人武装，以保护其遍及全国的商业网络。比秦朝稍后的汉代，地方豪强常常拥有成百上千的徒附[①]、家丁。

结合《史记》、《汉书》记载巴寡妇清"礼抗万乘"的情况，大体可以相信《长寿县志》的记载。有人从秦灭巴国改设巴郡的历史，考证当时巴寡妇

---

① 徒附，既指豪强地主土地上的依附农民，又指豪强豢养的私人武装——家丁。

清家族的所在地——枳县，包括今长寿、涪陵、武隆、南川、彭水、垫江、綦江、黔江等地，全县人口总计不到 5 万人。当时巴寡妇清家族的徒附、家丁竟占据枳县人口 1/5，即使保守估计，巴寡妇清也应当拥有一支数千人的私人武装。这从侧面反映了巴寡妇清的雄厚实力和势力。

其三，不受法典约束的强大经济实力。

秦统一后，在全国各地展开一场收缴兵器的运动，即使私藏一把残戈钝剑，也要受到严厉惩罚，更别说拥有私家武装。《史记·秦始皇本纪》说，始皇兼并天下后，立即收缴天下兵器，运到咸阳加以熔化，铸造成编钟，又铸造 12 个重 3 万公斤的"金人"（铜人）安放在宫廷里。这表明秦始皇对民间武装的忌讳之深。《秦律》也有明文规定：天下兵器，不得私藏。

秦始皇是"平定天下，海内为郡县，法令由一统，自上古以来未尝有"的专制主义中央集权的第一个最高统治者。而对巴寡妇清却能给予如此特殊的礼遇，这是鲁卫之君对子贡"分庭与之抗礼"不能比拟的。在一个严禁民间私藏兵器的时代，巴寡妇清竟凌驾于严苛的法典之上，拥有私家武装，说明她拥有巨大的个人势力。司马迁感慨地写道："夫清穷乡寡妇，礼抗万乘，名显天下，岂非以富邪？"富，就是经济实力。可见，巴寡妇清的社会地位，甚至政治地位，与她的经济实力密切相关。

7.1.2 蜀卓氏冶铁致富思想

四川邛崃市，古称临邛。卓氏曾经在这里冶铁创业，"富至僮千人"，"汉家食物，以为称首"。其经营的冶铁工场颇具规模，是西汉时期屈指可数的大冶铁工场，铁器产品不仅销及巴蜀，而且远销云南、贵州等西南边陲和南洋诸国。研究卓氏冶铁，借古鉴今，具有借鉴意义。

首先，冶铁世家卓氏。

卓氏是西汉前期著名的冶铁世家，他家既采矿炼铁，又打制铁器售卖，是手工业和商业兼营的大企业主。到了汉武帝时期，卓氏企业传到卓王孙掌管时，卓氏已成为滇、蜀一带的首富，为卓氏冶铁的工匠就多达上千人。

史书专门记载了卓氏巨大的冶铁经营业绩及豪华富有。《华阳国志·蜀志》记载："而邛公从禽，巷无行人。箫鼓歌吹，击钟肆悬，寓僮公室，豪过田文。汉家食货，以为称首"，"货累巨万亿"。汉扬雄在《蜀都赋》中对卓氏之富做如下描写："若其渔弋，郄公之徒相与如乎巨野，罗车百乘，观者万隈。"晋代左思《蜀都赋》一文也写道："若夫王孙之属，郄公之伦，从禽于外，巷无居人。"卓氏出外寻欢作乐，追逐禽兽打猎，"罗车百乘"，围观者上万。卓氏富比王公，赛过有"食客三千人"的齐国大贵族孟尝君田文。

司马迁《货殖列传》记载如下：

> 蜀卓氏之先，赵人也，用铁冶富。秦破赵，迁卓氏。卓氏见虏略，独夫妻推辇，行诣迁处。诸迁虏少有余财，争与吏，求近处，处葭萌。唯卓氏曰："此地狭薄。吾闻汶山之下，沃野，下有蹲鸱，至死不饥。民工于市，易贾。"乃求远迁。致之临邛，大喜，即铁山鼓铸，运筹策，倾滇蜀之民，富至僮千人。田池射猎之乐，拟于人君。

意思是说，蜀郡卓氏的祖先，是赵国人，因为从事冶铁业致富。秦国攻占赵国后，强迫卓氏搬迁。卓氏被俘后遭到掠夺，仅剩下夫妇2人推着辇车，步行前往迁徙的处所。其他被强制搬迁的俘虏稍有剩余钱财，就争相送给官吏，请求搬迁到近处，于是在葭萌县定居下来。只有卓氏说："这里土地狭小贫瘠。我听说岷山之下，土地肥沃辽阔，遍地是野生的大芋头，可以一辈子不挨饿。市场上民工很多，买卖容易做。"于是请求远迁。迁徙到临邛以后，他非常高兴，立即到铁矿山去从事鼓铸，并全面筹划经营策略，终于成为滇蜀地区的首富，仅奴隶就有上千人。还拥有大片的土地和众多的池塘供其射猎，那种快乐的程度，简直可以和国君相比。

其次，卓氏冶铁致富的秘诀。

其一，优越经营地理条件的选择。

老卓氏选择边远山区的临邛县定居，这和他具有企业家的开拓精神，善于为自己的经营创造有利条件分不开。临邛具备以下5个方面的优越地理条件。

一是临邛在岷山脚下，距离铁矿[①]很近，开采较为方便。据《华阳国志·蜀志》和唐《元和郡县图志》卷30载：临邛有"古石出，有石矿，大如蒜子，火烧合之，成流支铁"。这就是说，在临邛有大如蒜状卵石般的铁矿石，用火高温熔化，铁水像小溪支流状从炉子里流出成型为铸铁。炼铁，这就要涉及铁矿石、燃料，石灰石和耐火黏土材料。在这里定居，可以充分发挥卓氏冶铁世家的专业特长，便于老卓氏重操祖业。

二是临邛临近西南少数民族聚居区，劳动力充足，而且价格低廉，可以减少冶铁生产成本。

三是少数民族地区可以为铁制产品提供广阔的市场。当时少数民族地区处在刀耕水耨阶段，人们种田普遍使用石制、骨制或木制工具，先进的铁器容易打入并占领少数民族市场。

四是临邛距离大城市成都不远，可以利用成都发达商品流通条件，把临邛和发达地区的大市场连结在一起。

五是临邛土地肥沃，野生大芋可以充饥，劳动力成本较低。

其二，大规模的投资。

扩大投资规模也是卓氏迅速成为巨富的原因。发现临邛冶铁可赚大钱后，卓氏迅速增加投入，扩大生产规模，雇佣上千名生产工人，日夜不停地赶工生产，产品销售顺畅，财源滚滚。

邛崃现存冶铁遗址共四处：一是在邛崃市临邛镇天庆街铁花村，又名"铁屎坝"的地方。二是《邛州志》记载的"铁炉沟，州治东三十五里，在五面山下"，即今之邛崃市东外新安乡南京村的"铁炉沟"。三是邛崃市南外3华里的南河十方堂，还可见到炼铁遗留下来的结块，被群众称为"铁牛"。四是邛崃市南外40华里的平落镇，离镇仅1华里的协议村，地名叫"阎镇子"（平落古镇遗址）。

---

① 临邛铁矿资源十分丰富。邛崃县编写的《区据报告集》记载："邛崃县境内，没有发现铁矿层，仅有零星分布的菱铁矿结核。菱铁矿分布于新生地层，在黏土层有卵石形菱铁矿。"《邛崃土壤》也记载："雅安期沉积物，主要分布在县境内五绵山地的临济至新安一带10个乡。其田质上部为棕黄色黏土层，组织致密，透水性差，土层深厚，略含粉砂。心土层有大量铁、锰结核，并有铁盘层出现。"这就印证了史书上所记载的"有石矿，大如蒜子"。临邛也有丰富冶铁需要的木炭燃料、石灰石熔剂及黏土耐火材料等。

四处冶铁遗址每块的面积都有几十亩，其中以铁花村遗址最为典型，且更具代表性。其面积有500平方米，铁渣遍地可见，1974年和1976年时，某建筑队在这里开挖地基时，发现离地面40厘米深处竟有约30厘米厚的铁渣层。从现已发现的四处冶铁遗址看，其分布广，范围大，遗物多，足以证明当时的冶炼工场规模庞大，由此亦可见卓氏投资的大手笔。

《华阳国志·蜀志》记载："卓王孙僮千数，程郑八百人。"《货殖列传》写道：卓氏"富至僮千人"。《汉书·司马相如传》记载："临邛多富人，卓王孙家僮八百人，程郑亦数百人。"卓文君夜奔，与司马相如结为夫妇，"卓王孙不得已，分与文君僮百人。"①僮：即奴隶和雇工。从史料所载，卓氏"僮千人"，也就是卓王孙经营的冶铁工场有上千名奴隶和雇工，在冶铁大户程郑的冶铁工场里，也有800多人。从这里，可以窥见卓氏和程郑冶铁工场的生产规模宏大。

冶铁，是西汉最兴盛的行业。临邛冶铁工场多，规模大，正是史书所载的"临邛多富人"。在临邛，除卓氏、程郑这样著名冶铁大户外，还有不少从各国迁来的富豪、贵族和工匠，从事冶铁经营。

其三，善于用人。

汉朝初年，政府对商业经济活动采取"开关梁，弛山泽之禁"的自由放任政策，极大地促进了工商业发展。但由于封建社会固有的贫富差距，也有很多吃不饱穿不暖的穷苦人家。《盐铁论》记载：殷实之家"一家聚众或至千余人，大抵尽收放流人民也，远去多里，弃坟墓，依倚大家，聚深山穷泽之中"。放流人民：即土地兼并下的失业农民。富家大族就靠雇佣他们经营盐铁等产业而致富。

卓氏家族善于用人，以廉价食物招募大量贫民，付以相应的工钱，竟"倾巴蜀之民"为其做工，不但降低了经营成本，而且解决了"流放人民"的就业问题。

其四，采用先进技术。

在铁矿冶炼和工具铸造技术上，卓氏既有冶铁世家的专有技术，又充分

---

① 班固著、陈焕良等标点：《汉书》（下册），岳麓书社1993年版，第1110—1111页。

利用从中原地区带来的先进技术。"铁山鼓铸"的"鼓"字，是指升温铸铁之鼓风。说明卓氏在冶炼生产中，已经使用先进的鼓风设备。据清嘉庆《邛州志》卷4之山川载："汉书有鞲法，此法惟蜀中铁冶用之，火略似盐井取水筒。""鞲"，即鼓风吹火器。宋沈括《梦溪笔谈》卷20载"使人隔墙鼓鞲"。由采用人力畜力推动皮囊鼓风，发展到用水力推动皮囊的鼓风装置。用水排代替马排和人排，有利于人力畜力的节省和工效的提高。

邛崃现存的卓氏四处冶铁遗址，都位于河边渠畔，这就是利用水力推动鼓风设备的得天独厚的地理条件。对于水排的介绍，直到元《王祯农书》才有记载。延续到解放初，我国不少地方仍然采用水力鼓风，可见西汉临邛冶炼生产技术，已经相当先进。

其五，开拓大市场。

西汉思想家、理财家桑弘羊在《盐铁论》中说：燕地的涿邑、赵地的邯郸、魏地的温轵、韩地的荥阳、齐地的临淄、楚地的宛丘，以及郑地的阳翟等，都是富甲海内的大城市。这些地方富足的原因，显然不是靠务农，而是因为地理位置好，处于交通枢纽地位，贸易便利，市场容量大，所以商业发达，社会繁荣。

卓氏之所以到蜀地从事冶铁产业，除了看中富饶的自然资源，还看中巨大的市场空间。虽然中原一带冶铁业已经相当发达，但巴蜀地区冶铁业却十分落后，当地生产工具还很原始，铁制工具等新产品的市场需求旺盛。后来的实践证明，其铁制工具等新产品果然成功占领巴蜀市场，并远销云南和贵州边陲，甚至东南亚国家。

7.2 货殖家畜牧业致富思想

《货殖列传》所列叙的货殖家中，从事畜牧业致富的有秦以前的猗顿、乌氏倮，汉兴以后的桥姚。本节分析猗顿、乌氏倮、桥姚3人的畜牧业致富思想。

7.2.1 猗顿货殖大经

猗顿，战国初年著名的大工商业者，魏国人，号猗顿[1]，姓名无可考。《货殖列传》记载：

> 猗顿用盬盐起……与王者埒富。

用：因。盬（gǔ）：河东池盐。埒（liè 劣）：相等，等同。就是说，猗顿因为经营河东池盐发迹，和国君一样富有。

猗顿货殖，从畜牧业到盐矿业再到商业，多业经营，10 年之间，成为与陶朱公齐名的巨富。后人用"猗顿"作为富户的通称。猗顿所遵循的致富原则，正符合司马迁在《货殖列传》提出的"货殖大经"："无财作力，少有斗智，既饶争时"。就是说，发家致富，没有资产先要凭力气赚取财富，少有资产要凭智慧增加财富，已经富足就要把握时机，与时俯仰，继续扩大财富。

首先，无财作力。

《孔丛子·陈士义》说：

> 猗顿，鲁之穷士也。耕则常饥，桑则长寒。闻陶朱公富，往而问术焉。朱公告之曰："子欲速富，当畜五牸。"于是乃适西河，大畜牛羊于猗氏之南，十年之间，其滋息不可计，赀拟王公，驰名天下。[2]

猗顿本来是鲁国穷困潦倒的人，从事农耕却常挨饿，从事农桑却常穿不暖。听说陶朱公很富裕，前去打听致富的方法。朱公以为猗顿贫寒，缺乏资金，处于"无财作力"阶段，提出建议说："你想快速致富，应当多饲养牲畜。"于是，到了西河，在猗氏南边大养牛羊，10 年之间，繁殖数量不可计数，财富之多比拟王公，其名传播天下。[3]

---

[1] 猗顿辛勤经营，畜牧规模巨大，"大畜牛羊于猗氏之南，十年之间，其滋息不可计，赀拟王公，驰名天下。"因起家于猗氏，故号猗顿。

[2] 孔鲋著、王钧林等译注：《孔丛子》，中华书局 2009 年版，第 195–196 页。

[3] 致富后的猗顿为了表达对陶朱公的感恩之情，在今临猗县王寮村修建了陶朱公庙。

猗顿按照陶朱公的指示，迁徙西河（今晋南一带），定居于猗氏南边，大量蓄养牛羊。当时，这一带土壤潮湿，草原广阔，尤其是猗氏县南20里处，有一片面积很大的低洼地区，水草丰美，景色宜人，是畜牧的理想场所，猗顿最初就在这里放牧。[①]

猗顿仔细观察、认真分析各种畜禽的生活习性，逐步摸索总结出"牛者顿足，马者夜饱，羊行自饱"的规律。他创造的"盐水饮畜"、"斗米养千鸡"的饲养方法和为雄畜去睾丸的办法，极大地提高了饲养效率。他不仅用留强去弱的办法提高种畜质量，还让本地良种和外地良种杂交繁育，为畜禽品种改良作出了巨大贡献。直到今天，山西运城的大黄牛和高个子驴，依然闻名遐迩，尤其是大黄牛，被誉为全国五大良种之一。

猗顿还广泛培植鲜杏、鲜桃品种，组织民众开辟杏园、桃园和桑园。猗顿不仅栽植桑园，还开办缫丝加工厂。缫丝加工西抵桑泉，东跨盐池，被人们称赞为"绣花园"。猗顿居住的地方，很快成为一个大村落。

其次，少有斗智。

司马迁《货殖列传》进一步阐述到："夫纤啬筋力，治生之正道也，而富者必用奇胜"。也就是说，精打细算、勤劳节俭，这是谋生的人都应该遵循的原则，但是若想发财则必须具备超群的本领才能达到目的。在经营畜牧的同时，猗顿已注意到位于猗氏南部的河东池盐，他在贩卖牛羊时，顺便用牲畜驮运一些池盐，连同牲畜一起卖掉。在此过程中，认识到贩运池盐是一条获利更大的致富途径。于是，他在靠畜牧业积累了雄厚的资本以后，又把眼光投向盐矿业，开发河东池盐，从事池盐生产和贸易。

战国时代山林川泽之利（如盐铁）的开发，虽然为官府控制，但官府不直接经营，而是用抽取3/10税的办法，让有钱有势的豪民开发经营。盐矿的开发，需要大量资金和劳动力。正如《盐铁论·禁耕》所说："非豪民不能通

[①] 猗顿致富以后，不慕高官厚禄，广行仁义，急公奉饷利于国，赈济四方利于民，兴修涑水，灌溉良田，百姓受惠，官民敬仰。死后，葬于临猗县牛杜镇寨村西，陵墓历代多次重修。据史料记载，清康熙44年修复一次，清道光17年又重修一次。现有猗顿陵园，面积6000多平方米，为省级重点文物保护单位。

其利"，属于豪民的猗顿，自然有能力开发河东池盐。①

雍正《敕修河东盐法志》卷1说：河东池盐为"池水浇晒之盐，可直（接）食用。不须涑（涑水，在山西省）治，自成颗粒。"即将池水浇在地上，风吹日晒后即可成为颗粒状食盐，不需要煮炼。因此，《左传·成公六年》中称其为"国之宝"。河东池盐是取之不尽、用之不竭的财源，猗顿不断扩大池盐的生产与销售规模，成为当时我国著名的大富豪。

最后，既饶争时。

《韩非子·五蠹》："鄙谚曰：'长袖善舞，多钱善贾。'此言多资之易为工也。"司马迁在《史记·范雎蔡泽列传》也说："长袖善舞，多财善贾"。猗顿"既饶争时"，与时俯仰，把握商机，不断扩大财富规模。

一是开凿山西第一条人工运河。猗顿开凿人工运河的目的，在于改变驴驮车运的落后运输方式，以舟运盐，加快贩运速度，更加有效地经营池盐。据乾隆《临晋县志》卷6记载，这条运河从河东盐池起，通于五姓湖，又从五姓湖至蒲坂（今山西永济县）的孟明桥入黄河，遥遥百里，这基本是后魏时永丰渠的路线。只是因黄河泥沙淤塞渠口，未能使用。

猗顿开凿运河，目前尚未得到原始资料的佐证，但可以从客观需要、地形、生产力水平、财力四个方面分析其可能性。从客观需要看，开凿这条运河，既是运输池盐的需要，又保护池盐的需要，因为河东池盐最忌客水（外来之水）浸入，破坏池盐生产。运渠可以引走客水，保护盐池，此后永丰渠的开凿也是出于这个目的。从地形看，这一线地势平坦，无山石阻隔，工程难度不大。从生产力水平看，当时铁制工具已广泛使用，大大增强了人们开发水利的能力，春秋时吴国开凿的邗（县名，在江苏省）沟、战国初期魏国邺地开凿的12条引漳水渠、魏惠王时开凿的鸿沟等，足以证明猗顿所处时代已有能力开凿那条运河。从财力看，猗顿当时已成巨富，有财力和物力兴修运渠。

二是猗顿相玉，兼贩珠宝。猗顿把盐运到西域，又从西域换回一批批珍

---

① 猗顿发明的垦畦晒盐法，大大缩短了出盐时间，至今仍在沿用。他还开辟了两条运输线路，源源不断地把运城的"潞盐"销往齐鲁、秦川、西域及波斯湾等地。

珠玛瑙、珠宝玉器，并在沿途各地设立众多珠宝店铺，甚至延伸到齐、鲁、燕、楚等各诸侯国，最终成为一代珠宝大亨。猗顿还积累了丰富的鉴宝经验，珠宝鉴赏水平高超。《尸子·治天下篇》说："智之道，莫如因贤。譬之相马而借伯乐也，相玉而借猗顿也，亦必不过矣。"汉朝刘安《淮南子·氾论训》也夸赞道："玉工眩玉之似碧卢（一种美玉）者，唯猗顿不失其情。"猗顿相玉，技艺高超，以致可以与伯乐相马相提并沦。

猗顿通过多种经营，终成倾国巨富，在当时的社会影响很大。《韩非子·解老篇》："夫弃道理而妄举动者，虽上有天子诸侯之势尊，而下有猗顿、陶朱、卜祝之富，犹失其民人而亡其财资也。"韩非子行文将猗顿列在范蠡的前面，说明猗顿之富已超过陶朱公，并可与"天子诸侯之势"相提并论。

总而言之，猗顿对晋南畜牧业和河东池盐的开发作用巨大，是山西地区见于史载的最早的大手工业者和大商人，是山西经济史上的重要人物。其"无财作力，少有斗智，既饶争时"的经验，值得我们总结和学习。

7.2.2 乌氏倮和桥姚畜牧业致富思想

秦以前的乌氏倮从事畜牧业和边境贸易，"畜至用谷量马牛"；汉兴以后的桥姚农牧致富，"塞外致马千匹，牛倍之，羊万头，粟以万钟计。"

首先，乌氏倮的牧贸业致富。

> 乌氏倮畜牧，及众，斥卖，求奇缯物，间献遗戎王。戎王什倍其偿，与之畜，畜至用谷量马牛。秦皇帝令倮比封君，以时与列臣朝请。（《货殖列传》）

意思是说，乌氏倮是个放养牲畜的人，待到牲畜数量增多，就全部卖掉，然后再去购买珍奇的丝织品和其他货物，私自馈献给民族地区统治者。民族地区统治者以原价10倍的牲畜回赠给他，致使他牧养的牛马多到以山谷来计算。秦始皇当政时曾下令倮可以比照受封的贵族，按时和大臣们一块朝觐皇帝。

战国末年，秦国的乌氏县住着一个单名叫做倮的商人。乌氏县在今天的甘肃平凉一带，靠近少数民族聚居区，畜牧业发达，倮就是一个依靠放牧和贩卖牲畜为生的人。他一直盼望自己的羊群能迅速扩大，始终没有如愿，已经是一个接近 40 岁的人了，仍然从事着小规模的经营。怎样才能使自己不仅有大量的牛羊，而且还有大量的马匹呢？这是倮经常思考的问题。

一次，逢集的日子到了，倮像往常那样，赶着牛羊去集市上售卖。然而到达目的地之后，往日那种人喧马啸的热闹景象却不见了，场地上空空如也，一片静寂。是什么原因？一打听，才知道是因为上一期集市遭到"戎王"带领的人马抢劫，所以这一期集市被官府取缔了。这件事启发了善于动脑筋的倮，他想，如果自己能运些东西去少数民族地区交换那里的牲畜，肯定会发大财，于是决心利用民族之间的经济差异，从事互通有无的易货贸易。

所谓"戎王"，是指少数民族聚居区的王爷。当时，因为民族之间经常发生战争，居住在中原地区的华夏诸国朝廷，往往对少数民族采取"禁运"政策，不许内地商人随便和少数民族进行交易。为了得到中原先进地区的手工业品和农产品，少数民族中的上层分子就经常带领人马到中原地区的集市抢劫，这种情况，反过来又加剧中原各地对民族通商的疑虑。当时在少数民族地区，很难看到中原各地的特产；少数民族地区的特产，如良种马和各种畜产品等，也成了中原各地的珍稀产品。因此，民族战争和冲突，导致中原和少数民族地区之间极大的商品地区差价，从事民族之间的易货贸易，可以发家致富。

乌氏倮决定在民族之间从事易货贸易之后，立即卖掉所有的马匹和牛羊，并把卖牲畜得来的钱全部用来购买丝绸和其他少数民族地区缺少的珍稀物品，然后偷偷运进少数民族地区。为了迎合和取悦"戎王"好虚荣、重等级的消费心理，他采取"贡献"的方式。"戎王"看着倮"贡献"的五颜十色的丝绸和光怪陆离的其他珍稀物品，果然十分高兴。他命令臣下把这些物品折换成当地的价格，然后照价以"赏赐"的形式回赠给倮良种马和牛羊。当地手工业品价格高，而马匹等牲畜价格便宜，倮获得丰厚的利润。

这次易货贸易的成功，倮深受鼓舞，决心保持住这种关系，继续和戎王进行易货贸易。倮一回家，马上卖掉换来的马匹和牛羊，再次到少数民族居住地区，向戎王"贡献"丝绸和其他手工业品。戎王也像以前一样，以"赏赐"的方式回赠给倮马匹和牛羊。几个回合下来，倮便成了当时著名的富人。据司马迁《货殖列传》说，倮的牲畜多得满山遍野，不计其数，只好根据放牧的马牛共占有几个山谷来统计。

由于倮很富有，并能大量向官府提供优种良马，所以经常受到官府的嘉奖。秦始皇当政时，还曾下令让倮享受"封君"的政治待遇，可以和文武大臣一起，按时进宫去朝拜皇帝。

其次，桥姚的农牧业致富。

汉武帝大规模开发河套地区时期，桥姚发展农牧业，是一个典型人物，司马迁《货殖列传》称：

> 塞之斥也，唯桥姚已致马千匹，牛倍之，羊万头，粟以万钟计。

就是说，在开拓边塞的人中，只有桥姚达到马一千匹，牛两千头，羊一万头，粮食上万钟。桥姚能够抓住开拓边塞的机遇，农、牧并重，开拓进取，成为西汉河套开发的首批致富者。

秦朝统一中原后，派蒙恬率 10 万大军将匈奴逐出河套，迁徙 3 万户到那里戍边，设云中、九原两郡，秦末移民都返回中原。西汉时，公元前 127 年，汉武帝派卫青出云中击败匈奴的楼烦、白羊二王，占领"河间"，即河套。大臣主父偃上疏建议在河套筑城以屯田、养马，作为防御和进攻匈奴的基地。汉武帝接受这一建议，当年即置朔方郡（今内蒙古巴彦淖尔市磴口县）和五原郡（今包头西）。公元前 125 年，置西河郡（今陕西府谷西北）。河套地区还包括之前的云中郡和定襄郡，以及北地、上郡的北部。

俗语说："黄河百害，唯富一套"、"天下黄河富河套，富了前套富后套"。河套地区土壤肥沃，灌溉系统发达，适于种植小麦、水稻、谷、大豆、高粱、玉米、甜菜等作物，一向是西北最主要的农业区。今天，河套地区被称为"塞外米粮川"。河套地区的畜牧业和水产业也很发达。河套还蕴藏着煤、铁、铜、金、石墨、石棉、盐、碱、稀土等多种矿产资源。当时的人们引黄河灌溉，当地农业迅速发展，经济繁荣。

河套地区的大规模开发始于汉武帝时期，至宣帝时，汉匈和好，边境清静，河套地区出现了一个长达 60 多年的和平时期，"是时边城晏闭，牛马布野，三世无犬吠之警，黎庶无干戈之役"（《汉书·匈奴传》），河套地区的经济开发随之达到高潮。

《史记·平准书》记载，武帝在元鼎五年（公元前 112 年）视察河套时发现这一问题，杀了不修亭徼的北地太守等一批官员，诏"令民得畜牧边县，官假马母，三岁而归，及息什一。"《史记集解》引瓒曰："先是，新秦中千里无民，畏寇不敢畜牧。令设亭徼，故民得畜牧也。"李奇注曰："边有官马，今令民能畜官母马者，满三岁归之也……谓与民母马；令得为马种；令十母马还官一驹，此为息什一也。"通常一匹母马3年中可繁殖2匹马驹，假如一个农户借得5匹母马，则3年可得10匹小马，上交国家1匹，自己可得9匹，收益丰厚。

西汉末年马援亡命北地，"因处田牧，至有牛马羊数千头，谷数万斛。"（《后汉书·马援传》）西汉1钟为6.4石（斛），北方土地一般亩产2石，从粮食数字推测，他们所拥有的田地皆当以万亩计。而在内地以经营"田畜"出名的卜式，十几年间不过是"羊致千余头"，与桥姚、马援乃至于"官假马母"者都不可同日而语。

西汉国家也在河套发展畜牧业，设立国营牧场"苑"。据《汉书·地理志》记载，西汉在北地郡的灵州设有河奇苑、号非苑，归德有堵苑、白马苑，郁郅有牧师苑，西河郡的鸿门设有天封苑等国营牧场，养有大批牲畜，因此汉武帝"官假马母"的命令能够得到落实。

7.3 货殖家借贷业致富思想

《货殖列传》所列叙的货殖家中，从事借贷业的主要是汉兴以后的无盐氏，以及兼营信贷业的曹邴氏。本节分述无盐氏和曹邴氏的借贷思想。

7.3.1《货殖列传》时代的借贷业背景

首先，商品流通扩大，货币需要量很大。

我们知道，产品一经交换就成为商品；商品交换需货币，货币一旦作为媒介，交换就成为商品流通。商品流通不可没有货币和市场，春秋末到武帝元鼎年的400载，在中国货币史上具有划时代的意义。《史记·平准书》说：

"农工商交易之路通，而龟贝金钱刀布之币兴焉。"《太史公自序》说："维币之行，以通农商。"

金属铸币刀、布、圆钱等取代贝币，在各地迅速蔓延开来。虽然刀、布、圆钱等还只是贱金属的铜质铸币，但从贝币进到铜币是一大跃进。大体上说，形似农具铲子的各种布币流行于魏、赵、韩三国地区；形似腰刀的各种刀币流行于齐、燕、赵三国地区；似环的圆钱流行于东西两周及秦一带；似贝的铜贝流行于楚。这些铜币的铸造发行是不统一的。各国首都和许多地方的官府都在铸造发行，加以私铸，所以形制和单位重量多种多样。

这说明商品流通遍及七国各地，对货币的需要量很大，铸造货币有厚利可图，所以人们竞相铸造。秦始皇统一全国后，货币才统一。秦制虽规定黄金为上币，铜钱为下币，但平常交换主要仍用铜钱。汉兴，循而不改。后来国家对货币的控制逐渐放宽。至文帝时，竟放弃铜钱的铸造和发行权，"令民纵得自铸钱"。铜钱的数量多到无法估计，国库贮藏的铜钱多到"贯朽而不可校"，但是物价并不见飞涨。这从另一方面说明，商品流通数量庞大，商品经济获得了长足发展。

其次，借贷业兴盛。

货币借贷也是一种古老的资本形式。恩格斯说："在使用货币购买商品之后，出现了货币借贷，随着货币借贷出现了利息和高利贷。"[1]

其一，先秦的借贷分常利借贷和高利贷。

《货殖列传》所谓"子贷金钱千贯（百万）"，年利率为"什二"，一年便有"千户之君则二十万"的同等收入，就属于与经营工商业一般利润率相同的常利借贷。多于"什二"之利的货币借贷便是高利贷。

《管子·轻重丁》说到，齐国货币借贷的利息在北方是20%，在南方是50%，前者是常利借贷，后者属于高利贷。高利贷的主要对象是小生产者："凡农者，月不足而岁有余者，而上暴急无时，则民倍贷以给上之征矣"（《管子·治国》）。"倍贷"即利息率为100%，这就是名副其实的高利贷了。

---

① 恩格斯：《家庭、所有制和国家的起源》，《马克思恩格斯选集》（第4卷），人民出版社1972年版，第163页。

《战国策·齐策四》记载，冯谖在薛邑烧毁债券后，对孟尝君说："今君有区区之薛，不拊爱子其民因而贾利之。"[①]冯谖把孟尝君放债看作与商人一样的求利行为，足见当时富商放高利贷的普遍性。

其二，西汉的借贷有农贷、高利贷和商业信用。

西汉的农贷称为"振贷"，"振贷"即赈贷，是对农民的救济性放贷，一般是免息或低息。西汉的赈贷已成为保障农业生产和农民生活的经常性措施之一。政府除了赈贷，有时还动员富人借贷，并给予借贷者奖励。如武帝元狩三年（公元前120年）"举吏民能假贷贫民者以名闻"，要地方上报能借贷给贫民的人员名单，以便进行奖励。赈贷的内容主要是口粮和种子，有时也贷给耕牛和犁。政府还经常免除债务，如文帝二年（公元前177年）曾宣布所贷种子、粮食未归还或只归还一部分的都予赦免。

西汉的高利贷比战国时更为发展。有些商人是高利贷者，如鲁地的大冶铁商曹邴氏，"贳（赊）贷行贾遍郡国"，其行为一度影响了邹、鲁一带人的择业观念，许多年轻人不愿读书而想放债或经商取利。许多贵族也经营高利贷，如旁光侯刘殷和陵乡侯刘䜣，因为取息超过法律规定而被免去侯爵。这说明西汉已有最高利率的规定，但最高利率是多少未见记载。文帝时，晁错说农民为了交纳急征暴赋，有物产的将物产半价而卖，无物产的就只得"取倍称之息"，即要借年息为一倍的高利贷，以致出卖田宅或子孙来还债。当然还会有其他利率。司马迁在《货殖列传》中认为，各行各业都应有20％的利润，放债也一样，应有20％的年利息收入。

商业信用是商品买卖中发生的信用，西汉的商业信用分赊买和赊卖。刘邦做泗水亭长时，常向王媪、武负赊酒喝，写有债券。传说债主看见刘邦醉卧时身上有龙，常将债券作废。身上有龙自然是刘邦做皇帝后编造的，赊酒则必是事实，这是一种商业信用。汉简中也记载了一些赊买、赊卖行为。[②]

再次，高利贷经营十分普及。

经营高利贷一个最基本的条件就是要有借贷双方。战国秦汉时期，这

---

① 何建章译：《战国策》，岳麓书社1992年版，第568页。
② 叶世昌：《金融钩沉》，《国际金融报》2001年10月29日。

一条件已完全具备。先看贷方，当时商人首先在流通领域活跃起来，于是各地出现了"治产业，力工商，逐什二以为务"（《史记·苏秦列传》）的专门商人。据《货殖列传》载，关中、三河、巴蜀、齐鲁、燕赵、楚越之间，随处都可以看到商人的足迹。其中，"宛、周、齐、鲁，商遍天下。"（《盐铁论·力耕》）最为著名。他们或行贾郡国，或以冶铁起家，皆累积有巨额的商业资本。这些商业资本除供他们经营商业和购买土地外，放高利贷是主要的出路。一些大地主和不法官吏也纷纷加入经营高利贷的行列。

再看借方，战国秦汉时期，自耕小农构成社会人口最主要的组成部分。他们虽以自然经济为主，但同市场保持较密切的联系。丰穰之时，粮食多了，需要卖出；饥馑之际，青黄不接，又需买入。由于小农对外来破坏因素的承受能力较小，一旦遭受自然灾害的袭击，或官府严酷的剥削，或婚丧嫁娶的花费等，往往就向贷家举借。另外，小工商业者在缺乏资金、周转困难时，及官府在财政紧张时，也都要向高利贷者借债。

战国秦汉时期，高利贷利率比较高。据《货殖列传》载："子贷金钱千贯"，可比"千乘之家"。《汉书·武帝纪》元狩四年李斐注："一贯千钱"，千贯为 100 万。结合上文，"岁万息二千"，100 万之家则 20 万，可知高利贷的利率为 20%。但这只是通常情况下的利率。遇有水旱之灾，急征暴敛之时，高利贷经营者往往提高利率，贫民只得"取倍称之息"（《汉书·食货志》），即以一偿二，利率为 100%。如果贷款的风险较大，利率就会更高。商人正是由于经营高利贷活动利润多，获利快，才把大量的商业资本转化为高利贷资本，从事高利贷经营活动。

战国秦汉时期的商人一般以经营民贷民、民贷官两种形式的高利贷为主。民贷民是民放民债，为高利贷活动的基本形式。民贷官是民放官债，这种情况并不常见，多半发生在战争爆发、国家财政困难之时，如无盐氏向"列侯封君"放"千金贷"。

7.3.2 无盐氏借贷业致富思想

汉代，人们把高利贷商称作"子钱家"。"子钱"就是利息，意思是说这些人是依靠放债吃利息谋生的人。无盐氏，"无盐"是复姓，西汉子钱家。无盐氏所以成为当时著名的大商人，并被司马迁写入《货殖列传》，并不是因为他财大势大，位比"封君"，而是因为他曾经用相当于本金10倍的利息，向当时长安城中"列侯封君"发放高利贷，还因此发了大财，利益高达本金的10倍。司马迁在《货殖列传》中写道：

> 吴楚七国起兵时，长安中列侯封君行从军旅，赍贷子钱，子钱家以为侯邑国在关东，关东成败未决，莫肯与。唯无盐氏出捐千金贷，其息什之。三月，吴楚平。一岁之中，则无盐氏之息什倍，用此富埒关中。

司马迁说的是，在西汉景帝时期，吴楚七国叛乱朝廷，即汉景帝前三年（公元前154年），吴王刘濞和楚、赵、胶东、胶西、济南、淄州等七国，以诛晁错为名，发动叛乱。朝廷为平叛，派周亚夫为太尉，在三个月内就平定了吴楚及其他五国的叛乱，结果，以七国叛乱的诸王或自杀或被杀而告终。

在这次叛乱中，朝廷要派兵平叛，于是在长安城中的高官和封地贵族都必须行从军旅，应征作战。为此，他们需要借贷有利息之钱，以备行装。但当时的高利贷者认为，列侯封君的领地和封国多在关东，而关东的战事胜负尚未决定，因此，没有人肯将大量金钱贷给他们，只有关中的子钱家无盐氏肯拿出千金贷给他们，利息为本钱的10倍。结果，这场叛乱只用了3个月的时间就平息了，故无盐氏在1年之中，就得到10倍于其本钱的利息，从而大富，成为关中大富豪。

无盐氏成为子钱家的杰出代表，其成功具有如下启示。

首先，财富是胆识和智慧的结晶。

据史料记载，西汉时期，由于汉朝一统天下，社会经济欣欣向荣，全国经商环境良好，农民纷纷弃农经商，因而是中国古代社会最富裕的一个朝代。关中地区，是西汉首都所在地，工商业相当发达，这里的富豪很多，社会财富聚集和需求旺盛，故子钱家很多。

无盐氏能在战乱纷争的关键时刻，准确把握政治经济时局，果断贷款给应征作战的列侯封君，确实棋高一着。战乱时期，风险大获利几率也大。利息率与风险挂钩，风险越大的贷款，利息率就越高，无盐氏1年获利10倍，成为关中富豪，是其过人胆识和智慧的结晶。

其次，良好的社会政治文明，是借贷业致富的重要因素。

无盐氏认真分析战争形势，认为汉政府建立已有 50 年历史，建国初期虽也发生过异姓王的叛乱，但很快就被镇压下去，因为经过秦末的长期战争，人心思定，叛乱不得人心。这次同姓王的叛乱也会遭到异姓王叛乱的同样下场，很快将被平定，自己应该抓住这个难得的商机，快速赚一笔。无盐氏的市场预测果然高明，仅用了 3 个月的时间，吴、楚等"七国之乱"就被平定，那些随军出征的"列侯封君"心甘情愿地向他偿清原先的贷款和 10 倍于本金的利息。

西汉时代之所以借贷业兴盛，富商大贾辈出，是因为当时权势者，不会借手中权力来欺压民众，民众可以根据自己的意愿决定其商业行为，特别是那些手中握有政权和兵权的长安列侯封君，不会依仗手中的权力强令子钱家借钱，他们能听任子钱家自愿借钱，仗后也不会赖债，特别是高息债务，照样还本付息，这表明，西汉时期官员权力与商人行为界限分明，政权、兵权不轻易干扰商业行为。[①] 这是社会文明和政治进步的标志。

最后，时势可以造英雄，英雄也会造时势。

无盐氏及其他一大批富商大贾，是在西汉这样稳定的政治经济时势下出现的英雄，这是时势造英雄的典型范例。但也正是由于无盐氏及其他一大批大贾富商的出现，才使得西汉社会经济繁荣，并成为中国古代发展史上最强盛的朝代，这又是英雄造时势的典型范例。一个社会，只有英雄与时势的互造，才能不断发展和进步。

7.3.3 曹邴氏借贷业致富思想

鲁人曹邴氏，"以铁冶起……贳贷行贾遍郡国"。曹邴氏既是一位成功的

---

① 汉代把契约关系纳入国家的行政管理和司法管理的范围，维护了商品生产和商品交换的正常秩序。随着交换关系由直接的物物交换方式转向以货币为媒介的间接交换方式，交易风险也随之增大。在信用制度不发达的情况下，如何有效地防止交易中的欺诈、投机现象，增强交易的安全性，保障商品生产者和经营者的利益，成为迫切需要解决的现实。汉代国家对契约中的价格、利率的规定，对打击投机行为，遏制交易中的欺诈现象，以及及时受理契约纠纷案件，整顿市场经济秩序，都是十分有益的。李晓英：《汉代契约研究》，《学术月刊》2005 年第 3 期。

冶矿业者，又是一位有为的子钱家、商家。

> 鲁人俗俭啬，而曹邴氏尤甚，以铁冶起，富至巨万。然家自父兄子孙约，俛有拾，仰有取，贳贷行贾①遍郡国。邹、鲁以其故多去文学而趋利者，以曹邴氏也。

意思是，鲁地的风俗节俭吝啬，曹地的邴氏尤甚，他家以冶铁业发家，财产上亿。然而邴家上自父兄，下至子孙却相互约定，俯要有所拾，仰要有所取，一举一动都要获利，因而他家发放的高利贷和经营的买卖，遍及全国各地。邹地和鲁地之所以有很多人弃学经商趋利，其原因就是由于受到曹地邴氏家族的影响。

首先，曹邴氏"贳贷行贾"具有必然性。

曹邴氏"贳贷行贾"，其中贳贷，就包含商品的赊卖，是一种私人信用，其提供者主要是商业致富的商人，如曹邴氏、无盐氏。《货殖列传》写道："子贷金钱千贯……此亦比千乘之家，其大率也"，也就是说，一个"子钱家"借钱千贯，其利息收入大致相当于一个"千乘之家"。

"汉兴，海内为一，开关梁，弛山泽之禁"，政局统一，民营商业快速发展。随着汉初农业与手工业的恢复与发展，各地区经济发展不平衡和土特产各异，"开本末之途，通有无之用"（《盐铁论·本议》）格外重要。"天下熙熙，皆为利来；天下壤壤，皆为利往"的商贾贸易之风大兴。大批农民，或出卖剩余产品，或脱离农业走向手工业与商业；战国和秦皇朝以来就存在的大商人，更是乘秦末战乱之机牟取暴利，以致出现了"富商大贾周流天下，交易之物莫不通，得其所欲"（《货殖列传》）的局面。

在商业发达的情况下，不仅吴越之竹，江湖之鱼等，成了可以出卖的商品；即便是产于不同地区的甚至穷乡僻壤的金、银、锡、铜、铁、丹沙、姜、

---

① 行贾与坐商对应。行贾，指流动性商人，他们打破地区界限，周流天下，如师史之"转毂以百数，贾郡国，无所不至"；曹邴氏之"贳贷行贾遍郡国"；齐人刀闲之"逐渔盐商贾之利"。坐贾，指固定性的商人，即《史记·平准书》所说"坐市列肆，贩物求利"的贾人，多数在城市拥有固定的店肆和屯积货物的仓库，贱买贵卖，交易数量大，利润丰厚。柳宗元《招海贾文》："吕氏行贾南面孤。"刘半农《学徒苦》诗："学徒苦！学徒进店，为学行贾。"

桂、玳瑁、珠玑、马、牛、羊、骡、驴等等，统统进入商品流通领域。以致当时的"通邑大都"，各种商品都形成了一个大体相等的比价。如果拥有一定量的上述任何一种商品，其富有程度就可以"比千乘之家"。从事借贷商贸业，成了致富的主要途径。因此，曹邴氏以冶铁业发家，拥资上亿以后，又经营借贷业和商业，具有必然性。

其次，勤俭是曹邴氏致富成功的重要因素。

勤俭，是企业家的一种美德，既是一种美好的私德，又是一种美好的公德，具有很高的社会经济价值。勤俭是曹邴氏致富的成功要素。一是勤奋，一家人互相约定，俯要有所拾，仰要有所取，随时随地拾取，善于积聚资财。二是节俭，曹邴氏一家靠炼铁起家，成了富豪，仍然十分俭约。司马迁说："鲁人俗俭啬，而曹邴氏尤甚。"意思是说，鲁地的风俗本来就比较节俭吝啬，而曹地的邴氏在这方面表现得尤为突出。

春秋时期，儒家的创始人孔子虽然不屑于农工，但对商业却未曾提出过异议。他的弟子子贡就是春秋时期的巨贾，"结驷连骑，束帛之币以聘享诸侯，所至，国君无不分庭与之抗礼。"（《货殖列传》）孔子对子贡的经商行为并不反对，并将子贡与他的得意门生颜回相提并论，称道："回也其庶乎！屡空。赐不受命，而货殖焉，亿则屡中。"（《论语·先进》）在孔子思想的影响下，鲁国出现了一些弃文从商的人。而鲁人曹邴氏勤俭致富，"贳贷行贾遍郡国"，邹地和鲁地有很多人受到曹邴氏的影响，纷纷弃学经商趋利，即所谓"去文学而趋利"。

8. 货殖家理财思想

《易经·系传上》说："富有之谓大业，日新之谓盛德。"《大学》第 10 章有一段论述理财的至理名言：

> 生财有大道，生之者众，食之者寡，为之者疾，用之者舒，则财恒足矣。①

意思是说，创造财富的人多，消耗财富的人少，管钱的人很勤快，花钱的人很谨慎，则天下财富就会取之不尽，用之不竭。

《大学》这段话生动地概括了，生财（聚财）与用财（散财）的辩证关系。②一方面，生财（聚财）是用财（散财）的基础和条件。生财有道，只有生好财，聚好财，才有条件用好财。另一方面，用财（散财）是生财（聚财）的目的和保障。聚财难，散财更难，散财有道。散财是一种"哲商"境界。

---

① 《大学章句》引吕氏曰："国无游民，则生者众矣；朝无幸位，则食者寡矣；不夺农时，则为之疾矣；量入为出，则用之舒矣。"朱熹集注、陈戍国标点：《四书集注》，岳麓书社 1997 年版，第 19–20 页。下文《大学》《论语》和《孟子》引言皆出自此书。

② 陈焕章（1881–1933）所著《孔门理财学》，是中国学者在西方刊行的第一本中国经济思想名著。陈焕章，广东高要人，字重远，早年曾入万木草堂受学于康有为。1911 年，获哥伦比亚大学博士学位，其博士论文《孔门理财学》一书，按西方经济学原理，讨论了孔子及其儒家学派的一般经济学说及其在消费、生产、分配、社会政策、公共财政等思想。此书是 20 世纪早期"中国学者在西方刊行的第一部中国经济思想名著，也是国人在西方刊行的各种经济学科论著中的最早一部名著"（见胡寄窗：《中国近代思想史大纲》第 476 页，北京：中国社会科学出版社，1984 年版）。陈焕章著、宋明礼译：《孔门理财学》，中国发展出版社 2009 年版。

8.1 货殖家生财思想

通过研究货殖家的实践及理论，本书提出货殖家生财思想的精髓为：勤俭，仁爱，诚信，义取，取名叫货殖家生财的"八字真言"。

8.1.1 勤俭：货殖家生财的基本素质

首先，勤俭是货殖家生财的基本素质。

《货殖列传》列叙的货殖家，多数勤俭。司马迁心目中值得"后世得以观择"的货殖家，几乎都具有勤奋节俭的优良品质。

其一，白圭。司马迁说，白圭"能薄饮食，忍嗜欲，节衣服，与用事僮仆同苦乐"。货殖家的使命是创造财富，而不是享乐。白圭反对奢侈淫逸，提倡节制欲望[①]，不考究吃、穿，宁愿过跟仆人一样的生活。

其二，曹邴氏。"鲁人俗俭啬，而曹邴氏尤甚，以铁冶起，富至巨万。然家自父兄子孙约，俛有拾，仰有取……"鲁地的风俗本来就比较勤俭节约，而曹国的邴氏在这方面表现得尤为突出。他们家靠炼铁起家，成了富豪，但一家老小仍然非常勤劳俭约。

其三，师史。"周人既纤（音啬），而师史尤甚，转毂以百数，贾郡国，无所不至。洛阳街居在齐秦楚赵之中，贫人学事富家，相矜以久贾，数过邑不入门，设任此等，故师史能致七千万。"大禹治水，三过家门而不入，商人

[①] 荀子从"人性恶"假说出发，提出了一个经济学的基本矛盾命题："欲多物寡"，并提倡"节欲"说和"足国之道"予以解决。其"节欲"说以师法教化、礼义、法度等为措施，制导人类欲求；其"足国之道"通过发展生产、增加社会财富等政策措施，增加物资产品供给。"节欲"说与"足国之道"相辅相成，互相作用，从而达到调整"欲多物寡"矛盾的目的。吕庆华：《论荀子的"欲多物寡"思想》，《福建师范大学学报》（哲社版）2000 年第 2 期。

师史也同样如此。其勤奋精神一样值得称赞。

其四，宣曲任氏。"宣曲任氏……富者数世。然任公家约，非田畜所出弗衣食，公事不毕则身不得饮酒食肉。以此为闾里率，故富而主上重之。"任氏商业事务未处理完，就不去吃饭喝酒。所以，他才能够成为道德模范，并获得官府和民众的普遍尊重。

总而言之，司马迁在 2000 多年前早已认识到，勤俭是货殖家生财的基本素质。

其次，勤俭也是经济增长的基本动力。

早在 100 多年前，法国自由放任学派的经济学家巴斯夏，曾尖锐地批评过"奢侈有利于经济增长"的理论。他认为，就好像贩卖"破窗理论"的经济学家一样，这些经济学家只看到当下消费能够带来的看得见的好处，而没有看到勤俭储蓄对经济增长所能带来的更为重要的、长远的好处。他认为，"好的经济学家"永远赞美勤俭。

另外，各种宗教把节俭列为一种值得赞美的私德。然而，在现实生活中，对于节俭可以增加财富的结果，却有人存在偏见。他们看到，节俭储蓄的资金，经过市场机制复杂运行，竟然能给其所有者带来不菲的利息或利润。因此认为，节俭者都是一些自私贪婪的人。

在经济学家看来，勤俭是货殖生财的重要因素，节俭和储蓄是经济增长的基本动力。奥地利学派经济学家庞巴威克早就指出：

> 实际上，储蓄是种精神活动，时常，虽不是经常，是种煞费心机的精神活动，事前要作长时期的考虑和各种敌对动机之间的斗争……虽然储蓄只是一种精神活动，它是足够在资本的形成中发挥它的作用——发挥一种指导生产的作用。[①]

一个社会，正是通过节俭和储蓄，才形成了资本；而有了资本之后，人们才不用去制造直接满足消费的东西，而是绕个弯，设计制造那些制造消费品的东西——中间产品，也就是说，产生了"迂回的"生产方法，这正是资

---

① 庞巴威克：《资本实证论》，北京商务印书馆 1964 年版，第 147 页。

本主义生产活动的本质。正是这种迂回的生产方法，提高了生产效率，并为文明的发展奠定物质基础。

8.1.2 仁爱：货殖家生财的根本

首先，货殖家生财必须拥有一颗仁爱之心。

《货殖列传》说，白圭强调货殖家必须具备智、勇、仁、强等素质，其中的仁，就是指取与适当，不要一味地与人争利。白圭认为，经商也需要大智大勇的素质，更要有仁义之心。白圭为国理财，大处着眼，将货物流通与生产联系起来，经营生财与生产发展有机结合。他认为只有以足补缺，以丰收补歉收，才能使全国各地畅通无阻，既利于人民生活，又能从中赚取利润，可谓一举两得，利国又利民。具体做法是：如果一个地方盛产蚕茧，就购进这些产品，用谷物等其他当地缺少的产品去交换；如果一个地方粮食丰产，就购进粮食，并用丝、漆等必需品去交换。

白圭在当时还很擅长观察天气变化，注意提前储备粮食物资来救灾救荒，辅民安邦。在丰收之年就趁粮价低时大量买进，灾荒发生时就以低于市场的价格低价卖出，帮助人民度过灾荒。这样在辅民为民的同时，财富也成倍地增加。白圭还有一个很有价值的经商思想："欲长钱，取下谷；长石斗，取上种。"意思是说，如果为了省钱而买谷物自己吃，就买差一些的谷物，如果是为了做种子来年丰收，就买上等的种子。他不但为对方着想，还计划得合情合理，既要节俭，又要丰产，可谓将生意做到了家。

其次，仁爱是货殖生财的根本。

《孟子·滕文公上》曰："为富，不仁矣；为仁，不富矣。"这就是为富不仁这句成语的出处。意思是说，一心求利，就不能为别人着想，使别人得到益处。做生意，求利天经地义，但不能唯利是图，应该为消费者着想，使其受益，纵然"买卖不成"也要"仁义在"。历史上，为富而仁的事例，比比皆是。

在我国商业史上，"五金大王"叶澄衷就是人品即商品的典型。叶澄衷早年在黄浦江上靠摇舢板卖食品和日用杂货为生。有一天，一位英国洋行经理雇其小舢板从小东门摆渡到浦东杨家渡。船靠岸后，洋人因事急心慌，匆忙离去，将一只公文包遗失在舢板上。叶澄衷发现后打开一看，包内装有数千美金，还有钻石戒指、手表、支票本等。他没有据为己有，而是急客人之所急，在原处等候洋人以便归还。直到傍晚，那位洋人到处寻包不见后才懊恼地返回寻找。洋人打开皮包，原物丝毫未动，不禁大为感动。一个中国苦力竟有如此品德，对外来之财毫不动心，洋人真不敢相信这样的事实，立即抽出一叠美钞塞到他的手中，以示谢意。叶澄衷坚持不收，交包后就要开船离去。这位洋人见状，又跳上小船，让叶澄衷送他到外滩。船一靠岸，洋人拉他到自己的公司，诚恳地邀请他一起做五金生意。

商人从事的本应是纯功利性质的商业，但作为仁商却有自己更高的要求，即始终存有超功利的道德追求，让经商行为始终带有浓厚的道德色彩，这是典型的仁商经商理念，是仁商精神对世界商业文明的独特贡献。清末民初，山东出了个名闻京华的大商人——孟乐川。孟乐川是亚圣孟子的后裔，生于商人与儒家人混合的家庭，受着浓郁的儒家文化和东方商人经营思想、原则的双重影响。孟乐川的经营之道，深深烙上儒家文化的烙印，这就是"以德为本，以义为先，以义致利"。老字号瑞蚨祥就是孟乐川一手经营的，它之所以能够长盛不衰，很大程度上归功于孟乐川在经营中始终贯穿这种传统的东方思想精髓和道德准则。瑞蚨祥的历代当家人无不遵循"以德为本"思想精髓，他们的每一言、每一行、每一个举措，首先考虑的是怎么让利于百姓，如何满足顾客的各种需要。瑞蚨祥正是一贯恪守传统的商业道德，经过几代人的努力，才在百姓的心中树起丰碑，才不至于在封建买办、外国资本的重重压迫下垮台。

求利不贪财，这是中国商人传统的经营思想。在经商活动中，中国商人总是把仁爱放在首位，竞争固然需要使用谋术，但绝不可脱离道义，始终遵循"德是根本，财是末端"经营原则。他们不吃祖宗老本，事业上兢兢业业，生活上俭朴勤勉，追求个人品德和事业同步发展。宁可自己勤俭节约，也要拿出积累的血汗钱多做善事，造福苍生，为民众施财救灾，为民族大义效力。这就充分说明，仁德之心是创业者做人兴事之本。

仁德之心不仅是商人的内在修养，而且是商人良好声誉的最切实的外在体现。以仁德之心经商的人，在竞争中往往胜人一筹，而立于不败之地。正如李嘉诚所言：一个企业必须具备商业道德，就像做人一样，要忠诚，有义气。

8.1.3 诚信：货殖家生财的基础

首先，诚信是货殖家生财的基础。

诚是圆心，信是半径。诚信是货殖家生财的基础。

《货殖列传》记载，子贡善于货殖，"废著鬻财于曹、鲁之间"，即在曹国和鲁国之间做生意。子贡是春秋时代的商界巨子，外出经商，各国君主都以平等的礼节来会见他。

子贡子贡亦儒亦商，是中华儒商第一人，被历代儒商尊崇为经商楷模，中国民间至今流传着以下名联：

> 经商不让陶朱富，货殖当属子贡贤。
>
> 陶朱事业，端木生涯。

子贡经商重诚信，奉行"言必信，行必果。"在《论语》中，多处记载子贡与孔子探讨信的问题。他深知信乃立足之本，没有了信，一切都不可能存在。子贡向孔子请教治国方略，孔子回答说："足食，足兵，民信之矣。"他还说可以"去兵"、"去食"，但不能失去"民信"，"自古皆有死，民无信，不立"。[①]《论语》中"信"字出现了 38 次，频次虽低于仁（109 次）、礼（74 次），却高于描述德的多数词汇，如善（36 次）、义（24 次）、敬（21 次）、勇（16 次）等。

《三国演义》描述了关羽信守承诺的故事，表达了传统道义观。曹操以金钱、美女、宝马及高官厚禄引诱关羽，但关羽忠诚守信的意志毫不动摇，而且愿意为守信付出生命代价。曹操十分敬重关羽忠诚守信的品质。在华容道与曹操狭路相逢时，他冒杀头之罪，放走曹操。关羽讲诚守信，感动了所有的人，包括他的敌人曹操。关羽死后，曹操给予厚葬，并追封他爵位。关羽忠义守信，刘备和曹操皆欣赏，逐步成为中国人尤其是儒商心目中的偶像和

---

① 《论语·颜渊》："子贡问政。子曰：足食，足兵，民信之矣。子贡曰：必不得已而去，于斯三者何先？曰：去兵。子贡曰：必不得已而去，于斯二者何先？曰：去食。自古皆有死，民无信不立"。

"财神爷"。因此，我国商人大都喜欢在门店或神龛供奉关公像，一方面是为了招财，另一方面是为了表达诚实守信的经营宗旨。

近代，以票号等信用机构为主的晋商注重诚信，晋商票号日升昌认为："一日耍奸，可以市；二日耍奸，可以愚民；但没有哪一家商号，可以数年，数十年靠耍奸混迹于市"，秉此理念，即至民国初年，各省币值不一，票号亏累严重的情况下，"虽然赔累，总不肯失信于人"，可见晋商票号能遍布全国绝非侥幸所致。

虽然古代社会商品经济不够发达，市场商品交换规模不大，交易时空狭窄，但多数人都拥有诚信品质。如《史记·季布栾布列传》就记叙了季布"一诺千金"的典型故事。① 但随着商品经济的快速发展，市场商品交换规模和交易时空的扩大，坑蒙拐骗等失信行为却逐步盛行。因此，必须从我做起，从日常生活小事做起，坚持不懈，为社会诚信的确立尽心尽力。

蔡志忠漫画著作《禅说》和《心经》记载了两则禅宗故事，正好说明了"凡事起于小"的道理。一则是小和尚向住持问修炼。小和尚问："应当如何努力于道的修练？"主持答："肚子饿了就吃饭；疲倦了就睡觉。"小和尚大吃一惊："一般人不正是这样做的吗？"主持笑道："一般人吃的时候在想一千个欲望，睡的时候在解一万个结。"② 另一则是白居易问修行。杭州太守白居易参谒鸟窠道林禅师，问："如何是佛法大意？"师曰："诸恶莫作，众善奉行。"白曰："三岁孩儿也恁么道。"师曰："三岁小儿道得，八十岁老人行不得。"白居易作礼而退，深有所悟。③

其次，信任是商业交易发展的基石。④

信任是社会制度，主要是产权制度的产物，是建立在法规制度、道德习俗、宗教基础上的一种社会现象。"信任"分为个人信任和集体信任，个人信

---

① 诺：许诺。许下的一个诺言有千金的价值。比喻说话算数，极有信用。语出《史记·季布栾布列传》："得黄金百斤，不如得季布一诺。"
② 蔡志忠：《禅说》(蔡志忠漫画)，三联出版社1989年版，第114页。
③ 蔡志忠：《心经》(蔡志忠佛经漫画)，三联出版社1997年版，第34页。
④ 吕庆华：《商业交易发展的"信任"基础》，光明日报(理论周刊)2004年9月15日，第C3版。

任更多地取决于一个社会的文化、历史、道德和经济发展水平等状况，集体信任要以个人信任为基础，其实现需要相应的制度安排。

郑也夫从当代生物学、博弈论、经济学、社会学等学科中吸收思想营养，系统讨论了人类信任行为的生物学根源、心理根源、制度基础（理性）以及文化基础（习俗）。他阐释了信任结构的历史性、文化性特点，认为传统社会以私人信任为主，现代社会则更依赖于系统信任或社会信任。同时，他又认为，信任是交换与交流的媒介，媒介可以有种种形式：介绍人、信物、誓言、抵押，也可以不依据这些形式，但其本质是信任感。

信任是交换与交流的媒介，也是商业本质、职能及其实现形式得以确证的重要前提条件，或者说，信任是商业媒介的媒介。商业交易主体的信任基础建构，是繁荣商业、扩大内需、发展经济的根本举措。稳定商业交易关系，实现长期利益最大化，除了产权、契约、管理等方式外，根本的方式是商业交易主体的信任建构。

信任作为商业交易不可或缺的前提条件，在商业经济实践中将发挥两个方面的作用。一是促进商业交易双方达成盈利性交易合约，提高成效率；二是增进不同文化价值背景的商业交易双方的相互理解和适应，建立长期的交易合作关系，节省交易成本。

商业交易，从自由馈赠、沉默交易、朝贡交易等物物交换以及以货币为媒介的产销合一的简单流通发展而来，体现了人类社会交易的文明演进状况。它是一种"为卖而买"、实现社会再生产正常循环的特殊买卖活动。恩格斯一方面解说了商业交易的互利性前提，认为"就事物的本性而言，总的说来商业对它的一切参加者都是有利的"；另一方面又说明了商业交易的"人道基础"也就是信任基础。正如他说："亚当·斯密证明了商业本质中就有人道的基础。"[1]

随着生产力的发展，商品流通和货币流通规模的扩大，流通物质技术条件的提高，以及社会信用和信任度的提高，商业交易形式在不断创新。如从

---

① 恩格斯：《政治经济学批判大纲》，《马克思恩格斯全集》（第 1 卷），人民出版社1956 年版，第 601 页。

现金交易发展到支票交易，再发展到电子货币交易；从现货交易发展到远期合同交易，再发展到期货交易；从现款交易发展到信用交易，再发展到租赁交易、补偿交易、易货交易等；从经销发展到代理，再发展到信托交易、经纪交易、寄售交易、许可证交易等；从批发零售的店铺交易发展到邮购交易等无店铺交易，再发展到互联网虚拟交易等。

商业交易方式的每一步创新，都伴随着社会信任度提升，从初始的基于个人的、小范围的人际信任发展到大范围的甚至是世界性的社会信任、系统信任或制度信任。相应地，信任的运作手段也从情感（人际关系）手段趋向于法制（规则、契约）手段。商业交易方式的创新程度与信任结构演进是呈正相关的，因而偏离信任基础的商业交易创新往往要失败。

近年商业流通领域信用不足、市场失序的事例，以及中国明清十大商帮尤其是徽商、晋商的兴衰历史事例，都可以证明：商业交易方式的创新程度取决于信任结构从人际信任向制度信任演化的进程，商业经济发展的基础制度是信任制度。因此，现代社会的信用交易、期货交易、网络交易、代理交易等创新（衍生）交易方式的发展，无疑要立足于商业组织的信任基础建构。

由此我们还可以得出以下几点启示：首先，商业交易方式的创新和衍生离不开信任基础尤其是社会信用基础的长期构建，现代商业交易方式的发展状况则是测量社会信任度的晴雨表。

其次，商业企业是商业交易运行的信任载体，作为信任载体的商业企业必须符合产权主体明确、企业所有权能够有偿转让、企业进退自由三个基本条件。

再次，信任结构从重人情到重制度的变迁，促使了商业交易的扩展、市场时空的延伸，促进了市场经济秩序的扩大。

最后，商业交易信任基础的建构必须有良好的法制环境和适度的政府行为。民商法制的建设、以促进商业交易信任构建为目的的政府规制、产业中介组织的发展以及市场化取向改革的进一步深入，是构建商业交易信任基础的重要环境因素。

8.1.4 义取：货殖家生财的道义观

首先，因义生财，因义用财。

孔子赞赏"义然后取，人不厌其取"。他说："富而可求也，虽执鞭之士，吾亦为之。如不可求，从吾所好。""不义而富且贵，于我如浮云。"（《论语·述而》）"君子爱财，取之有道"，光明正大地赚钱，不发不义之财。

范蠡"十九年之中三致千金"，家富"巨万"的秘诀，就在于不贪利，薄利而多销，仅取"什一之利"；白圭经营农副产品，审时度势，取与以时，注重商业伦理道德。

徽州商人崇尚儒家义利观。《新安文献志》记载，婺源朱弁《上朱昭等忠义奏疏》，历述奋勇抗金、为国捐躯的官员朱昭及勇夫劲卒、义民、节女等十余人"奋赤心，蹈白刃"的忠勇节烈高行，并请求朝廷予以表彰。嘉靖年间，祁门商人徐正行商于淮泗，"时东南倭寇未靖，兵役往来，淮当冲要"，"正捐金八百以佐徭费"，又独建广惠桥，以便军队通行。从《新安文献志》中，还可以感受和领会到徽州商人勤劳、善良、重利而不忘义的美德。黟县商人李文耀，平时乐善好施，致富之后"居乡建官田、坞口石桥，修太平县周家岭"，举凡兴修水利、修筑道路、捐资助饷、兴建书院祠堂等，都慷慨解囊，堪为崇尚儒家义利观的徽商典型。

清道光年间，徽州商人舒遵刚，喜读《四书》《五经》，经商善用书中义理。他说：

> 钱，泉也，如流泉然。有源斯有流。今之以狡诈求生财者，自塞其源也。今之吝惜而不肯用财富者，与夫奢侈而滥于用财者，皆自竭其流也……圣人言，以义为利，又言见义不为无勇。则因义而用财，岂徒不竭其流而已，仰且有以裕其源，即所谓之大道也。[①]

就是说，钱财，就像泉水，有源才有流，源远则流长。吝惜而舍不得散

---

① 《黟县三志》卷15之《舒遵刚传》。

财，就像奢侈地浪费钱财一样，都可能使财源枯竭，自断其流。因此，只有以义取财，因义用财，社会形象高大，才能广泛开辟财源，收到赚大利、发大财的效果。可见，舒遵刚精辟地阐述了货殖家"因义生财，因义用财"的生财哲理。

其次，以平和之心看待财富。

《大学》说："货悖而入者，亦悖而出。"悖：指无理、不道德。意思是，用不道德的手段弄到的财物，也会被人以不道德的手段夺走。

《郁离子·虞孚》记载一则"取之无道，货悖入而悖出"的例子。赵国商人虞孚在吴国卖漆，本来可以稳当地获得合理利润，但因贪心而掺杂使假，即"夜取漆叶之膏和其漆"，而被买家识破，买家要求修改协议延期20日交货。结果"漆皆败"，产品变质而交易失败。虞孚"偷鸡不成蚀把米"，本钱亏光，沦为乞丐，饿死他乡。①

"君子爱财，取之有道"，要求货殖家以平和之心看待财富。佛陀在《善生经》中，为善生童子开示生存之道时说：

> 先当学技艺，而后获财富。

就是说，一个人在社会上立足，必须有一定的谋生之道，即使拥有福报，也需要通过相应的技能才能得以实现。

佛经记载，佛陀与弟子阿难外出乞食，看到路边有一块黄金，就对阿难说："毒蛇"，阿难也回应道："毒蛇"。一对父子正在附近干农活，闻言前来观看，欣喜地发现佛陀所言"毒蛇"，竟然是黄金，立刻将其据为己有，结果引来了杀身之祸。

君子爱财，并不能作为道德堕落的借口，孟子"穷则独善，达则兼济"②的准则，仍是现代商人应该遵循的人生信条。现代商人应"货悖而入者，亦悖而出"为训，努力做到"不义，虽利勿动"。

---

① 刘基著、吕立汉等注译：《郁离子》，中州古籍出版社2008年版，第149页。
② 语出《孟子·尽心上》，整句话为"穷则独善其身，达则兼济天下。"

8.2 货殖家散财思想（一）

8.2.1 从范蠡三聚三散故事说起

春秋时期，范蠡辅佐越王勾践，卧薪尝胆，深谋 20 载，帮助勾践复兴越国。复兴之后，范蠡被封为上将军。他深知"狡兔死，走狗烹；敌国破，谋臣亡"之古训，推测勾践必将难容自己，于是辞官远行，一去不复返。

范蠡到了齐国，隐姓埋名，自称"鸱夷子皮"即生牛皮，意为"有罪被流放的盛酒皮囊"。改名是为了纪念伍子胥，因为伍子胥是被吴王逼杀并装入"鸱夷"牛皮革囊而抛入大海的，范蠡感同身受，认为自己的遭遇同伍子胥一样。在齐国，范蠡充分利用计然之策，把治国与治家结合起来，经商治产。

齐王听说他贤能，便请他做齐国的丞相。范蠡感叹说："居家则致千金，居官则至卿相，此布衣之极也。久受尊名，不祥。"《史记·越王勾践世家》于是范蠡归还相印，悄悄地把财产分给亲戚乡邻，只带少量财物又一次不辞而别。

离开齐都到了陶（今山东定陶），再次改名为陶朱公。之所以在陶这个地方落脚，是因为范蠡看中陶居天下中心，四通八达，利于从事商业贸易。他在陶地以经商为业，贱买贵卖，薄利多销（只取 10% 利润），很快又聚积大量财富，成为巨富。范蠡晚年，二子杀人被楚国囚禁。他说："杀人而死，职也。然吾闻千金之子不死于市。"于是，让长子带上一牛车的黄金，前往营救。可惜的是，其长子惜财，救人失败。

上文所言，就是历史上著名的范蠡"三聚三散"的故事。

范蠡艰苦创业，"十九年之中三致千金"，治生有方，理财有道。既善于生财（聚财），又善于散财。后人为了纪念他，向他学习经商之道，尊封他为"文财神"。司马迁定评说："故范蠡三徙，成名于天下，非苟去而已，所止必成名。"（《史记·货殖列传》）

总之，范蠡一生聚散有度，"功成名遂"而身退，乐善好施，得之而不喜，舍之而不惜，智高一筹，既富且仁。

8.2.2 散财有大道

首先，聚财难，散财更难。

散财，相当于奉献，即放下为之奋斗而得到的东西。散财，也相当于佛教的布施，布施不是舍弃，而是放下对某些东西的执着，布施使人拥有更丰富的内涵和心量。散财才能聚财，散财是播种，是回馈社会，回报大众，是报恩。钱最好的用途，是用于帮助别人，帮助解决社会问题。

然而，聚财难，散财更难。司马迁生动地描述了散财的艰难，他说：

> 农工商贾畜长，固求富益货也。此有知尽能索耳，终不余力而让财矣。（《货殖列传》）

意思是说，农、工、商、牧各行各业的人，都极力追求财富，只要是活着（有知）就要尽力去求财，到死（终）都不愿留半点力气让财。

明人冯梦龙《古今谭概·贪秽部》卷首说：

> 子犹曰：人生于财，死于财，荣辱于财。无钱对菊，彭泽令亦当败兴。倘孔氏绝粮而死，还称大圣人否？无怪乎世俗之营营矣！究竟人寿几何，一生吃着，亦自有限，到散场时，毫厘持不去，只落得子孙争嚷多，眼泪少。死而无知，真是枉却；如其有知，懊悔又不知如何也！。[①]

以上所言财富得失的道理，别有一番趣味。"一生吃着"虽然有限，但伟大如陶渊明、孔子，如果缺钱或缺粮，那么连性命都保不住，根本谈不上成仁成圣。

然而，一个人如果只是为了攒钱而挣钱，所攒的钱到死也用不完，那是一种愚蠢的行为。实际上，人最难的是舍弃，尤其是难以舍弃孜孜以求并付

---

① 冯梦龙著、栾保群点校：《古今谭概》，中华书局出版社2007年版，第180页。

出艰辛才获得的东西，如金钱、美色、名誉和地位。

总之，聚财难，散财更难，散财必须具备大智慧。

其次，中外吝啬鬼的故事。

其一，中国古代文学作品中的吝啬鬼。

《笑林广记》记载了一则"一毛不拔"的寓言故事。说是有一只猴子死了，在地府见到阎王，它请求阎王让它下辈子转化成人身。阎王说："既欲做人，须将身上毛尽行拔去。"随即召唤夜叉给猴子拔毛。方拔一根，猴不胜痛楚。阎王笑着说："畜生，看你一毛不拔，如何做人？"故事讽刺了只知聚财而不知散财者的"难以成人"。

《儒林外史》第五、六回也记载了一则吝啬乡绅死不瞑目的故事。严监生临终之际，"喉咙里痰响得一进一出，一声不倒一声的，总不得断气，还把手从被单里拿出来，伸着两个指头。"大侄子、二侄子及奶妈等皆不得其意，最后还是其妻赵氏走上前道："爷，只有我能知道你的心事。你是为那灯盏里点的是两茎灯草，不放心，恐费了油。"直到赵氏挑掉一根灯草，他方才点点头，咽了气。故事入木三分地讽刺了严监生"点两根灯草怕费油，不挑掉一根就死不瞑目"的吝啬鬼形象。

其二，世界文学名著中的四大吝啬鬼。

葛朗台，是法国批判现实主义作家巴尔扎克，在小说《欧也妮·葛朗台》中着力刻画的人物。葛朗台贪婪、狡黠，崇拜金钱，唯一癖好是私自观摩金子，"看到金子，占有金子，便是葛朗台的执着狂"。他家财万贯，但极其吝啬。为了金钱他六亲不认：他亲自定量分发食物和蜡烛；克扣妻子的费用；让女儿吃清水面包；弟弟破产，无动于衷；侄儿求助，置之不理。他为了财产竟逼走侄儿，折磨死妻子，剥夺独生女对母亲遗产的继承权，不许女儿恋爱，断送她一生的幸福。他临终对女儿的遗言是："把一切照顾得好好的，到那边来向我交账。"一生疯狂地追求金钱、占有金钱并被金钱所累，临终仍竭力呼唤着金钱而走向坟墓，金钱使葛朗台异化成一个疯狂狡诈的吝啬鬼。

阿巴贡，是法国作家莫里哀的喜剧《悭吝人》里的主人公。他嗜钱如命，悭吝万分，为了达到发财的目的，不顾家庭子女和伦理道德，大放高利贷，绞尽脑汁侵吞别人的财产。为了无限制地追求金钱，他变得极度贪婪和吝啬。他把人家还他的5万法郎埋在花园里，整天提心吊胆，生怕被人偷走。年近50

岁的昂赛米老爷答应娶他女儿不要陪嫁费，阿巴贡认为这是千载难逢的便宜，于是牺牲女儿爱情，答应了这桩婚事。他请人吃饭，厨子说要多花点钱，就急得大叫："真见鬼，老是钱！"请 10 位客人，却要求管家按 8 位预备饭菜。

泼留希金，是俄国作家果戈理小说《死魂灵》中的人物。他是一个猥琐贪婪、吝啬到几乎病态的守财奴和吸血鬼。他实为富豪却形似乞丐，其仓库堆满麦子、麦粉和农产品，充塞着尼绒和麻布、生熟羊皮、干鱼以及各种蔬菜和果子。然而，他本人的吃穿用度却极端寒伧。不仅是对自己吝啬，对儿女也一样。女儿成婚，他一味诅咒而不送任何礼物；儿子从部队来信要钱制作衣服，不仅不给钱，而且诅咒儿子，并因此断绝联系，毫不在意儿子的死活。他的粮堆和草堆都变成了真正的粪堆，地窖里的面粉硬得像石头。积聚财产的强烈欲望，让他焦头烂额，终日奔波。由于贪婪，泼留希金彻底变成一个受财富支配的奴隶。

夏洛克，是英国戏剧作家莎士比亚，在喜剧《威尼斯商人》中塑造的一个贪婪、阴险、凶残的吝啬鬼形象。他是个资产阶级高利贷者，因为安东尼奥借钱给人不收利息，影响了夏洛克的高利贷行业，所以他要借机报复，置安东尼奥于死地，好使自己的高利贷行业畅行无阻，从而聚敛更多的财富。于是，在威尼斯法庭上，他凶相毕露，"我向他要求的这一磅肉，是我出了很大的代价买来的，它是属于我的，我一定要把它拿到手里。"他宁可拒绝 2 倍乃至 3 倍借款的还款，而坚持按约定从安东尼奥的胸口割下一磅肉，没有丝毫的同情怜悯。阴险凶残，这是夏洛克不同于其他吝啬鬼的独特个性。

综上学理和事实说明，人的本性决定：聚财难，散财更难，散财有大道。

8.2.3 散财是一种哲商境界

货殖家或商家分草商、儒商和哲商三个层次。哲商的境界最高：智慧高，思辨力强。哲商突出商家的大智慧、大聪明，是哲人和商人的完美结合。哲商谈"买卖是爱""吃亏是福"及"散财境界"[1]，关注商业的社会责任。

---

[1] 黄福华：《哲商——新加波纸业大王的商道暨人生智慧》，东方出版社 2006 年版。

华人慈善家邵逸夫有句名言："一个企业家的最高境界就是慈善家"。

首先，散财是德：君子先慎乎德。

《大学》指出：

> 君子先慎乎德。有德此有人，有人此有土，有土此有财，有财此有用。德者本也，财者末也。外本内末，民争施夺。是故财聚则民散，财散则民聚。是故言悖而出者，亦悖而入；货悖而入者，亦悖而出。

意思是说，君子要首先认真修养品德，有了美德才会拥有人民，有了人民才会有土地，有了土地才会有财富，有了财富才能使用。道德是立国的根本，财富只是枝末。看轻根本而重视枝末，就会与人民发生争夺。因此，国君敛财，民众离散；国君散财，民众归心。用违背情理的话责备别人，别人也会无理地回敬他；用无理的手段弄到的财物，也会被人以无理的手段夺走。

冯友兰提出人生四重境界说，认为人生境界包括自然境界、功利境界、道德境界和天地境界四重，功利境界的行为是占有，目的是"取"，而道德境界的行为是贡献，目的是"与"，前者为利，后者为行义。[①] 因此，商家的散财行为，其目的在于贡献，是给予，属于道德境界。

小胜凭智，大胜靠德。散财的甜头，散完后才知道。人们不敢散财，是因为害怕散出之后，就再也回不来了。其实，"大有"和"大无"相通，一个人从无到有，再从有到无，是人生周而复始的必然过程。

其次，散财是义：生而不有，为而不恃。

义，即义举，指仗义疏财，也就是用自己的财富帮助别人，讲义气；或者说是，乐善好施，以给与为乐。《老子》第10章说：

> 生而不有，为而不恃，长而不宰。是谓玄德。

意思是说，圣人生养万物而不据为己有，为万物尽力而不恃其能，助万物成长而不宰割它们，这就是最深的德。也就是说，对自己拥有的东西，不要放不下。中国禅宗所要参破的，主要是人所"放不下"的念头，"放得下"

---

① 冯友兰：《新原人》生活·读书·新知三联出版社 2007 年版，第46-49页。

反而能够更好地拥有。佛教用语可以概括为"舍得"二字，[①] 即先舍后得。

《吕氏春秋》《说苑》等典籍，都记述了子贡出巨资赎回鲁国奴隶的善举。子贡出资赎回在他国为奴的鲁国人，不向鲁国官府领取任何赎金，这不仅为子贡获得"博施于民而能济众"的美名，也为子贡带来良好的口碑和更多生意。梅兰芳在《舞台生活四十年》一书中说："我能够有这一点成就，还是靠了先祖一生疏财仗义，忠厚待人。"

再次，散财是智：聚财与散财的辩证法。

《太公兵法》认为，军国之要："获城割之，获地裂之，获财散之。"治理国家和统领军队，也必须遵循"财聚人散、财散人聚"辩证法。放弃也是一种智慧，能放弃的时候舍得放弃，实在是一种人生智慧。[②]

吕不韦"奇货可居"计划大获成功的正例。吕不韦，战国末期人，商贾出身。因辅佐秦始皇登基有功，被秦始皇尊称为仲父，任秦国相国，一时权倾朝野，府中食客三千。司马迁《史记·吕不韦列传》记载了其"奇货可居"计划。子楚是秦王庶出的孙子，在赵国当人质，他乘的车马和日常的财用都不富足，生活困窘，很不得意。吕不韦在邯郸做生意，见到子楚后非常高兴，说："子楚就像一件奇货，可以囤积居奇，以待高价售出。"吕不韦为了给自己留名，还组织编著了著名的《吕氏春秋》一书。

《史记·越王勾践世家》记载了范蠡长子惜财断送其弟性命的反例。范蠡二子在楚国杀人被捕将斩，他欲派幼子进财抵罪，但长子以死相激坚持要去，范蠡之妻也从旁劝说。不得已，长子去见关键人物庄生。进千金，庄生受了，便在楚王面前称星相不利，需要大赦天下才能补救。于是大赦，但范蠡长子获知大赦天下消息，认为二弟本该被释放，舍不得千金，找庄生要了回来。庄生怒，在楚王面前进言，说天下百姓流言，大赦是因为楚王受贿，要赦范蠡二子。楚王大怒，仍赦天下，独诛范蠡二子。范蠡长子惜财而不肯弃财，断送了其弟的性命，是为大不智。

---

① 舍得一词，最早出自佛经《了凡四训》，传入中国后，与中国老庄道学思想融会，成为禅的一种哲理。随着光阴的流转，舍得这一禅理，又渗透到老百姓的日常生活。日常俗语：舍得舍得、不舍不得，是对佛教布施（布是流通，施是给予）观念的生动表述。

② 唐雪健：《放弃也是一种智慧》，光明日报 2008 年 10 月 10 日，第 11 版。

最后，施恩不图报，也是散财的重要境界。

《庄子·列御寇》说：

> 施于人而不忘，非天布也，商贾不齿。虽以事齿之，神者勿齿。

意思是说，商人做买卖是为了获利，而"施于人而不忘"的人，也是为了收买名利，而又装着收买人心的样子，故连商人都不如。因为，商贾所做的（买卖）虽然表面上与他们相似，但思想上并不像他们那样。①《淮南子·说山训》也指出："君子行义，不为莫知而止休。"就是说，君子行善，不因他人不知而放弃。《庄子·养生主》也认为，理想的情况应该是"为善无近名"。为别人做了好事，不该念念不忘，更不该企图回报。

《菜根谭·概论篇》有言："为善而急人知，善处即是恶根。"②意思是说，一个人做点善事急着让世人知道，说明他做善事是为了图虚名，是一种伪善，存在祸害的根源。《菜根谭·修身篇》还指出：

> 为善而欲自高胜人，施恩而欲要名结好，修业而欲惊世骇俗，植节而欲标异见奇，此皆是善念中戈矛，理路上荆棘，最易夹带，最难拔除者也。须是涤尽渣滓，斩绝萌芽，才见本来真体。

就是说，为善、施恩、修业、植节（培植节操）等行为都是好的，但做这些事的时候，如果心怀虚名和私利，那就说明在为人处事上刻意隐藏自己，其实质是其本心还存在需要涤除的欲念。因此，必须是荡涤全部残渣余滓，断绝欲念的萌发产生，才能显现本来的真实本体。

冯班《钝吟杂录·家戒》也指出：

> 为惠而望报，不如勿为，此结怨之道也。③

---

① 曹础基：《庄子浅注》，中华书局2007年版，第380页。
② 洪应明著、欧阳居士译：《菜根谭》，中国画报出版社2012年版，第9—10、159页。
③ 冯班（1602—1671）明末清初诗人，字定远，晚号钝吟老人，江苏常熟人。冯班是虞山诗派的重要人物，论诗讲究"无字无来历气"，反对严羽《沧浪诗话》的妙悟说。著有《钝吟集》《钝吟杂录》《钝吟书要》和《钝吟诗文稿》等。

意思是，给予别人恩惠却又希望得到别人报答，还不如什么都不做，否则，反而因"施恩图报"而与别人结怨。

总之，人际交往中，施恩图报是一个大忌讳，而施恩不图报是散财的重要境界，也是人类经济社会进步的重要标志。

8.3 货殖家散财思想（二）

8.3.1 货殖家散财的形态

首先，捐资。

捐，弃也（《说文》），捐资即献出财物。

巴寡妇清，今长寿千佛人，中国最早的女企业家，出巨资修筑长城，为秦始皇陵贡献大量水银。晚年被接进宫，封为"贞妇"。据《货殖列传》记载，巴寡妇清一家，因擅丹穴之利数世，积聚了数不清的资财。她掌管经营家业以后，发展到"僮仆千人"。她死后，埋葬在家乡今千佛寨沟龙寨山。随后，秦始皇下令在其葬地筑"女怀清台"，以资表彰。《一统志》《括地志》《地舆志》《舆地纪胜》和《州府志》等书，都记载了寡妇清慷慨捐资的事迹。

2006 年度国家最高科技奖得主李振声，把国家奖给他的 50 万元，全部捐出建立"助学基金"，这一事件引起新华网网民的热烈讨论，得到大部分网民好评。

其次，赠送。

无代价地把东西送给别人，即无偿转让属于自己的财物的所有权，如慈善赠送。慈善赠送，基于人道主义动机，通过赠与或资助从事慈善事业，还具有企业公共关系功能。不仅赠送金钱和物品，而且可以通过互联网、电视、报刊等媒体，宣传慈善事业，普及人道主义及社会公益思想，同时完善企业自身的社会形象。

再次，义举。

国家兴亡，匹夫有责。春秋战国时期，诸侯争强，随时可能爆发战争。国难当头，为了使祖国免除战乱，商人义举时有发生。司马迁记载了三则商人义举的感人故事：

一是郑国商人弦高的义举。《史记·郑世家》记载："穆公元年春，秦穆公使三将兵欲袭郑，至滑，逢郑贾人弦高诈以十二牛劳军，故秦兵不至而还。"弦高急中生智，诈称犒劳秦军，倾其所有，用12头牛的代价，竟使秦军生疑，撤军返回，避免了祖国的战难。

二是鲁国巨商子贡的义举。《史记·仲尼弟子列传》记载："田常欲作乱于齐……故移其兵欲以伐鲁。孔子闻之，谓弟子曰：'夫鲁，坟墓所处，父母之国，国危如此，二三子何为莫出？'子路请出，孔子止之。子张、子石请行，孔子弗许。子贡请行，孔子许之。"子贡先后说服了田常、齐王、吴王、越王和晋君，回到了鲁国。子贡不顾个人安危，舍生取义，周游列国，"存鲁，乱齐，破吴，强晋而霸越"。致使各诸侯国，相互攻伐，无暇顾鲁，因而保全了鲁国。

三是西汉商人卜式的义举。《史记·平准书》记载，国家受到北方游牧民族匈奴的不断骚扰，商人卜式愿意贡献一半家产给国家做防务费用，他说"天子诛匈奴，愚以为贤者宜死节于边，有财者宜输委，如此匈奴可灭也。"

2008年5月12日四川汶川发生8级地震，中宣部等七部门于2008年5月18日，发起举办央视赈灾晚会，获得空前响应，500余名各界名人明星和其他行业代表参加赈灾，社会各界爱如潮水踊跃捐款，募款15亿元，成为历史上最大规模的一次义演。①

中国明清时期的10大商帮，如闽商、晋商、徽商等，捐资办学、修路、救济灾民等"义举"，也留下许多美名，并收到商业经营效益日益增长的长远效果。

最后，基金会。

其一，基金会的内涵和发展。

---

① 郑照魁：《央视昨举行救灾募捐晚会 募得善款15.1429亿元》http：//post.news.tom. com/0100009F176.html。

基金会以从事公益事业为目的，是非营利性法人。基金会分为公募基金会和非公募基金会两类。其宗旨是通过无偿资助，促进文化教育、社会科学及社会福利救助等公益性事业的发展。20世纪初，基金会就得到较好的发展，卡内基基金会和洛克菲勒基金会，都成立于1900年。拥资10亿美元、世界最大的福特基金会，成立于1936年。此外，约翰·古根海姆纪念基金会、丹福思基金会和凯洛格基金会等，也很著名。

20世纪80年代以后，中国基金会也获得长足发展。1988年，国务院通过基金会管理办法，标志着中国基金会进入发展的快车道。中国已建立中国老年基金会、中国残疾人福利基金会、中国福利基金会、宋庆龄基金会、中国青少年发展基金会和中国煤矿尘肺病治疗基金会等。

其二，先行一步的国外基金会，可以成为国内富人散财的范例。

世界首富比尔·盖茨和世界第二富沃伦·巴菲特，宣布将生活重心转向慈善事业。盖茨和巴菲特分别计划把580亿美元和近370亿美元的财产，捐给"比尔及梅琳达·盖茨基金会"，成为美国史上最牛的慈善捐赈人，捐款数额位列冠、亚军。比尔·盖茨于2008年淡出微软日常管理工作，实现从生财（聚财）到散财的转型，把主要精力集中于比尔及梅琳达·盖茨基金会的经营管理上。

以下罗列若干比尔及梅琳达·盖茨基金会小资料：

盖茨与妻子梅琳达，1994年成立的比尔及梅琳达·盖茨基金会，有四个主要工作目标：提高全球健康水平，促进教育普及，建立全球网上图书馆和为美国西岸北部弱势社群提供援助。

2006年，盖茨好友巴菲特答应向基金会分数年捐出其投资公司旗舰巴郡的1000万B股，即400亿美元，唯一条件是基金会要把巴菲特每年约16亿美元的捐献全数用尽。每年平均捐出15亿至20亿美元，捐资主要用于发展中国家的医疗及美国的教育。最大笔款项捐予全球疫苗免疫联盟，该联盟集合十多个人道组织，致力于向贫穷国家的儿童提供疫苗。

2007年比尔及梅琳达·盖茨基金会宣布，向中国提供5000万美元捐助，用于政府或非牟利机构做艾滋病防控工作。①

2015年9月22日，中国互联网发展基金在美国西雅图与比尔及梅琳达·盖茨基金会签署合作谅解备忘录，双方同意在平等互利、优势互补的基础上结成合作伙伴。根据合作谅解备忘录，双方将依托互联网等新技术推动公益慈善、公共卫生、国际发展等领域的务实合作，共同致力于提高贫困人口的生活质量，推动发展中国家的减贫事业。②

其三，半数以上的最大慈善捐赠源于一国首富。

回馈社会，就是回归人性的善和人性的美。大部分富豪在晚年，往往将一生积聚的财富回馈社会，而那些金钱正是从社会中取得的。法国首富利利雅娜，已是耄耋之年，在其丈夫死后的大部分时间里，她唯一热衷的是经营以她父亲和丈夫名字命名的基金会。③

20世纪初，穷小子安德鲁·卡内基，成长为一代"钢铁大王"，成为美国首富。1866年12月底的一天，卡内基写下如下备忘录：

> 人生必须有目标，而赚钱是最坏的目标。没有一种偶像崇拜比崇拜财富更坏的了。

此后的岁月里，他经历了人生所能经历的一切传奇。到1919年去世前，他共捐建近3000座图书馆，加上其他的慈善捐助项目，捐献总额高达3.3亿美元。他说：

> 富有着死去的人，死得可耻。

美国金融家J·P·摩根，晚年购买大量艺术品用于捐赠，死后仅留下数千万美元。洛克菲勒得知这个数字后，说"摩根都算不上是一个富人"。值得人们肯定的是，晚年的洛克菲勒，也走上了与摩根一样的捐赠道路。

---

① 香港《文汇报》2008年6月23日综合报道，http://www.wenweipo.com/。
② 李晓喻：《中国互联网发展基金会与盖茨基金会结成合作伙伴》，中国新闻网 http://www.chinanews.com/cj/2015/09-24/7542116.shtml。
③ 吴晓波：《首富——〈福布斯〉21国第一富人的深度解读》，浙江人民出版社2005年版。

其四，中国经济学家茅于轼的探索。

1992 年开始，茅于轼联合志同道合者，在山西创办"龙水头村村民互助基金"，以具有尤努斯乡村银行特征的小额贷款试点，开始摸索中国特色的互助基金运作模式。2003 年，茅于轼 74 岁，又创办了北京富平家政培训学校，此后还在北京尝试为农民工办理小额信贷支持创业。茅于轼的实践，见证了中国民间小额贷款的艰辛历程，也提供了很多有益的经验，值得世人敬仰。

8.3.2 货殖家（政治家）散财实践及心语

首先，晋文公"列地以分民，散财以赈贫"。

汉刘向《说苑·政理》记载：

> 晋文公时，翟人有献封狐文豹之皮者，文公喟然叹曰："封狐文豹何罪哉！以其皮为罪也。"大夫栾枝曰："地广而不平，财聚而不散，独非狐豹之罪乎？"文公曰："善哉！说之！"栾枝曰："地广而不平，人将平之；财聚而不散，人将争之。"于是列地以分民，散财以赈贫。[1]

晋文公的时侯，翟族人有进献大狐皮和文豹皮的，文公长叹一声说："大狐和文豹有什么罪过，只因为它们的皮毛而成为罪过。"大夫栾枝说："地广而不平，财聚而不散，独非狐豹之罪乎？"这句话是双关语。一个国家拥有广大的土地，君主内府（宫廷）的财帛又那么多，但老百姓仍然挨饿。那岂不是如这两头被杀的狐狸、豹子一样的可怕吗？

栾枝要表达的真正意思是：国家土地那么广大，你私人皇宫的财产又那么多，你没有平均地权，没有把未开发的土地分配给人民耕种，将来就会引起老百姓的反感，人们就要争夺他，说不定哪一天也像这狐豹的皮件落到别人的手里。

晋文公看到狐豹皮而引发的感慨，经过栾枝一番话的启发，马上采纳栾枝的建议，实施政治改革，划出土地分给百姓，施舍财物赈济贫民。

---

[1] 刘向著、王锳等译注：《说苑全译》，贵州人民出版社 1992 年版，第 300 页。

其次，晋文侯"分熟不如分腥，分腥不如分地"。

汉刘向《说苑·政理》又记载：

> 晋文侯问政于咎犯，咎犯对曰："分熟不如分腥，分腥不如分地。割地分民，而益其爵禄，是以上得地而民知富，上失地而民知贫。古之所谓致师而战者，其此之谓也。①

晋文公向咎犯问如何从政，咎犯回答说：你要在经济和财政上，做平均合理的分配。比如我们分配一块肉，分熟肉就不如分生肉，分到生肉的人，或红烧或清炖，比较方便，煮熟切片再分，大家只能吃单一的白切肉。另外，分生肉又不如分土地，把王室的私有土地平均地分配给老百姓，使其生活安适，同时给他们适当的职务，大家有事可做。这样一来，自己的财产虽然分配给了老百姓，在形式上财产好像分掉了，其实老百姓和王室国家都富有了。这样，国土共有，人人有份，人人关心，万一敌人侵犯，全国老百姓不要你下达命令，自然会起来作战，这就是"财散则人聚"的道理所在。

再次，张说痛定思痛的杰作：《钱本草》。

张说，字道济，河南洛阳人，唐大臣，玄宗时任中书令，封燕国公，擅长文辞，当时朝廷重要文书多出其手，时有"大手笔"之称谓。可是，张说为官时好物贪财，敛钱好利，排斥异己，最终事发，被贬为岳阳地方官。张说痛定思痛，写下奇文《钱本草》。

> 钱，味甘，大热，有毒。偏能驻颜采泽流润，善疗饥寒、解困厄之患，立验。能利邦国，污贤达，畏清廉。贪者服之，以均平为良；如不均平，则冷热相激，令人霍乱。其药，采无时，采之非礼则伤神。此即流行，能召神灵，通鬼气。如积而不散，则有水火盗贼之灾生；如散而不积，则有饥寒困厄之患至。一积一散谓之道，不以为珍谓之德，取与合宜谓之义，无求非分谓之礼，博施济众谓之仁，出不失期谓之信，入不妨己谓之智。以此七术精炼，方可久而服之，令人长寿。若服之非理，

---

① 刘向著、王锳等译注：《说苑全译》，贵州人民出版社 1992 年版，第 301 页。

则弱志伤神，切须忌之。^①

《钱本草》仿古传《神农本草经》体式和语调撰写，作者总结人生70年之阅历，苦心孤诣而成，区区188字就把钱的性质、利弊、积散之道，描写得淋漓尽致，以钱喻药，针砭时弊，利害之论，颇富哲理，寓教深刻，堪称奇文。张说指出，钱"能驻颜，善疗饥，解困厄"，"利邦国，污贤达，畏清廉"，要想驾驭金钱，不为所迷，不为所害，应当精炼"七术"，即"道、德、义、礼、仁、信、智"七种方式。也就是说，积存使用要有度，这就叫道；不把钱看做珍宝，这就叫德；获得与付出相适应，这就叫义；不求非分之财，这就叫礼；乐善好施，这就叫仁；交易不违约，这就叫信；不让钱伤害自己，这就是智慧。如果不能做到上述七术，金钱就会令人"弱志伤神"。

最后，盖茨夫妇和巴菲特"散财语录"。

新加坡《海峡时报》曾经报道盖茨和夫人梅琳达及巴菲特的"散财语录"。^②

其一，比尔·盖茨散财语录。

慈善是人们作出的一种选择。我们要向大家显示，它能带来许多乐趣，会产生很大影响。不管在什么国家，我们都要鼓励更多的慈善行为。我认为，关键是要让更多超级幸运的人考虑回报社会。

其二，梅琳达·盖茨散财语录。

比尔和我的生活信念是：给予你的越多，对你的期望就越多……这是巨大的责任，是我们希望自己能很好履行的责任。

其三，巴菲特散财语录。

我的孩子已经得到我和妻子给的钱。在我死后，他们还会得到更多的钱。他们属于占人口1%的特权阶层，也许还是这1%人口中的前1/10。即使他们不再得到任何金钱，也已经占了很大优势。

---

① 清嘉庆年间官修《全唐文》卷226。
② 《盖茨夫妇和巴菲特的"散财语录"》，新浪网 http://www.sina.com.cn 2006年07月10日。

创造大量的"王朝财富"不符合我的世界观……我认为我的孩子不应当继承我的社会地位……不能因为你出生在这个家庭就得继承相应的社会地位。

富人应当给自己的孩子留下足够的财富，以便让他们能干他们想干的事情，但不能让他们有了足够的财富后可以什么都不干。

我和（已故）妻子50年前就形成了这样的想法：我们要终生积聚财富，这些财富要全部回报社会。

8.3.3 货殖家散财思想的理论基础 [①]

首先，货殖家散财的哲学思想基础。

货殖家散财理念，植根于《周易》的圜道思想和古代道家思想。

《易经》首次以明确的文字形式并结合卦象将圜道思想表述了出来，《易·说卦》就有"乾为天，力圜"之说。爻辞"无平不陂，无往不复"表达了万事万物都处于平陂往复的循环之意。《易经》认为，天地、日月、四时、昼夜、阴晴……无不在做着各自的循环运动，一切生物和人事都在循环运动中得以生化发展，走完自己的历程。

事物的发展轨迹就像大江大河里面的水，它有着自己的发展规律。顺应并利用这种发展规律，既可以成全事物，又可以成全自己。《易经·序卦传》说：

> 物不可以久居其所，故受之以遁，遁者退也。

"物壮必老，老者必倒"，天地间的万物，壮大、茂盛了，必定衰老，一衰老就变化，历史的阶段就要过去，这是自然的法则。老子《道德经》第9章说："功遂身退，天之道。"就是说，一个人功成名就之后，不要再贪恋权位和金钱，否则会有不虞之灾。

《楚辞·天问》也有"圜则九重，孰营度之？"的问询。而《吕氏春

---

① 吕庆华：《散财：货殖家的"哲商"境界》河南牧业经济学院学报，2016年第1期。

秋·圜道》则从天道地道、日月星辰、云运水流、万物生杀、四枝九窍、音乐声律诸方面展开对"圜道"的论述：

> 何以说天道之圜也？精气一上一下，圜周复杂，无所稽留，故曰天道圜。
>
> 日夜一周，圜道也。
>
> 物动则萌，萌而生，生而长，长而大，大而成，成乃衰，衰而杀，杀而藏，圜道也。[①]

《白虎通义》也指出，万物"周而复始，穷则返本。"圜道观认为，一切宇宙万物周而复始，无论是自然现象，还是社会人事，其起源、成长、成熟和消亡，都在循环运动中进行。

圜道观作为一种内生驱动因素，渗透到物质和精神文明各个方面，成为影响久远的思维定式，而与中华文化相融合。凡是有中国传统文化的地方，就可以发现圜道观的踪迹与影响。从生财（聚财）到用财（散财），再到生财（聚财），符合《易经》圜道思想。

范蠡深得《易经》圜道观思想意趣，一生屡次聚财散财，三徙成名于天下、三迁皆有荣名[②]（《史记·越王勾践世家》），博施济众，功成事遂而身退，就是一个成功范例。

唐朝大臣张说，为官好物贪财，排斥异己，事发被贬，痛定思痛作《钱本草》。他说，金钱"一积一散谓之道"；又说，"如积而不散，则有水火盗贼之灾生；如散而不积，则有饥寒困厄之患至"；还说，以金钱"博施济众，谓之仁。"张说精辟地论述了聚（积）财与散财的辩证关系。

其次，货殖家散财的行为经济学思想基础。

货殖家散财，捐资、赠送、义举及创办基金会，从行为经济学角度分析，都符合经济人理性自利行为假设。亚当·斯密在《国民财富的原因与性质研究》一书中假定，个体行为由人的利己心驱动。利己心，是古典新古典经济

[①] 杨坚前言／点校：《吕四春秋·淮南子》岳麓书社1989年版，第20页。
[②] 司马迁将范蠡在越地、齐地、陶地生活空间的转换，称做"三徙"或"三迁"。救国抗吴，施展其军政谋略；去越辞官，显示其人生智慧；治产致富，体现其经营才华。

学经济人性假设的基础。但在《道德情感论》一书中，亚当·斯密却认为，个体也存在利他行为。他说：

> 正是这种多同情别人而少同情自己的感情，正是这种抑制自私和乐善好施的感情，构成尽善尽美的人性；唯有这样才能使人与人之间的情感和激情协调一致，在这中间存在着人类的全部情理和礼貌。[①]

行为经济学揭示，除了传统博弈论证明的纳什均衡，还通过礼物交换博弈、信任博弈等可控实验，发现大多数受试者都关注他人行为的社会偏好，如非公平规避、互惠等社会偏好，并显示对自私自利假设的系统偏离，系统论证了新的公平均衡、合作性均衡。结论是，公平性、利他行为及合作现象，是客观存在的。其中，公平性是指"投桃报李"和"以牙还牙"，即别人对你友善，你也对别人友善；别人对你不善，你也对别人不善。损失自己效用去增进别人效用，可定义为对别人友善；损失自己效用去损害别人效用，可定义为对别人不善。总之，心理学实验充分证明了，在一般情况下，人的行为遵循以上公平性原则。[②]

货殖家在获得巨额收入的过程中，难免产生过某些不公平行为，如对弱者的掠夺、对社会的不公。通过掠夺和不公获得的财富，其投入成本较低，而收益普遍高于社会平均水平。根据行为经济学理论，货殖家散财，通过捐赠和义举等，舍弃一部分财富，其财富效用的总水平反而提高。明·赵振元《为袁氏祭袁石寓宪副》："握发以升贤，（袁可立子）散财而结客。"郭沫若《我的童年》首篇中说，"我们祖父尽管是怎样的散财，不几年间在我们父亲手里公然又把家业恢复了起来。"货殖家散财，既收获社会美名，又增加财富总效用，一举两得，何乐而不为呢？

最后，货殖家散财的社会学思想基础。

义利观思想，是社会学思想的主要内容。先秦儒家孔子、孟子、荀子一致认为，义利观思想的核心是"以义为上"。也就是说，"以义为上"是先秦

---

① 亚当·斯密著、蒋自强等译：《道德情操论》，商务印书馆1997年版，第25页。
② 蒲勇健：《恶棍为何变施主：来自行为经济学的解释》，《经济学家茶座》2008年第1期。

儒家义利观思想的核心。其中，义就是道德追求，利即物质利益。他们承认义与利是对立统一体，当义利冲突时，遵循"以义为上"准则，推崇"尚义"价值观。[①]

货殖家决策就是选择，选择就是权衡，权衡的依据就是价值观，尤其是义利观，而价值观的关键是价值思维模式。货殖家一定要从非此即彼的直线性质思维困境中走出来。直线性质思维，要么对要么错，要么干要么不干，要么好要么不好，没有中间道路，顺我者昌，逆我者亡。直线性质思维阻碍了企业的发展，需要转移到以下新的思维方式上来。一是发散性思维。不能从点到点，而应该是像树一样，决策时充分考虑到利益相关者。二是生态化思维。生态化思维具有三个特质：多样性，此路不通走彼路；整体性，整体考虑，有彼就有此，有得就有失；开放性，人类和自然界共生共荣，各自都有存在的价值。三是中庸思维。中庸是中国文化的精髓，是一种和谐状态，也是一种智慧。任何生意都是谈判双方妥协和均衡的结果，任何企业的外内和谐，都要求倡导和确立中庸思维方法。

货殖家应倡导"以义为上"散财文化。企业内外部环境，如消费者、法律法规、政治经济文化、行业竞争态势等，都发生巨大变化并涉及价值观层面的转变。要跟上时代变化要求，企业必须重新学习，进行业务流程改造，实施管理流程变革。守法经营意识增强，道义论成为企业伦理进步的依据，而且要倡导"以义为上"散财文化，树立"尚义"价值观，积极培育和提升道义实力。

人是大自然里的动物，是需要新陈代谢的有机体，离开物质财富，就不能解决衣食住行，就无法生存，更谈不上精神生活。但过分的物质欲望（贪欲），却是一种负担。《庄子·至乐》说，"夫富者，苦身疾作，多积财而不得其用，其为行也亦外矣。"意思是，那些富有的人，整天只知道辛勤劳动，拼命做事，积聚了很多的财富，却并不能全部享用，这样的生活完全没有快乐可言。

---

① 秦兴俊、吕庆华：《先秦儒家义利观与现代商业伦理的构建》，《湖南商学院学报》2003年第2期。

　　甘地说：“地球所提供的足以满足每个人的需要，但不足以填满每一个人的欲壑。”[①] 人的正常需要有限而贪欲无穷，渺小的身体往往孵化出无限的贪欲。丹尼尔·贝尔把人的贪欲和正常需要分开分析，认为拥有一辆汽车和一套住宅，是一个人的正常需要，而拥有 90 双皮鞋和 300 套夏装，却是一个人的贪欲。然而，人的价值在于智慧，而不在于躯壳。科学家研究揭示，人体包含 10 种不同化学元素，其价值不过十几块钱。托尔斯泰晚年急于散产，源于以下简单事实，其躯体仅要求少量食物和衣裳。因此，满足生活需要后，散财成为人们升华生命、实现人生价值的最佳选择。如，奥黛丽·赫本最引以为豪的，是捐助非洲贫困儿童。又如，伊丽莎白·泰勒最骄傲的，是坐着轮椅出席慈善演出。

[①]　舒尔赫：《小的是美好的》，商务印书馆 1985 年版，第 16 页。

附　录①

一、《货殖列传》原文和注释

[原文]

货殖列传①

老子曰②："至治之极，邻国相望，鸡狗之声相闻，民各甘其食③，美其服，安其俗，乐其业，至老死不相往来。"必用此为务，挽近世涂民耳目④，则几无行矣⑤。

[注释]

①货殖：指商业活动或从事商业活动的人。司马迁所说的"货殖"，不专指流通领域，也包括农、牧、渔、盐，以及矿冶业等其他商品生产活动。

②老子：即《道德经》。相传为道家创始人老聃（一说为老莱子）所著。是道家的经典。

③甘：情愿，乐意。

④挽近世：亦作"挽近"。离现在最近的时代。挽：通"晚"。涂：堵塞。

⑤几：几乎

[原文]

太史公曰①：夫神农以前②，吾不知已③。至若《诗》《书》所述虞夏以来④，耳目欲极声色之好，口欲穷刍豢之味⑤，身安逸乐，而心夸矜埶能之荣使⑥。俗之渐民久矣⑦，虽户说以眇论⑧，终不能化。故善者因之⑨，其次利道之

---

① 《货殖列传》原文，出自《史记》中华书局 1985 年版。注释和译文引自：王双，王文治. 货殖列传与经商艺术 [M]. 南宁：广西人民出版社，1991。

附录

⑩，其次教诲之，其次整齐之，最下者与之争。

[注释]

①太史公：是司马迁的自称。司马迁于汉武帝元封三年（公元前108年）继承其父司马谈之职，任太史令。

②神农：即神农氏。传说中农业和医药的发明者。一说神农氏即炎帝。传说中的上古姜姓部族首领。

③已：表确定语气。

④《诗》：即《诗经》。中国最早的诗歌总集，共三百零五篇，大抵是周初至春秋中叶的作品。据《史记》等书记载，曾经过孔子删定，所以被后世尊为儒家的经典。《书》：即《尚书》，《书经》是中国上古历史文献和部分追述古代事迹著作的汇编。相传由孔子编选而成，是儒家经典。虞：即有虞氏，传说中的远古部落名，舜是其领袖。夏：即夏后氏。古部落名，相传禹是其领袖。后禹子启建立了我国第一个朝代——夏朝。

⑤刍豢（chúhuàn）：泛指肉食。草食叫刍，如牛羊；谷食叫豢，如犬猪。

⑥埶：同"势"。地位和权力。

⑦渐（jiān尖）：浸渍，沾染。

⑧眇（miào庙）：通"妙"。精微。

⑨因：随顺。

⑩道：通"导"。疏导。

[原文]

夫山西饶材①，竹、穀②、纑③、旄④、玉石；山东多鱼⑤、盐、漆、丝、声色⑥；江南出楠⑦、梓⑧、姜、桂、金、锡、连⑨、丹沙⑩、犀⑪、玳瑁⑫、珠玑⑬、齿革⑭；龙门⑮、碣石北多马⑯、牛、羊、旃裘⑰、筋角⑱；铜、铁则千里往往山出棋置：此其大较也⑲。皆中国人民所喜好，谣俗被服饮食奉生送死之具也⑳。故待农而食之，虞而出之㉑，工而成之，商而通之。此宁有政教发征期会哉㉒？人各任其能，竭其力，以得所欲。故物贱之征贵㉓，贵之征贱，各劝其业㉔，乐其事，若水之趋下，日夜无休时，不召而自来，不求而民出之。岂非道之所符㉕，而自然之验邪！

· 215 ·

[注释]

①山西：古地区名。战国、秦、汉之时，通称崤山或华山以西为"山西"，与当时所谓"关中"含义同。

②榖：楮树。皮可制纸。

③纑（lú卢）：麻缕。古时指经过洗涤的麻缕。

④旄（máo毛）：旄牛。即牦牛。其背膝及胡尾皆有长毛，可用来装饰旗子一类物品。

⑤山东：古地区名。战国、秦、汉时期通称崤山以东为"山东"，与当时所谓"关中"含义相同。

⑥声色：音乐舞蹈和美女。

⑦楠：木名，木材富于香气，是建筑和制造器具的良材。

⑧梓：木名。木材轻软、耐朽，可供建筑及制家具、乐器用。

⑨连：通"链"。铅矿。

⑩丹沙：朱砂。

⑪犀：即犀牛。犀牛角是贵重药材，可解毒，解热。

⑫玳（dài代）瑁（mào冒）：海中动物。形似龟，背面角质板光滑，有褐色和淡黄色相间的花纹，可制装饰品。甲片亦可入中药。

⑬玑：不圆的珠。

⑭齿：象牙。

⑮龙门：即禹门口。在今山西河津县西北。黄河至此，两岸峭壁对峙形如阙门，故名。

⑯碣石：山名。在河北冒黎北，山南去渤海约四、五十里。一说在今河北乐亭西南。

⑰旃（zhān毡）裘：同"毡裘"。古代西北地区少数民族用兽毛制成的衣服。旃：通"毡"。

⑱筋：附着在骨头上的韧带，可制弓。角：指鹿角。可制中药。

⑲大较：大略，梗概。

⑳谣俗：风俗习惯。从民间歌谣中可以看出人民的风习，所以叫谣俗。

㉑虞：古官名。掌管山泽。这里泛指伐木、采矿、制盐或以渔猎为业的人。

㉒宁（ning）：岂，难道。发征：分散和集中。期会：意为定期会合。

期：限定的时间。

㉓贱：价格低。引申货物多供大于求。征：求。贵：价格高。引申为求大于供，货物少。

㉔劝：勉力。

㉕道：指事物的普遍规律。

[原文]

《周书》曰①："农不出则乏其食，工不出则乏其事②，商不出则三宝绝③，虞不出则财匮少④。"财匮少而山泽不辟矣。此四者，民所衣食之原也⑤。原大则饶，原小则鲜⑥。上则富国，下则富家。贫富之道，莫之夺予⑦，而巧者有余，拙者不足。故太公望封于营丘⑧，地潟卤⑨，人民寡，于是太公劝其女功⑩，极技巧⑪，通鱼盐，则人物归之，繦至而辐凑⑫。故齐冠带衣履天下⑬，海岱之閒敛袂而往朝焉⑭，其后齐中衰，管子修之⑮，设轻重九府⑯，则桓公以霸⑰，九合诸侯⑱，一匡天下⑲；而管子亦有三归⑳，位在陪臣㉑，富于列国之君㉒。是以齐富强至于威㉓、宣也㉔。

[注释]

①《周书》：班固《汉书·艺文志》说："《周书》七十一篇。"主要内容为西周时期的诰誓号令，所以又被称为"周史记"。后亡佚。今存《逸周书》很多文章出自战国时期，已非古人原本。

②事：器物的件数。这里指代器物。

③三宝：指三项贵重的物品。古书所指内容并不一致。如：《孟子·尽心》以土地、人民、政事为三宝；《六韬·六守》以农、工、商为三宝；《古文观止·货殖列传序》以珠、玉、金为三宝。这里当指粮食、器械和原材料。

④财：通"材"。原材料。

⑤原：同"源"。

⑥鲜（xiǎn显）：少。

⑦夺予：剥夺和赐予。这里是指客观条件的好坏。

⑧太公：即姜太公吕尚。姜姓，吕氏，名望，一说字子牙。因辅佐周武王灭商有功，封于齐，是齐国的始祖，所以有"太公"之称。

营丘：古邑名。在今山东淄博市临淄北，以营丘山得名。　一说在今山东昌乐东南。

⑨潟（xì细）卤（lǔ鲁）：土地含有盐碱成分过多，不适宜耕种。

⑩劝：提倡、鼓励。女功：亦作女工、女红。过去妇女专门从事纺织、刺绣、缝纫等事统称女功。

⑪极：最高的地位。引申为推崇，讲求。

⑫緥（qiǎng抢）："褓"的异体字。本指背负婴儿的布兜，引申为背负着婴儿。辐凑：车辐辏集于毂上，比喻人或财物集聚于一处。

⑬天下：指全中国。

⑭海：指渤海。岱：泰山的别名。閒：同"间"。敛袂（mèi妹）：指整理衣袖表示敬意。

⑮管子（？—前645年）：即管仲。春秋时期著名的政治革新家和经济改革家。公元前685年，经鲍叔牙推荐任齐相，开始着手改革，使齐国日趋富强，成为春秋时期第一个称霸的国家。修：修正，整理。

⑯轻重：是有关调节商品流通，控制物价，及货物流通的理论。九府：指管仲治齐时所设官职。据《周礼》记载，周朝有大府、玉府、内府、外府、泉府、天府、职内、职金、职币等掌管财币的官职。

⑰桓公（？—前643年）：齐桓公。春秋时期齐国君，姜姓，名小白，公元前685年至公元前643年在位。他任用管仲进行改革，使国力富强。他以"尊王攘夷"相号召，曾帮助燕国打败北戎；曾营救邢、卫两国，制止了戎狄对中原的进攻；曾联合中原诸侯进攻蔡、楚两国，和楚国会盟于召陵；曾安定周王室的内乱；并多次大会诸侯，订立盟约。是春秋时期的第一个霸主。

⑱九：泛指多次。

⑲一匡天下：挽救危亡的中国使之统一。一：统一。

⑳三归：管仲相齐有功，齐桓公曾把齐国都城临淄交易区税收的三成赐给管仲，所以叫"三归"。关于"三归"还有两种解释：一说管仲曾娶三姓之女，古代女子出嫁曰"归"。一说"三归"是台的名字。

㉑陪臣：古时诸侯的大夫对天子自称"陪臣"。陪：重，又。意思是自己的国君是天子的臣下，自己是臣下的臣下。

㉒富于列国之君：管仲之时，政治地位和经济收入大多是一致的。管仲

的政治地位是"陪臣"，而经济收入却超过"列国之君"，所以要特别提及。

㉓威：指田齐威王。公元前 356 年至公元前 320 年在位。

㉔宣：指田齐宣王。威王子，公元前 319 年至公元前 301 年在位。

[原文]

故曰①："仓廪实而知礼节②，衣食足而知荣辱。"礼生于有而废于无。故君子富③，好行其德，小人富④，以适其力⑤。渊深而鱼生之，山深而兽往之，人富而仁义附焉。富者得埶益彰，失埶则客无所之⑥，以而不乐。夷狄⑦益甚。谚曰："千金之子，不死于市⑧。"此非空言也。故曰："天下熙熙，皆为利来；天工壤壤，皆为利往⑨。"夫千乘之王⑩，万家之侯，百室之君⑪，尚犹患贫，而况匹夫编户之民乎⑫!

[注释]

①故（gǔ 古）：通"诂"。古言、古义。这里指管仲之言。语见《管子·牧民》、《史记·管晏列传》。

②仓廪：贮藏米谷的仓库。

③君子：泛指有地位，有学识的人。

④小人：指劳动群众。

⑤适：舒适，畅快。引申为施展，发挥。

⑥之：去、往。

⑦夷狄：古时对少数民族的泛称。

⑧语见《史记·越世家》。意思是富家子弟爱身，不轻易以身试法；即使犯了法，也有办法买通关节免受死刑。市：交易区，市场。为增加威慑力量，过去统治者多在闹市执行死刑。

⑨这是当时的民谣。熙熙：和乐的样子。壤壤：纷乱的样子。

⑩乘（shèng 胜）：古时以四马一车为一乘。

⑪君：古代把各级据有土地的统治者，如天子、诸侯、卿大夫通称为君。这里指卿大夫。

⑫编户：指编入户籍的平民百姓。

[原文]

昔者越王句践困于会稽之上①，乃用范蠡②、计然③。计然曰："知斗则修备④，时用则知物⑤，二者形则万货之情可得而观已⑥。故岁在金⑦，穰⑧；水⑨，毁⑩；木⑪，饥⑫；火⑬，旱。旱则资舟，水则资车，物之理也⑭。六岁穰，六岁旱，十二岁一大饥。夫粜⑮，二十病农，九十病末⑯。末病则财不出⑰，农病则草不辟矣。上不过八十，下不减三十，则农末俱利，平粜齐物⑱，关市不乏⑲，治国之道也。积著之理⑳，务完物，无息币㉑。以物相贸易，腐败而食之货勿留，无敢居贵㉒，论其有余不足㉓，则知贵贱，贵上极则反贱㉔，贱下极则反贵。贵出如粪土，贱取如珠玉。财币欲其行如流水。"修之十年，国富，厚赂战士，士赴矢石㉕，如渴得饮，遂报强吴㉖，观兵㉗中国，称号"五霸"㉘。

[注释]

①句践（？—前465年）：即勾践，春秋末年越国君，公元前497年至公元前465年在位。他被吴国打败后，屈辱求和，卧薪尝胆，刻苦图强，终于在范蠡、文种等人的辅佐下，转弱为强，攻灭吴国。雪耻辱，成为霸主。句：同"勾"。困：急难。指被吴国战败。会稽：古郡名，治所在今浙江绍兴。

②范蠡：春秋末越大夫。越为吴所败，他献计越王卑身厚赂吴王求和，自己也至吴为质两年。回国后和文种协力图强，埋头备战，辅佐越王一举灭吴。后因越王猜忌功臣，遂弃官经商，是当时著名的商人。

③计然：春秋末期的经济学家，名研。一说姓辛。字文子，是范蠡的老师。一说计然即越大夫文种。另一说计然是范蠡所著书篇名。

④斗：争斗。这里指战争。

⑤时：通"伺"。

⑥形：对照。

⑦故：指五行之说。岁：岁星。即木星。古人认为木星每十二年运行一周天（实际为十一点八六年），因称木星为岁星，并用以纪年。春秋末年，出现了农业丰歉定期循环学说，认为木星在天空相对位置的变化，可预测年景的好坏。金：木星在天空中相对的位置在西位，称岁在金。

⑧穰：庄稼丰收。

⑨水：木星在天空相对的位置在子宫，称岁在水。

⑩ 毁：荒年。

⑪ 木：木星在天空相对的位置在卯宫，称岁在木。

⑫ 饥：农业丰歉定期循环学说认为，六年一丰，六年一歉，十二年一循环。岁星在木应是丰年，这里的"饥"可能有误。

⑬ 火：木星在天空相对的位置在午宫，称岁在火。

⑭ 物：与"我"相对的客观事物。这里指市场变化规律。

⑮ 粜：卖出粮食。引申为粮食价格。

⑯ 末：指商人，古人以农业为"本"，以手工业和商业为"末"。病：损害。

⑰ 财：金钱和物资的总称。财不出：指钱和物的流通都停止不动。

⑱ 平：公平。齐：同，比。

⑲ 关：要塞，出入要道。这里指代过"关"的税收。市：交易区。这里指代交易区的税收。

⑳ 积著：囤积财货进行交易。理：法则，道理。

㉑ 息：停止，滞留。币：帛。古人通常用作礼物。这里指货物。

㉒ 居：积也。囤积。

㉓ 论：评定。引申为考察。

㉔ 反：通"返"。

㉕ 矢石：箭和礌石。古时作战用的武器，常用以攻城。

㉖ 报：报复。

㉗ 观兵：检阅军队，显示军威。中国：中原地区。

㉘ 五霸：又作"五伯"。春秋时前后称霸的五个诸侯，指齐桓公、晋文公、楚庄王、吴王阖闾、越王勾践。一说指齐桓公、宋襄公、晋文公、秦穆公、楚庄王。

[原文]

范蠡既雪会稽之耻，乃喟然而叹曰："计然之策七，越用其五而得意。既已施于国，吾欲用之家。"乃乘扁舟浮于江湖，变名易姓，适齐为鸱夷子皮①，之陶为朱公②。朱公以为陶天下之中，诸侯四通，货物所交易也，乃治产积居，与时逐而不责于人③。故善治生者④，能择人而任时。十九年之中三致千金⑤，再分散与贫交疏昆弟⑥。此所谓富好行其德者也。后年衰老而听子孙⑦，子孙修业而息之⑧，遂至巨万⑨。故言富者皆称陶朱公。

[注释]

①适：去到。鸱夷：盛酒用的皮制口袋，用的时候容量很大，不用时可卷起放在怀里。子皮：因鸱夷为皮制，所以范蠡以鸱夷为姓，以子皮为名。

②陶：定陶。在今山东定陶。

③与时逐：随时机而逐利。不责于人：意思是善于用人，做买卖时没有人给他造成亏欠。责：通"债"。

④治生：谋生。这里指商业经营。

⑤三：概数，非实指，多次。

⑥贫交：贫困时结交的朋友。疏：分散。昆弟：兄和弟。包括近房和远房弟兄。

⑦听：听任，任凭。

⑧修：整治。

⑨巨万：万万。

[原文]

子赣既学于仲尼①，退而仕于卫②，废著鬻财于曹③、鲁之间④，七十子之徒⑤，赐最为饶益⑥。原宪不厌糟糠⑦，匿于穷巷⑧。子贡结驷连骑⑨，束帛之币以聘享诸侯⑩，所至，国君无不分庭与之抗礼⑪。夫使孔子名布扬于天下者，子贡先后之也⑫。此所谓得埶而益彰者乎？

[注释]

①子赣（前520年—？）：孔子的学生。姓端木，名赐，子贡是他的字。春秋末期卫国人。子贡能言善辩，有才干，被孔子称为"瑚琏之器"。曾仕于卫、鲁，游说于齐、吴等国，闻名诸侯。他曾在曹、鲁之间从事商业活动，积累起千金家产。后死在齐国。仲尼（前551年—前479年）：即孔丘。春秋时期鲁国陬邑（今山东曲阜）人。我国著名的思想家、政治家、教育家，是儒家学派的创始人。

②退：返，归。子贡是卫国人，所以说"退"。卫：春秋时期的诸侯国，都城在今河南濮阳。

③废著：卖出和屯入。曹：春秋时期的诸侯国，都城在陶丘（今山东定陶西南）。

④鲁：春秋时期的诸侯国，都城在曲阜。

⑤七十子之徒：指孔子的七十二位大弟子。据《史记·孔子世家》载：孔子弟子三千，"身通六艺者七十有二人。"这里说"七十"是取整数。

⑥饶益：指富有，财产多。

⑦原宪：孔子的学生。字子思，也称原思。厌：通"餍"。饱。

⑧穷巷：僻巷。孔子死后，子思在卫国隐居。

⑨驷：四马驾的车。

⑩束帛：五匹帛为一束，每匹从两端卷起共为十端。币：帛。古人通常用作相互赠送的礼品，所以也作礼物的通称。聘享：拜访送礼。

⑪分庭抗礼：宾客和主人分别站在庭中的两边相对行礼，以平等的地位相待。抗：相当，匹敌。

⑫先后：相助，辅助。

[原文]

白圭①，周人也②。当魏文侯时③，李克务尽地力④，而白圭乐观时变⑤，故人弃我取，人取我与。夫岁孰取谷⑥，予之丝漆；茧出取帛絮，予之食。太阴在卯⑦，穰；明岁衰恶。至午，旱；明岁美。至酉，穰；明岁衰恶。至子，大旱；明岁美，有水。至卯⑧，积著率岁倍⑨。欲长钱，取下谷⑩；长石斗⑪，取上种。能薄饮食⑫，忍嗜欲，节衣服，与用事僮仆同苦乐，趋时若猛兽挚鸟之发⑬。故曰："吾治生产，犹伊尹⑭、吕尚之谋⑮，孙吴用兵⑯，商鞅行法是也⑰。是故其智不足与权变⑱，勇不足以决断，仁不能以取予⑲，强不能有所守⑳，虽欲学吾术，终不告之矣。"盖天下言治生祖白圭㉑。白圭其有所试矣，能试有所长，非苟而已也㉒。

[注释]

①白圭：名丹，字圭，东周洛邑（今河南洛阳）人。一说魏人。战国时期著名的商人，经济学家，水利家。魏文侯时，曾一度任相，主张减轻税赋，"二十而取一"。又讲求兴办水利，修筑堤防，遂闻名于诸侯。在商业经营上，主张"乐观时变"、薄利多销、"与用事僮仆同苦乐"，和采用"人弃我取，人

取我与"等办法经营。认为经商必须掌握时机运用智谋,如孙吴用兵,商鞅行法那样。一说当时有两个白圭,一是水利家,另一是商人、经济学家。

②周:朝代名。这里指东周的都城洛邑。

③魏文侯:战国时魏国的建立者,名斯,公元前445年至公元前396年在位。

④李克(前455年—前395年):即李悝。战国时期人。曾任魏文侯相,主持变法。在经济上推行"尽地力"和"善平籴"政策。统一分配耕地,发展农田水利,鼓励农民精耕细作,增加产量。国家在丰年以平价收购余粮,荒年则以平价出售,以平抑物价。同时提倡播种多种粮食作物,以防灾荒。

⑤时变:指市场变化。

⑥岁:一年的农事收成。孰:通"熟"。

⑦太阴:又称太岁、岁阴。古代天文学中假设的星名,与岁星(木星)相应。古人认为岁星十二年运行一周天,故将黄道(古人认为太阳绕地而行,黄道就是想象中的太阳绕地的轨道)分为十二等分,以岁星所在部分作为岁名。但岁星运行的方向为自西而东,与黄道分为十二支的方向相反,为避免这种不方便,假设太阳作与岁星实际运行相反的方向运动,以每年太阴所在的部位来纪年。

⑧至卯:经过十二年循环,又运行至卯位。

⑨率:通常,大多。

⑩下谷:指粗劣的谷物。"下谷"是劳动群众的食物,销售同样数量,比"上谷"利润要小得多。但由于消费量大,可以用薄利多销的办法获取比经营"上谷"更多的利润。

⑪石(dàn但)斗:这里指粮食。石,是重量单位,《汉书·律历志上》:"三十斤为钧,四钧为石。"斗是容量单位。

⑫薄饮食:不讲究饮食。

⑬挚鸟:即鸷鸟。凶猛的鸟,如鹰、鹯之类。

⑭伊尹:商初大臣。原为奴隶,因为有智谋,被商汤用为"小臣",后来又任以国政。由于他的辅佐,商汤终于攻灭夏桀,建立商朝。

⑮吕尚:即姜太公。

⑯孙吴:孙武和吴起。孙武:春秋末期兵家,曾以《兵法》十三篇见吴

王阖闾，被任为将，率吴军攻破楚国。著作有《孙子兵法》，是中国最早、最杰出的兵书。吴起：战国初年兵家。善用兵，初任鲁将，继任魏将，屡建战功，被魏文侯任为西河守。

⑰ 商鞅：战国初年著名的法家。他辅佐秦孝公两次变法。使原先落后的秦国一跃而成为战国时期最富强的国家，为后来秦统一中国奠定了基础。

⑱ 权变：因时、因事而灵活变通。

⑲ 仁不能以取予：当时有些粮商，在丰年或秋粮上市时压价拒收，在荒年或春耕缺粮时囤积抬价。白圭不赞成用这种压榨农民的方法取利，认为这是不"仁"的行为。他主张应该根据广大农民的要求，适时收购或销售，"岁孰取谷，与之丝漆；茧出取帛絮，予之食"，就是这一主张的体现。

⑳ 强：坚强。这里指意志，魄力。

㉑ 祖：祖师，始祖。

㉒ 苟：马马虎虎，草率。

[原文]

猗顿用盬盐起①。而邯郸郭纵以铁冶成业②，与王者埒富③。

[注释]

①用：因。盬（gǔ 古）：河东池盐。一说猗顿本为鲁国穷士，在陶朱公的指教下，到西河猗氏（今山西临猗南）之南从事畜牧业，十年之间成为巨富。因为他是在猗氏致富的，所以叫猗顿。

②邯郸：战国时赵国的都城，是当时黄河北岸最大的商业中心。

③埒（liè 劣）：相等，等同。

[原文]

乌氏倮畜牧①，及众，斥卖②，求奇缯物③，间献遗戎王④。戎王什倍其偿⑤，与之畜，畜至用谷量马牛⑥。秦皇帝令倮比封君⑦，以时与列臣朝请。而巴（蜀）寡妇清⑧，其先得丹穴⑨，而擅其利数世⑩，家亦不訾⑪。清，寡妇也，能守其业，用财自卫，不见侵犯。秦皇帝以为贞妇而客之，为筑女怀清台⑫。夫倮鄙人牧长⑬，清穷乡寡妇，礼抗万乘⑭，名显天下，岂非以富邪？

[注释]

①乌氏（zhī 支）：古县名，本为乌氏戎地，战国时期秦惠王置县，治所在今甘肃平凉西北。倮，人名。

②斥卖：拿去变卖。

③缯：古代丝织品的总称。

④间（jiàn 见）：私自。献遗：贡献，奉送。戎：古代中原人对少数民族的泛称之一。

⑤偿：报酬。

⑥谷量：谓牲畜多至无法计量，只能按谷计算。谷：两山之间的夹道或流水道。

⑦比：比照。封君：受封的贵族。如公主、列侯等。

⑧巴（蜀）：地名。在今四川省。清：人名。

⑨丹穴：朱砂矿。

⑩擅：专，独揽。这里指垄断经营。

⑪訾（zī 资）：估量，计量。

⑫女怀清台：在今四川省长寿县南。

⑬鄙人：乡下人。

⑭万乘：国君。这里指秦始皇。

[原文]

汉兴①，海内为一②，开关梁③，弛山泽之禁④，是以富商大贾周流天下⑤，交易之物莫不通，得其所欲，而徙豪杰诸侯强族于京师⑥。

[注释]

①兴：兴起。引申为建立。

②海内：国境之内。古代认为我国四周有海环绕，故称国境之内为"海内"、"四海之内"。一：统一。

③关梁：关津要隘。

④山泽之禁：指国家垄断山林川泽，禁止民间随意开发山泽资源。

⑤贾（gǔ 古）：商人。

⑥徙豪杰诸侯强族于京师：汉灭楚后，关中人口稀少，关东地区地方势

力仍很强大。汉高祖依娄敬建议，把原六国旧贵族家人迁徙至长安附近，既使关中地区人力和财力得到充实，又限制了"豪杰诸侯强族"们的兼并和分裂活动。京师：首都。指长安。

[原文]

关中自汧①、雍以东至河②、华③，膏壤沃野千里，自虞夏之贡为上田④，而公刘适邠⑤，大王⑥、王季在岐⑦，文王作丰⑧，武王治镐⑨，故其民犹有先王之遗风，好稼穑，殖五谷，地重⑩，重为邪⑪。及秦文⑫、（孝）、[德]⑬、缪居雍⑭，隙陇蜀之货物而多贾⑮。献（孝）公徙栎邑⑯，栎邑北郤戎翟⑰，东通三晋⑱，亦多大贾。（武）[孝]⑲、昭治咸阳⑳，因以汉都，长安诸陵㉑，四方辐凑并至而会，地小人众，故其民益玩巧而事末也。南则巴蜀㉒。巴蜀亦沃野，地饶卮㉓、姜、丹沙㉔、石、铜、铁、竹、木之器。南御滇僰㉕，僰僮㉖。而近邛笮㉗，笮马、旄牛。然四塞，栈道千里，无所不通唯褒斜绾毂其口㉘，以所多易所鲜。天水㉙、陇西㉚、北地㉛、上郡与关中同俗㉜，然西有羌中之利㉝，北有戎翟之畜，畜牧为天下饶。然地亦穷险，唯京师要其道。故关中之地，于天下三分之一，而人众不过什三，然量其富㉞，什居其六。

[注释]

①关中：秦汉时期，因秦都咸阳，汉都长安，故称函谷关以西为关中。汧（qiān牵）：古地名。治所在今陕西陇县南。

②河：黄河。雍：古地名。遗址在今陕西凤翔南。

③华（huà画）：山名，即华山。

④贡：指贡赋制度。《孟子·滕文公上》："夏后氏五十而贡。"

⑤公刘：古代周族领袖。夏朝末年率领周族迁至豳（今陕西彬县东北），观察地形水利，开荒安居。邠（bīn宾）：同"豳"。

⑥大王：即古公亶父。周族首领，周文王的祖父。在戎、狄族的威逼下，率领周族由豳迁到岐山下的周（今陕西岐山北）地，改革戎、狄风俗，修建城郭，设立官吏，发展农业生产，使周族日益兴旺。后被周文王追尊为大王。

⑦王季：周文王之父，名季历。后被周文王追尊为王季。

⑧文王：周文王。商末周族领袖，西周奠基者。姬姓，名昌，受商封为西伯，又称昌伯。曾被纣王囚于羑里（今河南汤阴北），因重赂得免。在任

五十年，关心民间疾苦，国势日强。晚年先后攻灭黎（今山西长治西南）、邗（今河南沁阳西北）、崇（今河南嵩县北）等国，以剪除商的羽翼。并建立丰邑（今陕西长安沣河以西），作为国都，为武王灭商打下基础。

⑨武王：周武王。周文王次子，西周的建立者。他遵照文王的遗嘱，联合各方部落东进灭商。经牧野（今河南淇县南）会战，与阵前起义的商兵配合，推翻了商纣王的残暴统治，建立了周朝，定都于镐京（今陕西长安沣河以东）。

⑩地重：重视土地。重：重视，看重。

⑪重：难，不易。

⑫秦文：秦文公。公元前765年至公元前716年在位。

⑬德：秦德公。公元前677年至公元前674年在位。

⑭缪（mù 木）：秦穆公。公元前659年至公元前621年在位。在任重用百里奚、蹇叔等人，奋发图强。在企图争霸中原时失败，转而西进，用由余谋伐戎王，开地千里，遂霸西戎。居雍：秦文公以汧为都城，秦德公元年（前677年），始迁都于雍。

⑮隙陇蜀：谓地居陇蜀之间的要道。隙：孔隙。陇：山名。陇山在甘肃，因相沿称甘肃为陇。蜀：郡名。治所在成都。

⑯献：秦献公。公元前384年至公元前362年在位。栎（yuè 月）邑：即栎阳。古地名。治所在今陕西临潼北渭水北岸。秦献公二年（前383年）迁都栎邑。

⑰郤（xì 细）：通"隙"。翟（dí 敌）：通"狄"。秦汉时中原人对北方各族的泛称之一。

⑱三晋：指战国时韩、赵、魏三国所辖地区，约当今山西省，河南省中部、北部和河北省南部、中部。因韩、赵、魏三国是在瓜分晋国后而建立的国家，故称三晋。

⑲孝：秦孝公。公元前361年至公元前338年在位。即位后任用商鞅变法。秦孝公十二年（前350年）从雍迁都咸阳，进一步变法，从此秦国日益富强。

⑳昭：秦昭襄王。公元前306年至公元前251年在位。他于公元前266年任用范雎为相，曾在长平（今山西高平西北）大胜赵军，为秦统一中国奠

定了基础。

㉑诸陵：指汉初各帝陵墓。汉朝多次以筑皇帝陵墓为由，迁徙天下富户入关中。如汉武帝就曾迁徙关东家资三百万以上的富民为他预筑陵墓，在陵墓修建的同时，使富户集中长安。

㉒巴：郡名。治所在江洲（今重庆市北嘉陵江北岸）。蜀：郡名。治所在成都。

㉓卮（zhī 支）：野生植物名，紫赤色，可制胭脂。

㉔丹沙：朱砂。

㉕滇：古国名，在今云南东部滇池附近。僰（Bó 柏）：古族名，居住在以僰道为中心的今川南及滇东一带。

㉖僰僮：被卖为奴隶的僰人。

㉗邛（qióng 穷）笮（zuó 昨）：都是古代少数民族。分布在今四川西昌、汉源、宜宾一带。

㉘褒斜：路名。因取道褒水、斜水二河谷而得名，是当时秦岭南北的重要通道。绾（wǎn 晚）毂：车辐所聚之处。比喻地处中枢地位，对各方面起联络、扼制作用。

㉙天水：郡名。治所在今甘肃通渭西北。

㉚陇西：郡名。治所在今甘肃临洮南。

㉛北地：郡名。治所在今甘肃庆阳西北。

㉜上郡：郡名。治所在今陕北榆林东南。

㉝羌中：指今甘、青、川一带。当时西北少数民族"西羌"的聚居区，居民多以游牧为生。

㉞量（liàng）：容纳的限度。引申为聚集。

[原文]

昔唐人都河东①，殷人都河内②，周人都河南③。夫三河在天下之中④，若鼎足，王者所更居也⑤，建国各数百千岁，土地小狭，民人众，都国诸侯所聚会，故其俗纤俭习事⑥。杨⑦，平阳陈西贾秦⑧、翟，北贾种⑨、代⑩。种、代，石北也⑪，地边胡⑫，数被寇⑬。人民矜懻忮⑭，好气⑮，任侠为奸，不事农商。然迫近北夷，师旅亟往⑯，中国委输时有奇羡⑰。其民羯羠不均⑱，自全晋之时固已患其僄悍⑲，而武灵王益厉之⑳，其谣俗优有赵之风也。故杨、平阳陈掾其间㉑，得所欲。温㉒、轵西贾上党㉓，北贾赵㉔、中山㉕。中山地薄人众，犹有沙丘纣淫地余民㉖，民俗懁急㉗，仰机利而食㉘，丈夫相聚游戏㉙，悲歌忼慨㉚，起则相随椎剽㉛，休则掘冢作巧奸冶㉜，多美物，为倡优㉝。女子则鼓鸣瑟，跕屣㉞，游媚贵富，入后宫㉟，遍诸侯。

[注释]

①唐：陶唐氏。传说陶唐氏的部落首领唐尧曾建都平阳（今山西临汾南）。河东：古地区名。秦汉时指今山西西南部。

②殷：朝代名。商代第十九君盘庚迁殷（今河南安阳西北）后就定都在这里，不再"迁邑"，因而商也称殷。河内：古地区名。春秋战国时以黄河以北为河内。

③河南：古地区名。指黄河以南，也称为河外。《史记·正义》："古帝王之都多在河东、河北，故呼河北为河内，河南为河外。"周平王因避犬戎之患，被迫自关中迁都于河南的洛阳。

④三河：指上面提到的河东、河内、河外。

⑤更（gēng 庚）：轮流更替。

⑥纤俭：节俭，善于计算。

⑦杨：古国名。春秋时灭于晋，成为羊舌肸的采邑。遗址在今山西洪洞东北。

⑧平阳：汉代县名。治所在今山西临汾县。陈：为抄刊时误加的衍字。秦：指陕西。

⑨种：《史记·正义》："种在恒州石邑县北，盖蔚州也。"

⑩代：古国名。在今河北尉县东北。

⑪石：石邑。在今河北石家庄境。

⑫胡：古代时北方和西方各民族的泛称。

⑬寇：掠夺，侵犯。

⑭懻（jì 技）忮（zhì 至）：强悍、刚狠。

⑮气：指意气用事。

⑯亟：屡次。

⑰中国：指中原地区。奇羡：赢余。

⑱ 羯（jié 洁）羠（yí 夷）：阉羊。比喻执拗强悍。均：调和。

⑲ 全晋之时：指战国以前，韩、赵、魏三家尚未分割晋国的时候。

⑳ 武灵王（？～前295年）：战国时赵国君，公元前325年至公元前299年在位。他于公元前302年进行军事改革，"胡服骑射"，先后打败中山、林胡、楼烦，国势日强。公元前295年传位给其子，自称"主父"居沙丘宫。后来由于统治集团内讧，被李兑围困饿死在沙丘宫。

㉑ 陈椽（yuán 元）：犹经营驰逐。

㉒ 温：古县名。故城在今河南温县西南。

㉓ 轵（zhǐ 纸）：古县名。治所在今河南济源南。上党：郡名。治所在山西长子西。

㉔ 赵：古国名。战国七雄之一，先后以晋阳（今山西太原）和邯郸为都城。

㉕ 中山：郡名。治所在今河北定县。

㉖ 沙丘：古地名。在今河北广宗西北大平台。相传殷纣王曾于此地筑台，畜养禽兽。淫：邪恶。

㉗ 儇（xuān 宣）急：急躁。儇：性急。

㉘ 机利：做工和追逐商利。机：织布机，器械。

㉙ 丈夫：古时成年男子的泛称。

㉚ 忼慨：同"慷慨"。

㉛ 起：起来。指白天。椎剽：杀人劫物。

㉜ 休：休息。指夜晚。巧奸冶：私铸钱币。

㉝ 倡优：古代把以歌舞戏谑为业的艺人称作倡优。

㉞ 跕（diǎn 点）屣（xǐ 洗）：像跛足人用脚尖点地走路。跕：也作"点"。

㉟ 后宫：古时妃嫔所居的宫室。

[原文]

　　然邯郸亦漳①、河之间一都会也②，北通燕③、涿④，南有郑⑤、卫⑥。郑、卫俗与赵相类，然近梁⑦、鲁⑧，微重而矜节⑨。濮上之邑徙野王⑩，野王好气任侠，卫之风也。

[注释]

　　① 漳：水名。在河北、河南两省边界。

②河：黄河。

③燕（yān烟）：古国名。都城为蓟（今北京）。

④涿：涿郡。治所在今河北涿县。

⑤郑：古国名。都城在今河南新郑。

⑥卫：古国名。先后建都于今河南淇县、滑县、濮阳、沁阳等地。

⑦梁：古国名。原名魏，魏惠王时迁都大梁（今河南开封），因而又称为梁。

⑧鲁：古国名。都城在今山东曲阜。

⑨重：庄重，端重。矜：通"怜"。顾惜。

⑩濮上之邑：指卫国的都城濮阳。濮：古水名。邑：城市。因濮阳在濮水边故称"濮上之邑"。野王：春秋时晋国的城邑，遗址在今河南沁阳。三家分晋后属韩，战国后期为秦国攻占。公元前254年魏灭卫。卫在秦的支持下复国，迁都野王，作为秦的附庸。公元前209年，为秦所灭。

[原文]

夫燕亦勃①、碣之间一都会也②。南通齐③、赵，东北边胡。上谷至辽东④，地踔远⑤，人民希⑥，数被寇，大与赵、代俗相类，而民雕捍少虑⑦，有鱼盐枣栗之饶。北临乌桓⑧，夫余⑨，东绾秽貉⑩、朝鲜、真番之利⑪。

[注释]

①燕：这里指燕京蓟城。勃：渤海。

②碣：即碣石，山名。在今河北昌黎北。

③齐：古国名。都城临菑（亦作临甾、临淄）在今山东淄博市东北。

④上谷：郡名。辖境相当今河北张家口、小五台山以东，赤城、延庆县以西，及内长城和昌平县以北地。治所在沮阳（今怀来南）。辽东：郡名。治所在襄平（今辽阳市），辖境相当今辽宁大凌河以东。

⑤踔（chuō戳）远：遥远。

⑥希：稀少。

⑦雕捍：亦作"雕悍"。凶猛、迅捷。

⑧乌桓：古代把今内蒙古境内的大兴安岭南端称为乌桓山。公元前东胡为匈奴所灭，部分部落退居此山，因而被称作乌桓人。

⑨夫余：古族名。亦作扶余、凫臾。汉代以今吉林省农安为中心，据有今松花江中游平原，辖境南迄今辽宁省北部，东与挹娄（在今黑龙江、乌苏里江流域）相接，北临弱水（今黑龙江）。

⑩秽（huì 会）貉（mò 陌）：古代东北的一支少数民族。

⑪真番（pān 潘）：汉代郡名。地当今朝鲜黄海北道。

[原文]

洛阳东贾齐、鲁，南贾梁、楚①。故泰山之阳则鲁②，其阴则齐。

[注释]

①楚：古国名。战国时疆域西北至陕西丹凤南，东北至今山东南部，西南到今广西东北角，东至今江苏、浙江。

②山之阳：山的南面为阳。

[原文]

齐带山海①，膏壤千里，宜桑麻，人民多文采布帛鱼盐②。临菑亦海岱之间一都会也③。其俗宽缓阔达④，而足智，好议论，地重，难动摇，怯于众斗，勇于持刺⑤，故多劫人者，大国之风也。其中具五民⑥。

[注释]

①带：围绕。

②文采：错杂华丽的色彩。这里指刺绣。

③岱：泰山的别称。海：这里指渤海。

④阔达：犹"豁达"。大度而无所拘泥。

⑤刺：锐利的东西。这里指匕首一类凶器。

⑥五民：五方之民。一说为士、农、工、商、贾。

[原文]

而邹①、鲁滨洙②、泗③，犹有周公遗风④，俗好儒，备于礼，故其民龊龊⑤。颇有桑麻之业，无林泽之饶。地小人众，俭啬，畏罪远邪，及其衰，好贾趋利，甚于周人⑥。

[注释]

①邹：古国名。有今山东费、邹、滕、济宁、金乡等县地。

②洙：古水名。

③泗：泗水。

④周公：西周初年政治家。姬姓，周武王之弟，名旦，因封地在周（今陕西岐山北），称为周公。曾助武王灭殷。武王死后，成王年幼，由他摄政，并平定了叛乱。相传他曾制"礼"作"乐"，建立典章制度，所以深受儒学创始人孔丘的推崇。邹、鲁两地是儒学的发祥地，因而"犹有周公遗风"。

⑤龊龊（chuò 绰）：拘谨，注意小节的样子。

⑥周人：洛阳人。洛阳居民以能长久经商为荣，甚至"数过邑不入门"。

[原文]

夫自鸿沟以东①，芒②、砀以北③，属巨野④，此梁、宋也⑤。陶、睢阳亦一都会也⑥。昔尧作（游）[于]成阳⑦，舜渔于雷泽⑧，汤止于亳⑨。其俗犹有先王遗风，重厚多君子，好稼穑，虽无山川之饶，能恶衣食，致其蓄藏。

[注释]

①鸿沟：古运河名。故道自今河南荥阳北引黄河水，东流经今中牟、开封，折而南经通许、太康、至淮阳入颍水。

②芒：芒山。在今河南永城县东北。

③砀（dàng 宕）：砀山。在芒山之南八里。

④属：是，系。巨野：巨野泽，又名大野泽，古泽薮名。故址在今山东巨野县北。

⑤宋：古国名。都城在今商丘，有今河南东部，和山东、江苏、安徽间地。

⑥睢阳：古县名。治所在今商丘南。

⑦成阳：古县名。故城在今山东曹县东北，传说尧葬于此。

⑧雷泽：古泽名。在今山东菏泽东北。

⑨亳（bó 博）：商汤时的都城。共有三处：（一）南亳，在今河南商丘东南。（二）北亳，在商丘北。（三）西亳，在今河南偃师西。

[原文]

越①、楚则有三俗。夫自淮北沛②、陈③、汝南④、南郡⑤，此西楚也。其俗剽轻⑥，易发怒，地薄，寡于积聚。江陵故郢都⑦，西通巫⑧、巴，东有云梦之饶⑨。陈在楚、夏之交⑩，通鱼盐之货，其民多贾。徐⑪、僮、取虑⑫，则清刻，矜己诺。

[注释]

①越：古国名。都城在今浙江绍兴。

②沛：郡名。治所在今安徽濉溪县西北。

③陈：古国名。都城在今河南淮阳。

④汝南：郡名。治所在今河南上蔡西南。

⑤南郡：郡名。治所在今湖北江陵。

⑥剽轻：剽悍、轻捷。

⑦郢（yǐng影）：春秋、战国时期，楚国的都城称"郢"。最初建都的郢在今湖北江陵，其后楚国曾先后迁都鄀（今湖北宜城东南）、鄢（今河南鄢陵县西北）和寿春（今安徽寿县西南）等地。凡迁都所至，当时都称为"郢"。

⑧巫：巫县。治所在今巫山县。

⑨云梦：古泽薮名。故址在今湖北监利北。

⑩夏：即夏朝。相传为禹所建立，主要活动中心在今河南西北的登封和山西东南的夏县一带。

⑪徐：古县名。治所在今江苏泗洪南。为西汉临淮郡治所在。

⑫僮、取虑：二者都是古县名。《史记·正义》："取音秋，虑音闾……僮，取虑二县并在下邳。"下邳位于沂、泗两水交会处，治所在今江苏睢宁西北。

[原文]

彭城以东①，东海②、吴③、广陵④，此东楚也。其俗类徐、僮。朐⑤、缯以北⑥，俗则齐。浙江南则越⑦。夫吴自阖庐⑧、春申⑨、王濞三人招致天下之喜游子弟⑩，东有海盐之饶，章山之铜，三江、五湖之利，亦江东一都会也⑪。

[注释]

①彭城：古县名。治所在今江苏徐州市。

②东海：郡名。也称郯郡。治所在郯（今山东郯城北）。

③吴：郡名。治所在吴县（今江苏苏州市）。

④广陵：郡名。治所在今扬州市。

⑤朐（qú 渠）：古县名。治所在今江苏连云港市西南锦屏山侧。

⑥缯：古县名。《史记·正义》："故缯县在沂州之承县。"

⑦浙江：水名。即钱塘江，上游指新安江。

⑧阖庐（？～前496年）：一作"阖闾"。春秋末吴国君，公元前514年至公元前496年在位。他用专诸刺杀吴王僚而自立，曾灭亡徐国，攻破楚国，后被越王勾践打败，重伤至死。

⑨春申（？～前238年）：即春申君。战国时楚国贵族，楚考烈王十五年（公元前248年）封于吴。门下有食客三千，曾发兵救赵攻秦，解邯郸之围，后又发兵灭鲁。楚考烈王死，被杀于统治集团内讧。

⑩王濞（bì 必，公元前215年～前154年）：即刘濞。汉高祖刘邦侄儿，封吴王。他在封国内大量铸钱、煮盐、减轻赋役，以招徕其他郡国的人。汉景帝时发动叛乱，失败后，逃往东越，被东越人所杀。

⑪江东：长江芜湖和南京之间作西南南、东北北流向，是唐以前南北交往的主要渡口所在，所以习惯上称自此以下的长江南岸地区为江东。

[原文]

衡山①、九江②、江南③、豫章④、长沙⑤，是南楚也，其俗大类西楚。郢之后徙寿春⑥，亦一都会也。而合肥受南北潮⑦，皮革、鲍⑧、木输会也。与闽中⑨、干越杂俗⑩，故南楚好辞，巧说少信。江南卑湿⑪，丈夫早夭，多竹木。豫章出黄金，长沙出连、锡，然堇堇物之所有⑫，取之不足以更费⑬。九疑⑭、苍梧以南至儋耳者⑮，与江南大同俗，而杨越多焉⑯。番禺亦其一都会也⑰，珠玑、犀、玳瑁、果⑱、布之凑⑲。

[注释]

①衡山：郡名。治所在邾（今湖北黄冈西北）。

②九江：郡名。治所在寿春（今安徽寿县）。

③江南：地区名。汉代一般指今湖北的江南部分，和湖南、江西一带。

④豫章：郡名。治所在今江西南昌。

⑤长沙：郡名。治所在临相（今长沙市）。

⑥寿春：古邑名。战国楚地，遗址在今安徽寿县西南。公元前241年，楚考烈王自陈迁都于此，命名郢。

⑦受：容纳。南北潮：指南面的长江和北面的淮河。

⑧鲍：俗称鲍鱼。软体动物名。肉为海味珍品，鲜食、制干均可。壳可供药用并为镶嵌缧钿的材料。

⑨闽中：郡名。治所在冶县（今福州市）

⑩干越：王雷鸣《历代食货志注释》认为，"'干'疑为'于'之误。古通称南方越地为'于越'。"

⑪卑湿：低洼潮湿。

⑫董董：仅仅。董：通"仅"。少。

⑬更（gēng 庚）：抵偿。

⑭九疑：九疑山。又作九嶷山、苍梧山，在今湖南宁远县南。

⑮苍梧：郡名。治所在广信（今广西梧州市）。儋（dān 丹）耳：郡名。治所在今海南儋县西北。辖境相当今海南岛西部地区。

⑯杨越：又作扬粤。为我国古代越族的一支。

⑰番（pān 潘）禺：古县名。旧址在今广州南。

⑱果：水果。指龙眼、荔枝等。

⑲布：指葛布。

[原文]

颍川①、南阳②，夏人之居也。夏人政尚忠朴，犹有先王之遗风。颍川敦愿③。秦末世，迁不轨之民于南阳④。南阳西通武关⑤、郧关⑥，东南受汉、江⑦、淮。宛亦一都会也⑧。俗杂好事，业多贾。其任侠⑨，交通颍川，故至今谓之"夏人"。

[注释]

①颍川：郡名。治所在阳翟（今河南禹县）。

②南阳：郡名。治所在宛县（今河南南阳市）

③愿：谨慎老实。

④不轨：越出常轨。指违犯法纪。

⑤武关：在今陕西丹凤东南。

⑥郇关：《史记·正义》："无郇关。盖'郇'当为'洵'。洵水上有关。在金州洵阳县。"一说郇关在汉中。一说在湖北郧县。一说在湖北安陆。

⑦汉：汉水。

⑧宛：古邑名。南阳郡首府。

⑨任侠：以"侠义"自任，依仗己力救助被欺凌者。

[原文]

夫天下物所鲜所多，人民谣俗，山东食海盐①，山西食盐卤②，领南③、沙北固往往出盐④，大体如此矣。

[注释]

①山东：古地区名。战国、秦、汉时期，通称崤山或华山以东为山东。一般专指黄河流域。

②山西：古地区名。战国、秦、汉时期，通称崤山或华山以西为山西。盐卤：指池盐、岩盐。

③领南：古地区名。又称岭表、岭外。指五岭（越城、都庞、萌渚、骑田、大庾五岭的总称）以南地区。

④沙北：指北方沙漠地区。往往：处处。

[原文]

总之，楚越之地，地广人希，饭稻羹鱼，或火耕而水耨①，果隋嬴蛤②，不待贾而足，地埶饶食，无饥馑之患，以故呰窳偷生③，无积聚而多贫。是故江淮以南，无冻饿之人，亦无千金之家。沂、泗水以北，宜五谷桑麻六畜④，地小人众，数被水旱之害，民好畜藏，故秦、夏、梁、鲁好农而重民。三河、宛、陈亦然，加之商贾。齐、赵设智巧，仰机利。燕、代田畜而事蚕。

[注释]

①火耕而水耨：一种原始而古老的耕种方法。先放火烧草，然后种稻，待稻和草一齐长到七、八寸高时，再除草灌水。

②果隋（duò 堕）：意思是果子多得压弯枝条。隋：通"堕"。一说为楚越地区方言。蠃（luó 罗）：通"螺"。有回形贝壳的软体动物，如田螺、海螺、螺蛳等。蛤：蛤蜊。

③呰（zǐ 子）窳（yǔ 雨）：懒惰，不肯力作。

④六畜：指鸡、狗、猪、马、牛、羊。

[原文]

由此观之，贤人深谋于廊庙①，论议朝廷，守信死节隐居岩穴之士设为名高者安归乎②？归于富厚也。是廉吏久，久更富，廉贾归富③。富者，人之情性，所不学而俱欲者也。故壮士在军，攻城先登，陷阵却敌，斩将搴旗④，前蒙矢石⑤，不避汤火之难者，为重赏使也。其在闾巷少年⑥，攻剽椎埋⑦，劫人作奸，掘冢涛币，任侠并兼⑧，借交报仇，篡逐幽隐⑨，不避法禁，走死地如鹜者⑩，其实皆为财用耳。今夫赵女郑姬，设形容，楔鸣琴⑪，揄长袂⑫，蹑利屣⑬，目挑心招，出不远千里，不择老少者，奔富厚也。游闲公子，饰冠剑，连车骑，亦为富贵容也。弋射渔猎⑭，犯晨夜，冒霜雪，驰阬谷⑮，不避猛兽之害，为得味也⑯。博戏驰逐⑰，斗鸡走狗，作色相矜⑱，必争胜者，重失负也⑲。医方诸食技术之人⑳，焦神极能，为重糈也㉑。吏士舞文弄法，刻章伪书，不避刀锯之诛者，没于赂遗也㉒。农工商贾畜长，固求富益货也。此有知尽能索耳㉓，终不余力而让财矣㉔。

[注释]

①廊庙：指朝廷。贤人：有才德的人。

②归：归宿，结果。引申为目的。

③廉贾：薄利经营的商人。

④搴（qiān 千）：拔取。

⑤矢石：箭和礌石。古代守城的武器。

⑥闾巷：里巷。一般为贫穷人家聚居的处所。

⑦剽：攻击。椎埋：杀人埋尸。一说盗墓。

⑧并兼：兼并，并吞。

⑨篡：夺取。指用不正当手段刺探、搜集某些信息。幽隐：隐秘。

⑩鹜：马狂奔乱驰。

⑪ 楔（jiá 夹）：通"戛"。弹奏，击响乐器。

⑫ 揄（yú 于）：挥，甩。袂（mèi 妹）：衣袖。

⑬ 利屣：舞鞋。屣头小而尖，故称"利屣"。屣：鞋。

⑭ 弋：用绳系在箭上射。

⑮ 阬（gāng 岗）：大土山。

⑯ 味：滋味，美味。

⑰ 博：局戏。弈棋一类的游戏，常用以赌博。

⑱ 作色：改变脸色。矜：通"竞"。

⑲ 失：失误。这里指赌输。负：赔偿。

⑳ 方：方士。以能修炼成仙和制作不死之药骗人谋生的人叫方士。

㉑ 糈（xǔ 许）：粮。

㉒ 没：吞没，没收。

㉓ 有知：指活着。

㉔ 终：死去。

[原文]

谚曰："百里不贩樵，千里不贩籴。"居之一岁，种之以谷；十岁，树之以木；百岁，来之以德①。德者，人物之谓也②。今有无秩禄之奉③，爵邑之入④，而乐与之比者⑤，命曰："素封"。封者食租税，岁率户二百⑥。千户之君则二十万，朝觐聘享出其中⑦。庶民农工商贾⑧，率亦岁万息二千（户）⑨，百万之家则二十万，而更徭租赋出其中⑩。衣食之欲，恣所好美矣。故曰陆地牧马二百蹄⑪，牛蹄角千⑫，千足羊⑬，泽中千足彘⑭，水居千石鱼陂⑮，山居千章之材⑯。安邑千树枣⑰；燕、秦千树栗；蜀、汉、江陵千树桔；淮北、常山已南⑱，河、济之间千树萩⑲；陈、夏千亩漆⑳；齐鲁千亩桑麻；渭川千亩竹㉑；及名国万家之城，带郭千亩亩钟之田㉒，若千亩卮茜㉓，千畦姜韭㉔：此其人皆与千户侯等。然是富给之资也㉕，不窥市井㉖，不行异邑，坐而待收，身处士之义而取给焉㉗。若至家贫亲老，妻子软弱，岁时无以祭祀进醵㉘，饮食被服不足以自通，如此不渐耻，则无所比矣㉙。是以无财作力，少有斗智，既饶争时，此其大经也㉚。今治生不待危身取给㉛，则贤人勉焉。是故本富为上，末富次之，奸富最下。无岩处奇士之行，而长贫贱，好语仁义，亦足羞也。

[注释]

①来（lài 赖）：通"徕"，招徕。

②人物：指人才和物资。

③秩禄：官吏的俸禄。

④邑：采邑。贵族的领地。

⑤乐：快乐。这里指由于物质生活优越所带来的快乐。

⑥率（lù 律）：一定的标准和比率。

⑦朝觐（jìn 近）：王侯朝见天子。聘享：这里指王侯彼此间的交往和拜访。

⑧庶民：平民百姓。众民。

⑨息：利息。

⑩更徭：汉代人民服徭役一月一更（轮换），也可以出钱雇人代役，或纳钱给官府代役。这里指代役用的钱。租赋：租税。

⑪陆地：山地。陆：大土山。马二百蹄：五十匹马。马四足，二百蹄是五十匹马。

⑫牛蹄角千：一百六十七头牛。牛四蹄二角，一百六十七头牛的蹄和角合计为一千零二。说一千是举成数。

⑬千足羊：二百五十只羊。

⑭泽中：洼地。这里指和山地相对的盆地和平原。

⑮陂（bēi 碑）：池。圩岸。

⑯章：大木材。

⑰安邑：古县名。治所在今夏县西。

⑱常山：即恒山。五岳中的北岳，在今河北曲阳西北。汉代因避汉文帝刘恒讳，故称恒山为常山。已：同"以"。

⑲济：济水。荻：通"楸"。落叶乔木，木材细致，耐湿，供建筑、造船、制家具用。

⑳漆：木名。落叶乔木，其汁可为涂料。

㉑渭川：即渭河。这里指渭水平原。

㉒带郭：指城市附近的田地。钟：古量单位。六斛四斗。

㉓茜：茜草。多年生攀援草本，根黄红色，可作染料，并可入药。

㉔ 千畦：二十五亩。姜韭：生姜和韭菜。既可食用又可药用。

㉕ 资：依赖，凭借。

㉖ 市井：古代称做买卖的场所为市井。

㉗ 处士：古代称有才德而隐居不仕的人。义："仪"的本字。礼义、容止。引申为名声。

㉘ 醵（jù 据）：凑钱买酒。这里指筹集资金祭奠祖先。

㉙ 比：亲近。引申为怜悯。

㉚ 大经：不变的常规。

㉛ 治生：从上下文看，这里的"治生"，当指从事农牧业，即所谓的"本"业。因为"奸富"有杀身之祸。"末富"在汉代政治上要受到种种限制、压抑，如不准仕宦为官，不准骑马或携带自卫的武器，不准穿丝绸衣服等；在经济上也有赋税加倍，不准用自己的名字占有土地等规定。从事"本业"，没有这些危害，故云"不待危身取给"。

[原文]

凡编户之民，富相什则卑下之①，伯则畏惮之②，千则役，万则仆，物之理也。夫用贫求富，农不如工，工不如商，刺绣文不如倚市门，此言末业，贫者之资也。通邑大都，酤一岁千酿③，醯酱千瓨④，浆千甔⑤，屠牛羊彘千皮，贩谷粜千钟，薪藁千车，船长千丈，木千章，竹竿万个，其轺车百乘⑥，牛车千两⑦，木器髤者千枚⑧，铜器千钧⑨，素木铁器若卮茜千石⑩，马蹄躈千⑪，牛千足，羊彘千双⑫，僮手指千⑬，筋角丹沙千斤，其帛絮细布千钧⑭，文采千匹⑮，榻布皮革千石⑯，漆千斗，糵曲盐豉千荅⑰，鲐鮆千斤⑱，鲰千石⑲，鲍千钧，枣栗千石者三之⑳，狐貂裘千皮㉑，羔羊裘千石，旃席千具，佗果菜千钟㉒，子贷金钱千贯㉓，节驵会㉔，贪贾三之㉕，廉贾五之㉖，此亦比千乘之家㉗，其大率也㉘。佗杂业不中什二，则非吾财也㉙。

[注释]

① 什：十倍。

② 伯：佰倍。

③ 酤：通"沽"。买酒或卖酒。酿：酒。

④ 醯（xī 希）：醋。瓨（hóng 红）：瓦制的长颈容器。容量为十升。

⑤浆：泛指饮料。甂（dān 耽）：坛子一类的瓦器。

⑥轺（yáo 尧）车：一马驾驶的轻便马车。

⑦两（liàng 量）：同"辆"。

⑧髹（xiū 休）：以漆漆物。

⑨钧：古代重量单位。一钧为三十斤。

⑩素：白色的，本色的。若：和，与。石：一百二十斤为一石。

⑪马蹄躈（qiào 窍）千：马二百匹。躈，马的肛门。马四蹄一肛门，一千正好是二百匹。

⑫千双：即双千。两千。

⑬僮：奴婢。奴婢主要用手劳动，所以用"手指"来计算。手指千，谓奴婢百人。

⑭帛：丝织物的总称。絮：粗丝绵。布：麻织的布。

⑮文采：指色彩华丽的丝绸。

⑯榻布：粗厚的布。

⑰蘖（niè 聂）：酒曲。酿酒用的发酵剂。荅（dá 答）：瓦制容器。容量为一斗六合。

⑱鲐（tái 台）：鱼名。亦称"鲭"、"油筒鱼"、"青花鱼"。鮆（jì 计）：鱼名，又名"刀鱼"。

⑲鲰（zōu 邹）：小杂鱼。

⑳三之：指乘以三。即三千石。

㉑貂（diāo 刁）：同"貂"。貂鼠。

㉒佗（tuō 拖）：同"它"。

㉓子：谓利息。贯：古时用绳索穿线，每千钱为一贯。

㉔节：节物贵贱。指在买卖双方调解，说合价格。驵（zǎng 葬上）会（kuài 快）：马市上的中间说合人。

㉕贪贾三之：贪心大的商人，为牟取暴利，当供大于求，物价下跌时，不是及时收购，而是压价拒收；当求大于供，物价上扬时，不是及时出售，而是囤积居奇，抬价惜售。因为资金周转慢，故只能获取十分之三的利润。

㉖廉贾五之：廉价销售的商人，在供大于求，物价下跌时，不是压价拒收，而是适时收购；在求大于供，物价上涨时，不是囤积抬价，而是及时销

售。虽然利薄却能多销，资金周转快，所以能获取十分之五的利润。

㉗千乘（shèng 胜）：指有领地的贵族。古时较大的诸侯国常拥有地方百里，兵车千乘，被称为"千乘之国"或"千乘之君"。所以，后来就把有领地的贵族称为"千乘"。乘：一车四马为乘。

㉘大率：通常，大致。

㉙财：这里指容易获利生财的行业。

［原文］

请略道当世①千里之中，贤人所以富者，令后世得以观择焉。

［注释］

①当世：当代。司马迁生活的时代。

［原文］

蜀卓氏之先，赵人也，用铁冶富。秦破赵，迁卓氏①。卓氏见虏略②，独夫妻推辇③，行诣迁处④。诸迁虏少有余财，争与吏，求近处，处葭萌⑤。唯卓氏曰："此地狭薄。吾闻汶山之下⑥，沃野，下有蹲鸱⑦，至死不饥。民工于市⑧，易贾⑨。"乃求远迁。致之临邛⑩，大喜，即铁山鼓铸，运筹策，倾滇蜀之民⑪，富至僮千人。田池射猎之乐，拟于人君。

［注释］

①迁：迁徙。秦始皇灭六国时，曾多次强制六国遗民大批迁徙。

②见：被。略：侵夺，强取。这里指抄没家财。

③辇：靠人力推拉的车子。表明卓氏已被剥夺到无力乘牛车的地步，更不用说马车了。

④诣：前往，去到。

⑤葭萌：古县名。治所在今四川广元西南。

⑥汶山：即岷山。

⑦蹲（cún 存）鸱（chī 吃）：大芋头。因状似蹲伏的鸱鸟得名。

⑧民工于市：因为当地临近少数民族聚居区，劳动力资源丰富，市场上有很多价格低廉的民工。

⑨易贾：少数民族聚居区经济落后，很多地方尚处于木耕手耨阶段，急

需先进的铁制工具，市场广阔。加之当地劳动力资源丰富，又有野生的大芋头供民工食用，生产成本低，所以买卖容易做。

⑩临邛：古县名。治所在今四川邛崃。

⑪倾：胜过，超越。

[原文]

程郑①，山东迁虏也②，亦冶铸，贾椎髻之民③，富埒卓氏④，俱居临邛。

[注释]

①程郑：汉武帝时期的大冶铁商。据《史记·司马相如列传》载，家僮达数百人之众。

②山东迁虏：程郑祖籍山东（关东），秦灭六国时，其先人，被强迫移民至临邛。

③椎髻之民：此处通指居住在西南和两广地区的少数民族。椎髻：如椎形的发髻。汉初曾有一个时期禁止向岭南运销铁器。

④埒（liè 列）：相等，等于。

[原文]

宛孔氏之先①，梁人也，用铁冶为业。秦伐魏，迁孔氏南阳。大鼓铸②，规陂③池，连车骑，游诸侯，因通商贾之利，有游闲公子之赐与名。然其赢得过当④，愈于纤啬⑤，家致富数千金，故南阳行贾尽法孔氏之雍容⑥。

[注释]

①宛：即宛县。著名的铁产地，汉代在此置有工官、铁官，是南阳郡的治所。

②大：又、再。

③陂：沼。

④赢得过当：言其获取的利润超过支出。当：对等，相称。

⑤愈：胜过，超过。纤啬：斤斤计较，吝啬。

⑥雍容：态度大方。这里指花钱大方。

[原文]

鲁人俗俭啬，而曹邴氏尤甚①，以铁冶起，富至巨万。然家自父兄子孙约，俛有拾②，仰有取，贳贷行贾遍郡国③。邹、鲁以其故多去文学而趋利者，以曹邴氏也。

[注释]

①曹：古国名。治所陶丘（今山东定陶西南）。

②俛（fǔ 俯）："俯"的异体字。

③贳（shì 世）：租借，赊欠。

[原文]

齐俗贱奴虏，而刀闲独爱贵之①。桀黠奴②，人之所患也，唯刀闲收取，使之逐渔盐商贾之利，或连车骑，交守相，然愈益任之③。终得其力，起富数千万。故曰："宁爵毋刀"④，言其能使豪奴自饶而尽其力。

[注释]

①刀：姓。又读刁，即后来的刁字。

②桀黠（xiá 侠）：凶悍而狡猾、聪明。

③任：放任，不管束。

④宁爵毋刀：为刁家奴仆的互相问答。即，问："可愿免去奴婢身份去取取官爵？"答："愿意留在刁家。"毋：停留。一说作发语助词。

[原文]

周人既纤①，而师史尤甚②，转毂以百数③，贾郡国，无所不至。洛阳街居在齐秦楚赵之中，贫人学事富家④，相矜以久贾，数过邑不入门，设任此等⑤，故师史能致七千万。

[注释]

①纤：吝啬。

②师史：人名。姓师名史。

③转毂：运输车。毂：车轮中心的圆木。这里指代车轮。

④学事富家：指到富家去学做生意。因为居住在街区，耕地很少，没有土地的穷人只得去学做生意糊口。

⑤设：完备。引申作巧妙，善于。

[原文]

宣曲任氏之先①，为督道仓吏②。秦之败也，豪杰皆争取金玉③，而任氏独窖仓粟。楚汉相距荥阳也④，民不得耕种，米石至万，而豪杰金玉尽归任氏，任氏以此起富。富人争奢侈，而任氏折节为俭⑤，力田畜。田畜，人争取贱贾⑥，任氏独取贵善。富者数世。然任公家约，非田畜所出弗衣食⑦，公事不毕则身不得饮酒食肉⑧。以此为闾里率⑨，故富而主上重之⑩。

[注释]

①宣曲：地名。约在长安（今西安）西。

②督道：秦代边境县名。

③豪杰：指有权有势之人。

④距：通"拒"即抗拒。荥阳：县名。故址在今河南荥阳西。秦末，楚、汉两军相峙于此。

⑤折节：改变平时的志向和行为。

⑥贾（jià 价）：通"价"。

⑦衣（yì 意）：穿。

⑧公事：指官府或家族集体的事。

⑨闾里：邻里。率：表率，榜样。

⑩主上：指皇帝。

[原文]

塞之斥也①，唯桥姚已致马千匹②，牛倍之，羊万头，粟以万钟计。吴楚七国兵起时③，长安中列侯封君行从军旅④，赍贷子钱⑤，子钱家以为侯邑国在关东⑥，关东成败未决，莫肯与。唯无盐氏出捐千金贷⑦，其息什之。三月，吴楚平。一岁之中，则无盐氏之息什倍，用此富埒关中。

[注释]

①塞：边塞。斥：开拓。西汉政府奖励开拓边塞，允许百姓任意经营。

②桥姚：人名。

③七国兵起：即"七国之乱"。汉景帝三年（公元前 154 年），以吴王刘濞为首，联合楚、赵、胶东、胶西、济南、淄川等诸侯国，发动叛乱。

④列侯：汉承秦制，爵分十二级，最高者称列侯。封君：有领地的贵族。

⑤赍（jī 机）：携带。子钱：付息之贷款。

⑥子钱家：高利贷者。

⑦无盐：复姓。

[原文]

关中富商大贾，大抵尽诸田，田啬、田兰。韦家栗氏①、安陵②、杜杜氏③，亦巨万。

[注释]

①韦家：古县名。

②安陵：古县名。汉惠帝在此筑安陵，并置县，治所在今陕西省咸阳市东北。

③杜杜氏：杜县的杜氏。杜县在今陕西西安东南。

[原文]

此其章章尤异者也①。皆非有爵邑奉禄弄法犯奸而富，尽椎埋去就②，与时俯仰③，获其赢利，以末致财，用本守之，以武一切④，用文持之，变化有概⑤，故足术也⑥。若至力农畜，工虞商贾，为权利以成富⑦，大者倾郡，中者倾县，下者倾乡里者，不可胜数。

[注释]

①章章：彰彰。显著。

②尽椎埋去就：意思是都没有做杀人埋尸的坏事。"去就"在这里是一个偏正词组，强调"去"，即和杀人埋尸保持距离。

③与时俯仰：根据形势随机应付。

④一切：一时权宜。

⑤概：要略。

⑥术：通"述"。

⑦权利：权势和货利。

[原文]

　　夫纤啬筋力，治生之正道也，而富者必用奇胜。田农，掘业^①，而秦扬以盖一州^②。掘冢，奸事也，而田叔以起。博戏，恶业也，而桓发用（之）富。行贾^③，丈夫贱行也，而雍乐成以饶。贩脂^④，辱处也，而雍伯千金。卖浆，小业也，而张氏千万。洒削^⑤，薄技也，而郅氏鼎食^⑥。胃脯^⑦，简微耳，浊氏连骑。马医，浅方，张里击钟^⑧。此皆诚壹之所致^⑨。

[注释]

　　①掘：古通"拙"。

　　②盖：压倒，胜过。

　　③行贾：外出贩卖货物。

　　④脂：指胭脂一类的化妆品。

　　⑤洒削：洒水磨刀剑。

　　⑥鼎食：列鼎而食。指过着豪奢的生活。鼎：古代的炊器。

　　⑦胃脯：指爆羊肚。

　　⑧击钟：奏乐。指吃饭时像贵族一样击钟佐食。钟：古代的乐器。青铜制，悬挂于架上，以槌击之而鸣。

　　⑨诚壹：专心致志，心志专一。

[原文]

　　由是观之，富无经业^①，则货无常主^②，能者辐凑，不肖者瓦解。千金之家比一都之君^③，巨万者乃与王者同乐^④。岂所谓"素封"者邪？非也？

[注释]

　　①富无经业：致富没有固定的行业。即任何一行都可能致富。经：规范，固定。

　　②货：货币。

　　③一都之君：有领地的贵族。

　　④王者：国王，一国君主。

二、《货殖列传》译文

《老子》一书说："治理的最佳状况，是相邻的国家相互看得见，鸡犬之声相互听得着，居民各自吃自认为好吃的食物，穿自认为美好的衣服，安安稳稳地按自己的习惯生活，干自己愿意干的事，一直到老，到死，都不相互往来。"坚持用这种理论来治理国家，等于要堵塞现代人的耳目，是绝对行不通的。

太史公说：神农氏以前的情况，我是不知道了。至于《诗经》、《尚书》所记述有虞氏和夏朝以后的情况，则是人们的双耳想听遍最美的声音，双目想看遍最美的景色，嘴巴想吃遍牛、羊、犬、猪等所有美味，身体要求安适逸乐，心里却又渴慕着权势和才能所能带来的荣耀。人们受这种风气熏染已经很长时期了，即使用老子那套高深精微的理论挨门挨户去劝说，最终也不会有所改变。所以最好的办法是顺其自然不加干涉，其次是因势利导，再次是教育劝诲，再次是加以整饬，最不好的办法才是与民争利。

华山以西盛产木材、竹子、楮树、纻麻、旄牛和玉石；华山以东盛产鱼、盐、漆、丝和各种好听好看的玩物；江南出产楠木、梓木、生姜、桂木、金、锡、铅、朱砂、犀牛角、玳瑁和各种珍珠、象牙、皮革；龙门、碣石山以北盛产马、牛、羊、毡裘、筋、鹿角；至于铜和铁，就像棋子散布在棋盘上一样，在方圆千里的山区到处都有。这是物资分布的大致情况。都是一些中国人民喜欢、惯常用来作为服装、饮食、养生、送死的物品。所以依靠农民就能吃饭，依靠虞人就能把矿产品、木材、鱼、盐等生产出来，依靠工匠就能把原材料制成器物，依靠商人就能使这些物品流通。这些人难道是由于政令和教化的作用才按时配合的吗？他们之所以能各自施展本领，竭尽全力的原因，是想改善自己的生活境遇。因此东西多了才会自动调少，东西少了又会自动调多，各自努力从事自己的工作，热爱自己的事业，就如同水要往低处流一样，日夜都不会停止，不用召唤财物会自动到来，不用求取，老百姓就会把它们生产出来。这难道不是和客观规律相符合，并已经受过自然法则验证的吗？

《周书》说："农民不生产，就会缺少粮食；工匠不生产，就会缺少器物；商人不经营，粮食、器物和原材料就会短缺；虞人不生产，财物就会匮乏。"财物匮乏，就无力开发山林和川泽。这四个经济门类，是百姓的衣食之源。源大百姓的衣食就充足，源小百姓的衣食就匮乏。广开财源，上可以富国，下可以富家。贫富变化的法则，不完全取决于客观条件是优还是劣，聪明能干的人富有，愚昧笨拙的人受穷。过去姜太公吕望被封于营丘时，土地多是些不宜耕种的盐碱地，人口也很少，于是姜太公就鼓励居民从事纺织、刺绣、缝纫，讲求技巧，支持贩卖鱼、盐，因而人才和物资都流向齐国，甚至连背负婴儿的人也像车辐集中于车毂那样，向齐国集中。因此齐国的帽子、丝带、衣服和鞋子能以行销全中国，渤海及泰山一带的诸侯都恭恭敬敬地前往齐国去朝拜。后来齐国虽然中衰，管仲当政之后又重新修订了姜太公的经济政策，研制经济理论，并设置九府管理经济，齐桓公因而成为春秋时期的第一个霸主，多次召集诸侯会盟，匡救了中国并使之统一；而管仲也因功得到市场税收三成的奖赏，他的地位虽然只是大夫，收入却超过了列国的国君。因为实行广开财源的政策，齐国一直到田齐威王、田齐宣王时，仍很富强。

《管子》一书说："国家粮仓充实了，才会遵守礼节；人民的吃、穿较充足了，才会注重荣辱。"礼义诞生于富有之处，在贫穷的场所就会被废弃。因此有地位、有学识的人在富有之后可以行善积德，普通百姓在富有之后可以充分发挥才力。水深有利于鱼类生长，山林茂密有利于野兽隐藏，人类富有之后才会去讲求仁义。有钱的人得势名声会更加显赫，失势连门客都不会再来登门，因而不可能快乐。没有开化的落后地区更是如此。民谚说："千金富豪的子弟，不会因犯法在市场上被处死。"这绝不是随便说的空话。所以说："天下的人欢欢喜喜，都是为追求财利而来；天下的人乱乱哄哄，都为追求财利而去。"拥有千乘兵车的国君，万户属民的诸侯，百家领地的士大夫，尚且忧患贫穷，何况那些隶名于户籍的平民百姓呢？

过去越王勾践被困于会稽，于是起用范蠡和计然。计然认为："知道要打仗就要做好防备，时刻准备待用之物就能知晓物资是多是少，相互对照各种货物的供需状况就可了如指掌。按照五行之说，岁星处于金位，是丰年；处于水位，是荒年；处于木位，有饥荒；处于火位，是旱年。旱年则预造船只，水年则预造车辆，这是适应市场变化的一个法则。每六年一个丰年，每六年一个旱年，每十二年一次大荒年。粮食的价格，每担低于二十钱就会损害农民，高于九十钱又会损害商人。商人的利益受损害商品就会减少，农民的利益受损害土地就会荒芜。最高不超过八十钱，最低不少于三十钱，就能使农民和商人都得利。买卖公平，价格合理，使税收和商品都不匮乏，是治理国家必须遵守的法则。经营商业的法则是，货物必须完好，不积压商品。在商品的购销过程中，容易腐烂的货物和食品不要长期贮存，不要囤积抬价。考察某种商品是有余还是不足，就可预知贵贱。价格上扬到极限就会下跌，下跌到极限又会上扬。因此当价格上扬时要像对待粪土一样及时出售，当价格下跌时要如同珍爱珠玉一样及时收购。应该使资金货物像流水一样不停地流通。"用这些理论治理十年，越国终于富强起来，于是常用优厚的财物奖赏战士，使战士在攻城陷阵时，就像渴了需要喝水那样畅快，因而打败了强大的吴国雪报了国耻，并进兵中原显示军威，被称为春秋时期的第"五霸"。

范蠡在雪洗会稽之役的耻辱之后，很有感慨地说："计然的策略有七条，越国用了其中的五条就取得满意的效果。既然在治国中已经过实践，我打算运用这些策略治家。"于是乘坐扁舟往来于江湖之中，改名换姓，到齐国就化名鸱夷子皮，到定陶又化名朱公。朱公认为定陶位居全国的中心，四面都可以和其他诸侯国相通，是物资交流的集散地。于是就在定陶置办产业，积聚货物，根据时机买卖最能获利的商品，并且善于用人因而没有人给他造成亏损。所以善于经营的人，要善于选择人和适应的时机。范蠡在十九年之中，多次积累家财至千金，又多次分散给贫贱时的朋友和本家兄弟。范蠡就是前面所说富之后喜好行善积德的典型。后来范蠡年老体衰听任子孙经营，子孙整治家业积累钱财，遂至家产上亿。所以谈论富有的人都推崇陶朱公。

子贡在师从孔子之后，又返归卫国去做官，并在曹、鲁两地从事买卖经营。在孔子最有才德的七十二个学生中，端木赐最富有。子思糟糠都吃不饱，在偏僻的小巷隐居。子贡却带领大队车马，以十端锦帛作为礼物去拜访和馈赠诸侯，所到之处，各国的君主无不待之以上宾。孔子之所以能名扬天下，得力于子贡多方奔走。子贡不就是前面所说得势更加显赫的典型吗？

白圭是周地人。魏文侯在位时，李悝鼓吹精耕细作尽地力，白圭则善于观测市场变化，所以人们都竞相出售的商品他收买，人们都竞相收购的物品他售卖。秋收季节他收购谷物，供给农民丝和漆；春茧上市他收购布帛和丝棉，供给农民粮食。他推测，当太阴运行到卯位时，将是丰年；第二年年景不好。运行至午位时，将出现干旱；第二年年景好。运行至酉位时，将会丰收；第二年年景不好。运行至子位时，将出现大旱；第二年年景好，有雨水。把握住这一规律，经过十二年太阴再运行至卯位时，积贮的粮食将按年成倍增加。他提出，要想增加钱财，经营下等谷物；要想增加粮食产量，经营上等种子。在经营时能够吃粗砺的食物，克制自己的嗜好和欲望，穿粗布衣服，和共事的奴仆同苦乐。在机遇到来时，又能够如同猛兽、猛禽扑食那样迅速采取行动。所以他说："我在从事经营活动时，就像伊尹、吕尚筹划谋略，孙武、吴起用兵打仗，商鞅执法那样严谨、小心。因此那些才智不足以因时因事灵活变通的人，勇气不足以当机立断的人，那些不具备仁爱之心，为了高额利润全不顾人民死活的人，那些魄力不足以守财立业的人，即使想学习我的经营术，我也是不会教给他的。"在中国，白圭可以称得上是研究经营术的祖师。白圭的经营理论已经过实践检验，实践的结果很成功，并不是随便臆造出来的。

猗顿因为经营河东池盐发迹。邯郸的郭纵因为从事冶铁成就事业，和国君一样富有。

乌氏倮是个放养牲畜的人，待到牲畜数量多起来之后，就全部卖掉，然后再去购买珍奇的丝织品和其他货物，私自馈献给民族地区的统治者。民族地区的统治者以原价十倍的报酬赠送给他牲畜，致使他牧养的牛马多到只能按山谷来计算。秦始皇当政时曾下令倮可以比照受封的贵族，按时和大臣们一块朝觐皇帝。巴（蜀）地区有个寡妇叫清，她的祖先发现了朱砂矿，因而垄断经营了好几代，家产也无法统计。清，不过是一个寡妇，却能够守住祖业，用钱财自卫，不受侵犯。秦皇帝认为她是个贞妇因而以客礼相待，还为她筑了女怀清台。倮只是个擅长放牧的乡下人，清是个偏僻农村的寡妇，却受到国君的礼遇，难道不是因为富有吗？

汉朝建立以后，由于全国统一，开放了关津要隘，废止了国家垄断山林川泽，不允许民间随意开采的禁令，因此富商大贾可随意往来全国各地，商品在全国各地可任意流通，人们的需求都能得到满足。政府还下令关东地区的名门贵族和其他有钱的富豪共十余万人迁徙至京城长安。

关中地区自汧、雍两地以东，一直到黄河、华山，沃土千里，自有虞氏和夏后氏实行贡赋制度起，当地就作为上等土地。加之公刘曾在邠地开荒安居，大王、王季曾在岐山之下垦荒种植，文王曾开发丰地，武王曾开发镐京，所以当地居民尚保留先王遗风，擅长农耕和种植五谷，重视土地，不轻易做违法的事。其后，秦文公、秦德公、秦穆公以雍地为都城，因为该地位居陇、蜀两地交界之处，是货物中转的枢纽，所以往来经营的商人很多。秦献公时迁都至栎邑，栎邑北面连接北方各民族，东通三晋地区，大商人也很多。秦孝公、秦昭襄王建都于咸阳，因此汉朝也建都在这一带，长安就是皇室陵墓所在之处，各地的富豪都集中在此，地狭人多，因此当地居民崇尚珍玩技艺，从事商业和手工业的多。往南是巴郡和蜀郡。巴郡和蜀郡土地也很肥沃，当地盛产制胭脂用的卮、生姜、朱砂、玉石、铜、铁、竹子和木器。巴郡和蜀郡的南面是滇国和僰族聚居区，有僰人奴隶。巴郡和蜀郡的西南靠近邛族和笮族聚居区，出产邛马和旄牛。虽然巴、蜀两地四面交通不便，依靠千里栈道却可无所不通，褒斜路是出入交通命脉，经过它可以用当地多余的物品去换取当地短缺的物品。天水郡、陇西郡、北地郡、上郡和关中地区风俗相同，不同的是由于西南面靠近羌族聚居区，可以从和游牧民族的交换中获取好处，向北还可以换取到戎、狄等族的牲畜，所以畜牧业在国内最发达。然而这里地理条件贫瘠险恶，是首都去往西羌、戎狄等地的重要通道。所以关中地区虽仅占全国土地的三分之一，人口不超过十分之三，然而这里聚集的财富，却占全国的十分之六。

从前唐尧曾建都于河东，殷朝曾建都于河内，周朝曾建都于河南。三河地区由于地处中国中心，形若鼎之三足，所以就成为中国的最高统治者轮番定都的场所，所建立的国家有的为几百年，有的长达一千多年，这里土地狭小，人口众多，是城邑和诸侯国集中的场所，因此当地民风节俭并善于算计。杨和平阳两地，西可以和秦地做交易，北可以和种、代两地做买卖。种、代两地在石邑的北面，地理位置靠近北方各民族聚居区，由于多次遭侵犯，人民以强悍、刚勇为荣，崇尚义气，常凭个人力量做违法之事，不从事农业或商业。然而由于临近北方民族聚居区，当地常有军队驻守，从中原地区转运货物去售卖常常可以赢利。当地居民桀骜不驯，固执、强悍，早在晋国时，就已经成为当政者的忧患，赵武灵王提倡"胡服骑射"使问题更加严重，当地的习俗尚保留着赵国的遗风。所以杨和平阳两地的商人往来其间从事经营，常可随心如意。温、轵两地西可以和上党做生意，北可以和赵及中山两地搞贸易。中山郡土地贫瘠，人口众多，尚存在像殷纣王在沙丘地那样肆意非为的遗民，民俗急躁，依靠做工和经商为生，男人常聚在一起戏耍，愤慨地大唱大叫，白天则聚众去杀人劫财，夜晚则盗掘坟墓，私铸钱币，有的为了多得些好东西，竟然去当戏子。一面像跛足人踮起脚尖走路，一面弹拨琴瑟，以便取媚于那些富有或尊贵的人。能进入后宫为嫔妃，各个诸侯国里都有。

邯郸是漳水和黄河之间的一个商业中心。它北通燕、涿两地，南接郑地和卫地。郑地和卫地的习俗和赵地差不多。然而由于地近梁、鲁两地，虽然谈不上端重尚顾惜节操。后来卫国的都城从濮阳迁至野王，野王的居民好意气用事和抱打不平，这正是卫国的遗风。

燕是渤海和碣石山地区的一个商业中心。南通齐、赵两地，东北靠近北方民族聚居区。从上谷至辽东，地域辽阔，人烟稀少，经常受外族的侵犯，大体和赵及代两地的习俗近似，居民凶猛、急躁而少谋略。盛产鱼、盐、枣和栗子。北边和乌桓、夫余等民族聚居区接壤，还是东去秽貊、朝鲜、真番等地贸易取利的必经之地。

洛阳东去可到齐、鲁经商，南去可到梁、楚经商。所以泰山南部是鲁国故地，北部是齐国故地。

齐地环山靠海，沃野千里，适宜种植桑、麻，当地居民多从事刺绣、纺织，或鱼、盐生产。首府临菑是渤海和泰山一带的一个商业中心。当地居民宽宏大量并且无所拘束，然而多智谋，好议论，重视土地，不轻易脱离土地外出，虽然不敢聚众斗殴，却敢私携凶器，所以劫人的罪犯多，这是大国的遗风。

邹地和鲁地滨临洙水、泗水，当地尚保留周公旦时的遗风。习俗崇尚儒学，注重礼教，所以当地居民处事很拘谨。土地狭小，人口众多，居民勤俭吝啬，不敢违法，远避邪恶。待到崇儒之风衰败以后，当地居民经商逐利的劲头，比洛阳人更甚。

鸿沟以东，芒山、砀山以北，是巨野泽，这一带是梁、宋地区。定陶和睢阳是这里的商业中心。从前唐尧曾在成阳县劳作，虞舜曾在雷泽打鱼，商汤曾在亳邑居住。当地习俗尚保留有先王的遗风，敦厚、庄重、品德高尚的君子多，重视农业生产；虽山川资源匮乏，但是由于居民能节衣缩食，有所积蓄。江陵在过去曾是楚国的郢都，向西可通巫陵、巴陵，东南有物产丰富的云梦泽资源。陈州界于楚地和夏地之交，鱼盐等物资多在这里流通，所以当地居民做买卖的很多。徐县、僮县、取虑县的居民则守贫刻苦，注重个人信誉。

越、楚地带有西楚、东楚和南楚三个地区的不同风俗。从淮北沛郡到陈郡、汝南、南郡，这是西楚地区。这里民俗慓悍轻捷，容易发怒，土地贫瘠，少有蓄积。江陵原为楚国国都，西通巫县、巴郡，东有云梦，物产富饶。陈在楚、夏交接之处，流通鱼盐货物，居民多经商。徐县、僮县、取虑县一带的居民清廉苛严，信守诺言。

彭城以东，包括东海郡、吴郡和广陵郡，这一带是东楚地区。当地习俗和徐县、僮县类似。胸县、缯县以北，习俗和齐地近似。钱塘江以南则是吴越地。吴郡由于经过阖庐、春申君和吴王刘濞三人先后广招天下之士进行开发，加上东面有丰富的海盐，以及章山的铜矿和三江、五湖的资源，因而便成为江东地区一个商业中心。

衡山、九江、江南、豫章、长沙一带，属南楚地区，当地习俗大体类似西楚。在楚烈王迁都到寿春之后，寿春遂成为一个商业中心。合肥南面有长江，北面有淮河，是皮革、鲍鱼、木材等物资交流的集散地。由于和闽中、于越习俗混杂，所以南楚地区低洼潮湿，男人一般寿命不长。盛产竹子和木材。豫章出产黄金，长沙出产铅、锡，然而蕴藏量很少，开采不足以抵偿费用。九嶷山、苍梧郡以南，一直到儋耳郡，与江南地区大体同俗，杨越人很多。番禺是当地的一个商业中心，各种珍珠、犀牛角、玳瑁、水果、布料都集中在那里出售。

颍川郡、南阳郡，曾是夏后氏居住过的地方。夏后氏执政时崇尚忠信纯朴，当地尚保留先王遗风。颍川郡居民忠厚老实。秦朝末年，曾把不守法的人迁往南阳郡。南阳郡西通武关，郧关，东南境内有汉水、长江、淮河流过，首府宛邑是商业中心。习俗杂而好事，从事商业的人很多。当地叹"侠义"自任的人，经常和颍川人交往，因此至今被称为"夏人"。

天下的财物有的地方多，有的地方少，人民的风俗习惯也不尽相同，华山以东吃海盐，华山以西吃池盐、岩盐，岭南和北方沙漠地区也处处出产食盐，大体情况如此。

总之，楚越地区，地广人稀，居民以稻米为主食，鱼类为羹汤，有的地方尚用火耕水耨的原始方式从事农耕，由于野果和螺、蛤等野生动植物充足，不需要通过交换就能维持生活，地理条件是可吃的食物多，用不着担忧吃不饱肚子，所以居民贪懒偷生，不设法积累钱财，大多数贫困。因此，长江、淮河以南，没有受冻挨饿的人，亦没有家产千金的富户。沂水、泗水以北，适宜种植五谷、桑麻，和牧养马、牛、羊、鸡、狗、猪等家畜、家禽，地少人多，多次遭受水灾，居民喜欢积蓄。所以秦、夏、梁、鲁四地崇尚农耕，重视农民。三河地区、宛邑、陈地也是这样，加上重视商业。齐、赵两地的居民投机取巧，依靠手工业、商业为生。燕、代两地适宜农耕、畜牧，和从事蚕桑业。

由此看来，那些贤德之人在朝廷上运筹谋划、探讨国家大事，那些守信死节、隐居岩穴的志士，设法追求清高名声，目的又是为了什么呢？是为了富有和受优待。这是因为居官廉洁才能长久，久居官位就可以变富，正如薄利经营的商人目的在于致富一样。渴慕富有，是人的本性，用不着学习就都会去追求它。所以壮士们在作战时，攻城抢在前面，破阵退敌，斩杀大将，拔取军旗，敢于面对乱箭飞石，不惧水淹火攻危险的原因，也是重赏在起作用。那些里巷少年，有的打斗盗窃，杀人埋尸，抢劫为非，盗坟掘墓，私铸钱币，有的借口帮弱者而吞并他人财物，借助同伙的力量大报私仇，有的搜集和散布官府机密，不怕国法和禁令，甚至对于死刑毫不在乎的原因，其实也是为了财富。如今，赵地的少女和郑地的美妞，身着丽服，面施脂粉，手拨琴弦，臂舞长袖，足踏舞鞋，双目含情，卖弄风情，离家不怕千里远，择婿不管老或幼，原因也是追求富有和优越的生活。那些游手好闲的公子哥，所以要头顶华丽的帽子，身佩名贵的长剑，随从有大队车马，目的是为了摆阔。那些射鸟、捕鱼、打猎的人，不管早晚，不怕霜雪，驰骋于山谷之间，不避猛兽的伤害，目的是为了获取美味佳肴。那些弈棋赛马、斗鸡竞犬的人，变脸相争，一定要争胜的原因，是看重赌输后的赔偿。医生、方士，和各种靠技术谋生的人，费尽心思，使尽本领，是为了多赚碗饭吃。官吏和士人，弄文舞墨玩忽国法，私刻印章、伪造公文，不怕刀锯刑罚的原因，在于能私吞贿赂和馈赠。农民、工匠、商人和牧民，自然更要为追求过富裕的生活而设法去增加财富了。这说明只要是活着的人，都会尽自己的能力去求取财利，一直到死都不会留半点力气把财富让给别人。

谚语说："百里之外不宜贩卖柴草，千里之外不宜贩卖粮食。"有一年的时间，应该种植谷物，有十年的时间，应该种植树木，有百年的时间，应该广泛施德政争取民心。所谓行德政，就离不开人才和物资。如今有的人没有俸禄的供给，也没有爵位和领地的收入，但其物资享受却能和有俸禄、有爵位和领地的人相匹敌，可以赐给他们"素封"的称号。有领地的人依靠租税维持生活，一般的标准是每户每年交纳二百钱。拥有一千户领地的贵族收入是二十万钱，朝见皇帝和贵族之间交往的费用也从这里支出。农民、手工业者和商人等普通老百姓，一般的标准是有一万钱每年可收入利息两千。资产百万的人家也可收入二十万钱，去掉更徭和租税支出，衣食日常所需，可以尽情要好的上等的。所以说，在高原上牧养五十匹马，一百六七十头牛，二百五十只羊，在盆地或平原饲养二百五十头猪，在水边居住拥有年产一千担鱼的池塘，在山里居住拥有上千大木材。或是在安邑拥有一千棵枣树，在燕地或秦地拥有一千棵栗树，在蜀郡、汶水、江陵一带拥有一千棵橘树；在淮河以北，恒山以南，黄河和济水之间拥有一千棵楸树；在陈地或夏地拥有一千亩漆树，在齐地或鲁地拥有一千亩桑、麻，在渭水平原拥有一千亩竹林，以及在万家住户的大城市郊区拥有亩产达 64 斗粮食的上等田一千亩或拥有一千亩厄茜，一千畦姜韭：这些人的收入都可以和千户侯相比。而且依赖上述经营增加收入，可以不必自己到市场上直接做买卖，用不着离家外出，坐在家里财富就会送上门来，既享有"处士"的美名，又能有丰裕的收入。如果家境贫穷到双亲饿死，妻子瘦弱，连岁终祭祖用的酒钱都无处去筹集，吃饭和穿衣全成问题，就是这样仍不知羞耻，这种人则没有什么可值得同情的。所以，没有资产的人应该凭借力气去赚取财富，小有资产的人应该凭借智慧去增加财富，已经富足的人要抓住时机继续扩大财富。这是改善生存条件必须遵守的常规。当今经营农林渔牧业不会给自己带来危害却可供养身家，因而有才能的人都积极去从事。所以凭借农林渔牧业致富是最佳选择，凭借商业和手工业致富其次，用歪门邪道发财最差。没有隐居山林奇士的作为，却长期处于贫贱之中，尽管喜好谈论仁义，也应该是羞愧的。

一般百姓，看到财富十倍于自己的人就会感到卑微不如，看到百倍于自己的人就会对他畏惧，千倍于自己，就会听凭使役，万倍于自己就会形同奴仆，这是通常的规律。由穷变富的办法，从事农业不如从事手工业，从事手工业不如从事商业，依靠刺绣文采，不如依靠在市场上做买卖。这说明手工业和商业，是穷人致富的捷径。在交通便利的大城市，每年贩卖一千瓮酒，醋、酱一千缸，饮料一千坛，屠宰牛、羊、猪一千头，贩运谷物一千钟，柴草一千车，或者拥有的船只总长度加起来是一千丈，木材上千，竹竿一万个，轻便小马车一百辆，牛车一千辆，上过漆的木器一千件，铜器三万斤，本色的木器、铁器和卮茜等染料一千石，马二百匹，牛二百五十头，羊、猪两千只，奴隶一百人，制弓用的筋、犀牛角和朱砂一千斤，或者拥有丝绵、丝织物和细布三万斤，绣有文采的丝绸一千匹，粗厚的布和皮革一千石，漆一千桶，酒曲、盐和豆豉一千坛，青花鱼和刀鱼一千斤，小杂鱼一千石，鲍鱼三万斤，枣和栗子三千石，狐皮和豹皮一千张，羔羊皮一千石，毡席一千领，其他如水果和蔬菜三万斤，用于取息放贷的钱一千贯，以及为人说合牛马交易等，贪婪的商人能够获取三成利润，薄利经营的商人利润可达五成，这些人也可和拥有上千辆马车的贵族相比，以上是大概情况。其盈利不到十分之二的行业，就不是我说的生财之业了。

下面简要介绍当代方圆千里之内，一些有才能的人所以致富的原因，使后世得以学习和借鉴。

蜀郡卓氏的祖先，是赵国人，因为从事冶铁业致富。秦国攻占赵国后，强迫卓氏搬迁。卓氏在被俘之后更遭到侵夺，仅剩下夫妇二人推着辇车，步行前往迁徙的处所。其他被强制搬迁的俘虏只要还稍有剩余些许钱财，就争着相送给官吏，请求搬迁到近处，于是在葭萌县定居下来。只有卓氏说："这里土地狭小贫瘠。我听说岷山之下，土地肥沃辽阔，遍地是野生的大芋头，可以一辈子不挨饿。市场上民工很多，买卖容易做。"于是请求远迁。当把他迁徙到临邛县时，非常高兴，立即到铁矿山去从事鼓铸，并全面筹划经营策略，终于成为滇蜀地区的首富，仅奴隶就有一千人。还拥有大片的土地和众多的池塘供其射猎，那种快乐的程度，简直可以和国君相比。

程郑，其祖先是山东地区被强迫迁徙的俘虏，也从事冶铁业，依靠和头挽锥形发髻的少数民族做买卖发家，财富和卓氏差不多，都住在临邛。

南阳郡孔氏的祖先，是魏国人，以冶铁为业。秦国攻灭魏国后，孔氏被迫搬迁到南阳。又重新从事鼓铸，规整池沼，并车水马龙地去交结王侯，因而商利亨通，还常向游手好闲的贵公子馈赠财物，借以换取和贵公子有交情的名声。但是他家赚取到的好处却远远超过了花费，收益比那些吝啬而又会算计的商人还要大，积累的财富达数千金。所以南阳地区做买卖的人，全都去效法孔氏的慷慨大方。

鲁地的风俗节俭吝啬，曹地的邴氏尤甚，他家以冶铁业发家，财产上亿。然而邴家上自父兄，下至子孙却相互约定，俯要有所拾，仰要有所取，一举一动都要获利，因而他家发放的高利贷和经营的买卖，遍及全国各地。邹地和鲁地之所以有很多人弃学经商趋利，其原因就是由于受到曹地邴氏家族的影响。

齐地的风俗贱视奴婢，然而刀闲却宠爱和重视奴隶。刚烈倔强而又富有心计的奴隶，人们都把他们当作祸患，只有刀闲愿意收留，并放手让他们经营渔盐和做买卖取利，有的奴隶常乘车骑马，甚至去交结地方长官，刀闲不但不加以约束反而纵容他们这样做。终于得助于奴隶的努力，起家富致数千万。据说刀家的奴隶曾有这样对话："可愿意免去奴隶身份去求官爵？""宁愿留在刀家。"说明刀闲能使豪奴感到自我满足因而肯竭尽全力。

洛阳人非常小气，师史这个人尤其突出。他用上百辆运输车，往来各地做买卖，没有不到之处。洛阳街区坐落在齐、秦、楚、赵等地的中间，（因为缺少土地）穷人只得到有钱人家去学生意，并以能长期在外做买卖为荣，以至可以多次经过洛阳城而不进家门。巧妙利用这些人，所以师史能积累财富七千万。

宣曲地区任氏的祖先，原为督道县管粮仓的小官吏。秦朝灭亡的时候，有权有势的人都去争抢黄金和玉器，然而任氏却单单去窖藏仓库中的粮食。由于楚汉在荥阳地区作战，农民无法耕种，米价每石飞涨至万钱，因而权势们的黄金和玉器都到了任氏手中，任氏因此起家发财。有钱的人喜欢比奢侈阔气，可是任氏却一反惯例讲求节俭，致力于农业和畜牧业。对于土地和牲畜，人们都竞相购买价格低廉的，而任氏却专门喜欢购买贵重而上等的。（因为生活上节省，生产上肯投入）几代都是富翁。然而任先生家却规定，不是自家的土地和牧场出产的东西不许衣食，官府或家族的公事不处理完毕不许饮酒吃肉。因此成为邻里的表率，所以既富有又受到皇帝的敬重。

在开拓边塞的人中，只有桥姚达到马一千匹，牛两千头，羊一万头，粮食上万钟。吴楚七国叛乱时，长安城中的列侯、封君因急于随军出征，只得去借支付利息的贷款，放贷的人因为列侯的领地和封国多在关东地区，关东地区战事成败未决，不肯出贷。只有无盐氏拿出千金出贷，利息是本金的十倍。三个月后，吴楚之乱平息下来。一年的光景，无盐氏得到的利息就是本金的十倍，因此关中地区的财富约有一半归了无盐氏。

关中地区的富商大贾，大多都姓田，如田啬、田兰。韦家县的粟氏、安陵县和杜县的杜氏，财产也上亿。

以上是其中赫赫有名的佼佼者。都没有爵位、领地和俸禄，也没有触犯国法以违禁的手段致富，更没有去杀人盗墓，而是根据形势随宜应付，从而获得厚利的，他们利用经营手工业和商业来赚取钱财，然后再购买土地利用农牧业保持财产，把"武"的办法作为权宜之计，用"文"的办法来长久维持，变化有策略，所以值得记述。至于那些在从事农牧业、手工业和商业的过程中，依靠权势和垄断货利而发财的人，大的在全郡有名，中等的是一县首富，下等的是乡里之中数得着的大户，更是多得无法列举。

俭省节约肯于劳体费力，这是谋生的人都会遵守的原则，可是若想发财则必须具有超群的本领才能达到目的。种田，是笨重的行业，然而秦扬却因此成为一州的首富。掘墓盗财，是不正当的职业，然而田叔却因此起家。赌博是坏事，然而桓发却因此成了富人。外出跑买卖，是大丈夫看不起的行业，然而雍地的乐成却因此发了财。卖胭脂，是不起眼的买卖，然而雍伯却因此积累千金。卖饮料，是小本生意，然而张氏却因此财富千万。洒水磨刀剑，技术很简单，然而郅氏却因此列鼎而食。爆羊肚，简单容易，然而浊氏却因此车马成群。马医，处方很简单，然而张里却因此成为击钟佐食之家。这些人都因为心志专一从而才取得如此成果。

由此可以看出，致富是没有固定行业的，货币也没有固定的主人，有才能的人财富就会向他集聚，没有本事的人就会倾家荡产。千金之家可以和有领地的贵族相比，财产上亿的人能够像帝王那样快乐。难道这些人还够不上"素封"的称谓吗？不对吗？

参考文献

甲. 典籍、注疏

1.[汉]司马迁.史记.长沙：岳麓书社，1998

2.[宋]朱熹.四书集注.长沙：岳麓书社，1997

3.水渭松.墨子导读.成都：巴蜀书社，1991

4.孙诒让.墨子间诂.北京：中华书局，1956

5.巫宝三.中国经济思想史资料选辑.北京：中国社会科学出版社，1981

6.徐子宏等.中国兵书十种.长沙：湖南出版社，1993

7.杨伯峻.孟子导读.成都：巴蜀书社，1987

8.赵守正.白话管子.长沙：岳麓书社，1993

9.中国军事史编写组.武经七书注译.北京：解放军出版社，1986

乙. 相关论著

1.蔡尚思.孔子思想体系.上海：上海人民出版社，1982

2.冯友兰.中国哲学史新编（第一册）.北京：人民出版社，1982

3.胡寄窗.中国经济思想史（上）.上海：上海人民出版社，1962

4.胡寄窗.中国经济思想史（中）.上海：上海人民出版社，1963

5.胡寄窗.中国经济思想史简编.北京：中国社会科学出版社，1981

6.霍雨佳.商鉴.北京：中国经济出版社，1997

7.金克木.探古新痕.上海：上海古籍出版社，1998

8.黎红雷.儒家管理哲学.广州：广东高等教育出版社，1993

9.李世俊，杨先举，覃家瑞.孙子兵法与企业管理.南宁：广西人民出版社，1984

10. 李埏等.《史记·货殖列传》研究.昆明：云南大学出版社，2002

11 厉以宁.中国经济双重转轨之路.北京：中国人民大学出版社，2013

12. 梁启超.先秦政治思想史·本论.天津：天津古籍出版社，2003

13. 刘光明.商业伦理学.北京：人民出版社，1994

14. 吕庆华.文化资源的产业开发.北京：经济日报出版社，2006

15. 茅于轼.中国人的焦虑从哪里来.北京：群言出版社，2013

16. 南怀瑾.原本大学微言.北京：世界知识出版社，1998

17. 潘承烈.传统文化与现代管理.北京：企业管理出版社，1984

18. 钱钟书.管锥编.北京：中华书局，1979

19. 唐任伍.中外经济思想比较研究.西安：陕西人民出版社，1996

20 王双，王文治.货殖列传与经商艺术.南宁：广西人民出版社，1991

21. 韦苇.司马迁经济思想研究.西安：陕西人民教育出版社，1995

22. 叶世昌.中国经济思想简史（中册）.上海：上海人民出版社，1983

23. 游汉民.华人管理之挑战——管理学本土化之验证.香港：香港城市大学商学院华人管理研究中心，2001

24. 张维迎.市场逻辑.上海：上海人民出版社，2010

25. 赵靖.中国经济思想通史（第1卷）.北京.北京大学出版社，1991

26. 赵靖.中国经济管理思想史教程.北京：北京大学出版社，1993

27. 赵靖.中国古代经济思想名著选.北京：北京大学出版社，1985

28. 邹进文，赵玉勤.儒商法典.武汉：湖北人民出版社，1999

29. [奥]路德维希·冯·米塞斯著，夏道平译，吴慧林校订.人的行为.上海：上海社会科学出版社，2015

30. [德]马克思.资本论.北京：人民出版社，1975

31. [美]道格拉斯·C·诺思.经济史中的结构与变迁.上海：上海三联书店，1991

32. [美]迈克尔·波特.竞争战略.北京：华夏出版社，2001

33. [美]迈克尔·波特.竞争优势.北京：华夏出版社，2001

34. [日]桑田幸三.中国经济思想.北京：北京大学出版社，1991

35. [英]亚当·斯密著，王亚南、郭大力译.国民财富的性质和原因的研

究（上、下卷）.北京：商务印书馆，2002

36. [英] 亚当·斯密著，蒋自强等译.道德情愫论.北京：商务印书馆，1997

丙.单篇论文

37. 陈瑞台.论《管子》的取予之道.内蒙古大学学报（哲学社会科学版），1997，（1）

38. 丁光勋.司马迁的"与时俯仰"经济观.学术月刊，2005，（1）

39. 胡岳岷.《孙子兵法》与现代商战纵横谈.税务与经济，2007，（2）

40. 吕庆华.试论孟子的商业经济思想.理论经济学（中国人民大学复印报刊资料），1999，（8）

41. 吕庆华.司马迁的货殖思想.光明日报（理论版），2009-9-8

42. 吕庆华.论荀子的"欲多物寡"思想.福建师范大学学报（哲社版），2000，（2）

43. 吕庆华.论货殖家商争思想的孙子兵法渊源.生产力研究，2001，（5）

44. 吕庆华.商业交易发展的"信任"基础.光明日报（理论周刊），2004-9-15

45. 吕庆华.中国零售业竞争战略模式探讨——〈孙子兵法〉竞争战略模式的启示.经济问题，2004，（12）

46. 吕庆华.先秦儒家"义利观"与现代商业伦理的构建.湖南商学院学报，2003，（2）

47. 吕庆华.知时·知人·奇胜——司马迁"治生之术"浅议.光明日报（理论版），2003-6-3

48. 吕庆华.散财：货殖家的"哲商"境界.河南牧业经济学院学报，2016，（1）

49. 李埏.《史记·货殖列传》时代略论.思想战线，1999，（2）

50. 李埏.论中国古代商人阶级的兴起：读《史记·货殖列传》札记.中国经济史研究，2000，（2）

51. 施丁.司马迁经济思想四题.中国社会科学院研究生院学报，2003，（2）

52. 宋叔五. 从司马迁到班固——论中国经济思想的转折. 香港树仁学院经济学系（Working Paper Series）May 2003

53. 王子今. 关于"范蠡之学". 光明日报，2007-12-15

54. 叶世昌. 司马迁经济思想新论. 上海立信会计学院学报，2004，（3）

55. 张维迎. 所有制、治理结构与委托代理关系. 经济研究，1996，（9）